Der Freischütz
Textbuchedition

Opernlibretti – kritisch ediert

Herausgegeben von Irmlind Capelle und Joachim Veit

Bd. 1

Der Freischütz
Romantische Oper in drei Aufzügen

Text von Friedrich Kind

Musik von Carl Maria von Weber

Kritische Textbuch-Edition

in Zusammenarbeit mit der
Carl-Maria-von-Weber-Gesamtausgabe
herausgegeben von
Solveig Schreiter

Die Editionsarbeiten an diesem Band wurden freundlicherweise gefördert durch den Kulturfonds der VG Musikedition, Kassel.

Weitere Informationen über den Verlag und sein Programm unter:
www.allitera.de

Bibliographische Information der Deutschen Bibliothek

Die Deutsche Bibliothek verzeichnet diese Publikation
in der Deutschen Nationalbibliographie;
detaillierte bibliographische Daten sind im Internet
über <http://dnb.ddb.de> abrufbar.

September 2007
Allitera Verlag
Ein Verlag der Buch&media GmbH, München
© 2007 Carl-Maria-von-Weber-Gesamtausgabe, Berlin und Detmold
und Buch&media GmbH, München
Umschlaggestaltung: Kay Fretwurst, Freienbrink
Herstellung: Books on Demand GmbH, Norderstedt
Printed in Germany · ISBN 978-3-86520-209-3

Inhalt

Vorwort 7
Vorbemerkung zur Edition 9
Abkürzungen und Siglen 10

I. Zum vorliegenden Band
  1. Zu den Quellen 15
  2. Zur Textgestaltung bzw. Anlage des
    Edierten Textes 18

II. Werktext
  Personenverzeichnis 21
  Aufzug I 23
  Aufzug II 42
  Aufzug III 63
  Anhang 1: Eröffnende Eremitenszenen 82
  Anhang 2: Romanze des Cuno aus Szene I/2 87
  Anhang 3: Ursprüngliche Fassung der Szene II/5 88

III. Zur Werk-Entstehung und frühen Aufführungsgeschichte
  1. Zur Stoffgeschichte des *Freischütz* 103
  2. Zur Entstehung des Kindschen Librettos 112
  3. Einflüsse Webers auf die Kindsche Textfassung . . . 133
  4. Webers Bemühungen um die Aufführung der Oper
    in Berlin und Veränderungen am Werk im Zuge
    der Uraufführung 150
  5. Erstaufführungen zu Webers Lebzeiten 171

IV. Quellenbeschreibung
  1. Autographe bzw. autorisierte handschriftliche
    Quellen in chronologischer Folge 179
  2. Autorisierte gedruckte Quellen 201

V. Bewertung der für die Edition maßgeblichen Quellen . . 213

VI. Varianten, Lesarten und Anmerkungen
   Vorbemerkung 217
   Verzeichnis 218

Anhang:
   Webers Bemerkungen zur szenischen Umsetzung
      des *Freischütz* 243
   Volksbräuche und Aberglauben im *Freischütz* 247
   Register erwähnter Personen und Werke 254

Vorwort

Der vorliegende Band eröffnet eine neue Reihe, die ausgewählte Operntexte auf der Grundlage ihrer authentischen Quellen in kommentierten kritischen Editionen vorlegen will.

Operntextbücher erfreuten sich in den vergangenen beiden Jahrhunderten großer Popularität – man denke nur an die lange Tradition der Reclam'schen *Universal-Bibliothek* und die zahlreichen dort (oder in Breitkopf & Härtels *Textbibliothek*) von Carl Friedrich Wittmann und Georg Richard Kruse bzw. später von Wilhelm Zentner herausgegebenen Libretti, die in der Regel auch eine kurze Geschichte und Charakteristik der Opern enthielten und preislich für jedermann erschwinglich waren. Spätere, etwas aufwendigere Reihen wie jene bei Goldmann oder Rowohlt veröffentlichten, stellten vor allem zusätzliche Materialien zur Interpretation der Werke bereit. Wenig Beachtung fand aber bislang die Überprüfung und Auswertung der überlieferten authentischen Quellen für diese Texte.

Textvorlagen zu Opernkompositionen erfahren oftmals schon in der Entstehungsphase der Werke tiefgreifende Umwandlungen, von den häufigen Veränderungen im Verlaufe ihrer Rezeption ganz zu schweigen. Wichtig erscheint daher zunächst eine Wiedergabe der Libretti in der vom Komponisten (und dem Textdichter) für die Premiere oder eine andere wichtige Aufführung vorgesehenen Form. Selbstverständlich werden aber auch ggf. existierende spätere autorisierte Fassungen in geeigneter Weise dokumentiert. Die Texte werden auf der Grundlage authentischer Quellen ediert, später üblich gewordene Überformungen werden dagegen beseitigt. Ziel ist die Präsentation eines verläßlichen Textes und eine Darstellung seiner Entstehungsgeschichte. Dem alten Reclam'schen Unternehmen vergleichbar soll auch diese Reihe preislich attraktiv gestaltet werden, was heute durch den Einsatz der Print-on-Demand-Techniken möglich wird.

Daß der Eröffnungsband der Reihe dabei deutlich über den projektierten Umfang der regulären Bände hinausgeht, hängt mit der reichhaltigen Überlieferungslage und der Popularität des *Freischütz* zusammen.

Detmold, im April 2007   Irmlind Capelle, Joachim Veit

Friedrich Kind (1768–1843),
anonymer Stich

Vorbemerkung zur Edition

Das Libretto Friedrich Kinds, auf dem Webers Oper *Der Freischütz* beruht, wird hier erstmals in einer kritischen Edition vorgelegt. An der Entstehung des Textes, der von seiner ersten Fassung 1817 bis zur Uraufführung des Werkes im Juni 1821 zahlreiche Veränderungen erfuhr, war Weber maßgeblich beteiligt.

Anliegen der Neuausgabe ist es, eine Textfassung vorzulegen, die jener der Uraufführung so getreu wie möglich entspricht. Da die wesentlichen Uraufführungsmaterialien jedoch verschollen sind, mußte als Hauptquelle Webers Handexemplar des Librettos herangezogen werden, das dieser Aufführung am nächsten steht und zugleich Grundlage der Komposition sowie auch aller weiteren von Weber verbreiteten Textbuchkopien war. Um die Differenzen der in diesem Falle recht komplexen Textüberlieferung aufzuzeigen, wurde diese Hauptquelle mit sämtlichen überlieferten von Weber und/oder Kind autorisierten handschriftlichen und gedruckten Quellen verglichen; dazu gehören u. a. die Vorab-Kopie des Textbuchs für das Theater in Berlin, die Textbuch-Abschriften für Wien und Hamburg, Webers Partiturautograph sowie das Manuskript Friedrich Kinds und dessen eigene Textveröffentlichungen. Neben dem getreu der Vorlage wiedergegebenen und kommentierten Originaltext enthält der vorliegende Band zusätzlich eine ausführliche Einführung zum Entstehungsprozeß des Librettos, ein Verzeichnis der wichtigsten Abweichungen zwischen den Quellen und eine Auswahl von Bildmaterial zur Dokumentation der Uraufführung.

Hingewiesen sei an dieser Stelle noch auf die ungewohnte, aber in der Phase der Entstehung und frühen Überlieferung des Werkes noch überwiegende Schreibung der Personennamen „Annchen" und „Sammiel" – die ungeregelte Rechtschreibung machte hier (wie auch in vielen anderen Fällen) den Gebrauch mehrerer orthographischer Varianten nebeneinander unproblematisch.

Ein herzliches Wort des Dankes sei allen Bibliotheken und Institutionen gesagt, die Quellen und Bildmaterial für die Erarbeitung dieses Bandes bereitgestellt haben. Zu nennen sind hier vor allem die Staatsbibliothek zu Berlin – Preußischer Kulturbesitz, die Stiftung Stadtmuseum Berlin, die Kunstsammlungen der

Veste Coburg, die Forschungsbibliothek Gotha, die Staats- und Universitätsbibliothek Carl von Ossietzky Hamburg, das Deutsche Theatermuseum München und die Österreichische Nationalbibliothek (Musiksammlung)Wien.

Abschließend gilt mein Dank den Mitarbeitern der Carl-Maria-von-Weber-Gesamtausgabe (WeGA) für die aufgeschlossene und harmonische Zusammenarbeit sowie die unermüdliche, durch zahllose inhaltliche Anregungen und Ergänzungen bereichernde Unterstützung bei der Herausgabe des vorliegenden Bandes: Frau Eveline Bartlitz, Frau Dagmar Beck, Herrn Joachim Veit und Herrn Frank Ziegler.

Berlin, im April 2007   Solveig Schreiter

Abkürzungen und Siglen

Quellen-Kürzel

A-pt	Partiturautograph
D-tx	Textbuchdruck
D⁺-tx	postumer Textbuchdruck
ED-tx	Erstdruck des Textbuches
K-rb	Textbuch-Kopie als Regiebuch
K-tx	Textbuch-Kopie
K^A-tx	Textbuch-Kopie mit autographen Eintragungen
L-tx	Autograph des Librettisten
VD	Vorabdruck

Abkürzungen der verwendeten Quellenbezeichnungen

Kinds Autograph	Autograph der überarbeiteten Fassung des Librettisten Friedrich Kind (L-tx_2)
Handexemplar	Textbuch-Kopie mit autographen Korrekturen; Webers Handexemplar (K^A-tx_4)
Kopie Berlin	Textbuch-Kopie für das Theater in Berlin (K-tx_6)
Kopie Gotha	Textbuch-Kopie für Gotha (K-tx_7)
Kopie Wien	Textbuch-Kopie für das Theater in Wien (K-tx_{15})
Kopie Hamburg	Textbuch-Kopie für das Theater in Hamburg (K-tx_{21})
Erstdruck	Erstdruck der Gesangstexte zur Uraufführung in Berlin am 18. Juni 1821 (ED-tx)

Kinds Ausgaben (1-5)
(1) 1. Auflage des kompletten Textbuches 1821/1822 (D-tx$_1$)
(2) 2. Auflage des Textbuches Frühjahr 1822 (D-tx$_2$)
(3) 3. Auflage des Textbuches 1823 (D-tx$_3$)
(4) Abdruck des Textes in Kinds Theaterschriften, 4. Bd., 1827 (D⁺-tx$_2$)
(5) Ausgabe letzter Hand von Friedrich Kind 1843 (D⁺-tx$_3$)

Bibliothekssiglen

A-Wgm	Wien, Gesellschaft der Musikfreunde, Bibliothek
A-Wn	Wien, Österreichische Nationalbibliothek, Musiksammlung
D-B	Berlin, Staatsbibliothek zu Berlin – Preußischer Kulturbesitz
D-Dl	Dresden, Sächsische Landesbibliothek – Staats- und Universitätsbibliothek, Musikabteilung
D-F	Frankfurt am Main, Stadt- und Universitätsbibliothek, Musik- und Theaterabteilung
D-Hs	Hamburg, Staats- und Universitätsbibliothek Hamburg Carl von Ossietzky
D-GOl	Gotha, Forschungsbibliothek
D-Sl	Stuttgart, Württembergische Landesbibliothek
D-Wa	Wolfenbüttel, Niedersächsisches Staatsarchiv
DK-Kk	Kopenhagen, Det Kongelige Bibliotek
US-NYpm	New York, Pierpont Morgan Library

Literaturkürzel

Freischütz-Buch	Friedrich Kind, *Der Freischütz │ Volksoper in drei Aufzügen. │ Ausgabe letzter Hand │ mit August Apels Schattenrisse, 37 Original- │ Briefen und einem Facsimile von Carl Maria von Weber, │ einer biographischen Novelle, Gedichten │ und anderen Beilagen*, Leipzig 1843
Gespensterbuch	*Gespensterbuch*, hg. von A. Apel und F. Laun, Bd. 1, Leipzig 1810
Graeße 1875	Johann Georg Theodor Graeße, *Die Quelle des „Freischütz"*, Dresden 1875
Hasselberg	*Der Freischütz. Friedrich Kinds Operndichtung und ihre Quellen*, hg. von Felix Hasselberg, Berlin 1921
Jähns (Werke)	Friedrich Wilhelm Jähns, *Carl Maria von Weber in seinen Werken. Chronologisch-thematisches Verzeichniss seiner sämmtlichen Compositionen*, Berlin 1871
Kaiser (Brühl)	Georg Kaiser (Hg.), *Carl Maria von Weber. Briefe an den Grafen Karl von Brühl*, Leipzig 1911

	Katalog Opernschaffen 2001 *Carl Maria von Weber „… wenn ich keine Oper unter den Fäusten habe ist mir nicht wohl."* Eine Dokumentation zum Opernschaffen, Ausstellung der Staatsbibliothek zu Berlin – Preußischer Kulturbesitz, Wiesbaden 2001
Mayerhofer	Gottfried Mayerhofer, *„Abermals vom Freischützen". Der Münchener „Freischütze" von 1812, eine „Romantische Tragödie" des Münchener Dichters Frz. Xav. v. Caspar mit Musik von Hofmusiker Carl Borr. Neuner, die wirkliche Quelle des Weber-Kindschen Opernbuches. Eine musik- und literarhistorische Studie zur Textgeschichte des Weberschen „Freischütz"*, Regensburg 1959 *(Forschungsbeiträge zur Musikwissenschaft*, Bd. 7)
MMW	Max Maria von Weber, *Carl Maria von Weber. Ein Lebensbild*, 3 Bd., Leipzig 1864 und 1866
Schnoor	Hans Schnoor, *Weber auf dem Welttheater. Ein Freischützbuch*, Dresden 1942 (2. Aufl. 1944, 3. Aufl. 1963, 5. Auflage 1985)
Schünemann	Carl Maria von Weber, *Der Freischütz. Nachbildung der Eigenschrift aus dem Besitz der Preußischen Staatsbibliothek*, hg. im Auftrage der Generalintendanz der preussischen Staatstheater von Georg Schünemann, Berlin 1942

Sonstige Abkürzungen

[ ]	Kennzeichnung von Herausgeberzusätzen
b. S.	beschriebene Seiten
Bl./Bll.	Blatt, Blätter
EA	Erstaufführung
r	recto
TB	Tagebuch, *D-B*, Mus. ms. autogr. theor. C. M. v. Weber WFN 1
UA	Uraufführung
v	verso

Illustration zu Webers *Der Freischütz*, Szene I/5 mit Caspar und Max
„Eins ist eins und Drei sind Drei!"
Kupferstich von Carl August Schwerdgeburth
nach Johann Heinrich Ramberg

Illustration zu Webers *Der Freischütz*, Szene III/6 mit Caspar
„Du, Samiel schon hier?"
Kupferstich von Wilhelm Jury nach Johann Heinrich Ramberg

I. Zum vorliegenden Band

1. Zu den Quellen

Die Quellenlage ist bei Webers *Freischütz*-Libretto im Gegensatz zu manch anderem seiner Werke sehr günstig. So sind nicht nur ein Autograph des Textdichters Friedrich Kind und das korrigierte Handexemplar Webers, d. h. sein Arbeitsexemplar während der Komposition, sondern auch mehrere authentische Textbuch-Kopien für verschiedene Theater sowie der Erstdruck der Gesänge zur Uraufführung erhalten geblieben.

Diese für ein Werk innerhalb eines ungewöhnlich langen Zeitraums entstandenen Quellen zeigen im Vergleich höchst interessante Unterschiede, die einen Einblick in die Textgenese zwischen der ersten überlieferten Fassung von 1817 und der Textversion der Uraufführung 1821 ermöglichen. Besonderes Augenmerk liegt dabei natürlich auf Webers Rolle bei der Textgestaltung. Beachtung für die Edition fanden zudem die zwischen 1821 und 1843 veröffentlichten Textbuch-Ausgaben Friedrich Kinds, die weitere Abweichungen von Webers vertonter Fassung der Oper aufweisen.

Die früheste erhaltene Textquelle ist das Manuskript von der Hand Friedrich Kinds (L-tx$_2$), das die Fassung des Operntextes vom Mai 1817 wiedergibt und als Kopiervorlage für das Webersche Handexemplar (K^A-tx$_4$) – die Hauptquelle für die vorliegende Neuausgabe des Librettos – diente. Webers Handexemplar, sowohl Kompositionsgrundlage als auch wiederum Vorlage der meisten späteren Textbuch-Kopien, ist für die Textgenese äußerst aufschlußreich, da es nicht nur die durch Kinds Autograph überlieferte Version des Librettos in Form des reinen Kopistentextes umfaßt, sondern durch die Eintragungen Webers auch nahezu unverfälscht die Intentionen des Komponisten wiederspiegelt. Somit läßt sich anhand der einzelnen Korrekturschichten der Abschrift am besten nachvollziehen, wie sich die Kindsche Text-Fassung im Zuge der Bearbeitung durch Weber bis zur Uraufführung entwickelte und wie man sich schließlich den Text des zur Uraufführung erklungenen Werkes vorzustellen hat. Diese endgültige Fassung der Uraufführung zu rekonstruieren, bildet das Hauptanliegen der vorliegenden Edition, was freilich durch das Faktum erschwert wird, daß die aus dem unmittelbaren Umfeld der UA stammenden handschriftlichen Berliner Quellen zum Libretto (K-rb, K-tx$_9$) heute als verschollen gelten müssen.

Bei der Rekonstruktion des Uraufführungs-Textes zeigten sich einige problematische Stellen, bei denen besondere editorische Entscheidungen getroffen werden mußten. Das gilt zum einen für die Arie des Annchen (Nr. 13), die nicht im Handexemplar enthalten ist. Diese und der mit ihr verbundene Anschlußtext des Dialoges zwischen Agathe und Annchen wurden nach der Wiener Theaterkopie vom August 1821 (K^A-tx$_{15}$) ediert, da diese Abschrift neben der Hamburger Theaterkopie vom Oktober 1821 (K^A-tx$_{21}$) die einzige von Weber autorisierte noch erhaltene handschriftliche Quelle darstellt, in der der Text komplett erscheint. Die Wiener Kopie ist damit nicht nur eine wichtige Vergleichs-, sondern an dieser Stelle auch Ersatzquelle.

Zum anderen gibt es etliche Abweichungen zwischen dem Text des Handexemplars und dem des Partitur-Autographs Webers (A-pt, vollendet Mai 1820), womit sich zwei unmittelbar von Weber autorisierte Fassungen gegenüberstehen. Alle Abweichungen der Partitur vom Handexemplar, sowohl innerhalb der musikalischen Nummern als auch bei Stellen im Sprechtext, wurden im Verzeichnis der Varianten dokumentiert, die ersteren zusätzlich durch Anmerkungen im Edierten Text gekennzeichnet.

Ein weiterer kritischer Fall ist z. B. die im Handexemplar von Weber selbst eingetragene Kürzung der Eremiten-Passage im Finale der Oper, die Weber als allgemein verbindlich erachtete (vgl. Abschriften für Wien und Hamburg), die sich jedoch in der Theaterpraxis nicht durchsetzte. Sie bleibt in dieser Edition Teil des Haupttextes.

Ergänzt wird der Edierte Text im Anhang durch drei überlieferte ältere Textpassagen, die von Weber entweder gestrichen (die zwei ursprünglich vorgesehenen Eröffnungsszenen der Oper) oder grundlegend verändert wurden (Cunos Romanze und die ursprüngliche Gestalt der Wolfsschluchtsszene), deren Wiedergabe zur Verdeutlichung der Textgenese jedoch von großem Interesse ist.

Außer den schon genannten Nebenquellen (d. h. der Partitur, der Wiener und der Hamburger Abschrift), stehen mit den erhaltenen Textbuch-Kopien für Berlin (K-tx$_6$) und Gotha (K-tx$_7$) von 1819 weitere Vergleichsquellen zur Verfügung, die ebenso die

1. Zu den Quellen

Datierung unterschiedlicher Korrekturphasen ermöglichen. Des weiteren konnten mit Hilfe von Angaben aus Webers Tagebuch (TB) und seinen Briefen zahlreiche verschollene Manuskripte erschlossen werden, die dazu beitragen, die überlieferten Textzeugen zu datieren und ihre Bedeutung innerhalb der Edition einzuschätzen.

Unter den gedruckten autorisierten Quellen ist der Erstdruck der Gesangstexte zur Uraufführung (ED-tx) eine wesentliche Vergleichsquelle für den Text der musikalischen Nummern, die direkt mit dem Berliner Aufführungsmaterial zusammenhängt. Die noch zu Lebzeiten Webers entstandenen Druckausgaben des Librettos von Friedrich Kind (D-tx$_1$, D-tx$_2$, D-tx$_3$) bilden insofern interessante Vergleichsquellen, als sie die von Kind am Text vorgenommenen Änderungen in Abgrenzung zu seinem eigenen Manuskript und zum Handexemplar belegen. Diese Abweichungen wurden von Weber, der ab dem Jahreswechsel 1821/1822 anstelle der bisherigen Kopistenabschriften die preiswerteren gedruckten Bücher an Theater verschickte, offenbar toleriert, was nicht zuletzt durch die Übernahme einiger Änderungen ins Handexemplar, ausgeführt vom Kopisten Webers, untermauert wird. Zwei postum erschienene Kindsche Textbuchausgaben (D$^+$-tx$_2$ und D$^+$-tx$_3$) verdeutlichen die weitere Modifikation des Textes durch Kind im Vergleich zu seinen früheren Ausgaben.

Detaillierte Ausführungen zu den oben genannten Quellen zum *Freischütz* finden sich in der Quellenbeschreibung ab S. 179 und Quellenbewertung S. 213.

Unterschiede innerhalb der von Weber und Kind autorisierten Quellen zu der durch das Handexemplar überlieferten Fassung des *Freischütz*-Librettos (ausgenommen nicht sinntragende Abweichungen in Orthographie, Grammatik und Interpunktion) sind in den Übersichten des Varianten- und Lesartenverzeichnisses ab S. 218 dargestellt.

Sonstige überlieferte, nicht autorisierte, sondern nur rezeptionsgeschichtlich interessante Textveröffentlichungen wurden für diese Edition vernachlässigt.

2. Zur Textgestaltung bzw. Anlage des Edierten Textes

Bei der Wiedergabe des Edierten Textes wurde die originale Textgestaltung und -anordnung der Hauptquelle (Handexemplar Webers) weitestgehend übernommen. Entsprechend den Richtlinien der Carl-Maria-von-Weber-Gesamtausgabe wurden Orthographie und Interpunktion der Vorlage beibehalten. Ausnahme davon bildet die Interpunktion nach Personenangaben im Dialog, die im Handexemplar beliebig wechselt; sie wurde in der Form vereinheitlicht, daß vor dem Sprechtext generell ein Punkt, vor einer Szenenanweisung bei Bedarf ein Komma erscheint. Die einer Personenangabe folgenden Szenenanweisungen werden in der Regel auf eine neue Zeile gesetzt; auch hier wechselt die Vorlage beliebig. Die Großschreibung zu Beginn jeder neuen Zeile innerhalb der Verse sowie die Unterstreichung bzw. Sperrung von einzelnen Worten und Wortgruppen wurden ebenfalls bewahrt.

Abweichend von der Vorlage wurde für die im Handexemplar durch einfache Unterstreichung hervorgehobenen Szenenanweisungen eine kleinere Drucktype gewählt (wie in gedruckten Textbüchern der Zeit üblich); ferner sind die zweifach unterstrichenen Personennamen sowie die Aufzugs- und Auftrittsüberschriften einheitlich in Kapitälchen wiedergegeben.

Die Schreibung der Personennamen folgt der Form der Hauptquelle, auch im Fall von entgegengesetzter Tradierung wie z. B. bei Annchen anstelle des heute gebräuchlichen Ännchen (in Webers Partitur erscheinen gleich drei verschiedene Schreibweisen: Annchen, Aennchen und Ännchen) und Sammiel anstelle Samiel.

Im Edierten Text finden sich Zeilenkommentare am unteren Rand der Seite, die schon an dieser Stelle in Ergänzung zum Variantenverzeichnis auf besonders hervorzuhebende Textpassagen aufmerksam machen sollen. Dazu zählen die oben erwähnten Abweichungen zwischen Webers Handexemplar und Partiturautograph. Außerdem wurden auf diese Art alle Eingriffe Webers in den Text des Handexemplars kenntlich gemacht, die im Variantenverzeichnis detaillierter erläutert werden. Auch einige Hinweise auf bedeutende Abweichungen des Handexemplars von den anderen autorisierten Quellen sind auf diese Weise bereits im Edierten Text markiert und im Variantenverzeichnis ausführlicher behandelt.

2. Zur Textgestaltung

Die von Weber im Handexemplar ergänzten Überschriften der musikalischen Nummern wurden zwar übernommen, allerdings (ohne Beachtung von deutscher und lateinischer Schreibung) vereinheitlicht in Graudruck und unterstrichen wiedergegeben. Einschübe im Text (wie z. B. im Fall der Annchen-Arie) sind mit eckigen Klammern gekennzeichnet.

Offensichtliche Kopistenfehler wurden vom Hg. im Edierten Text stillschweigend korrigiert, im Variantenverzeichnis jedoch vermerkt.

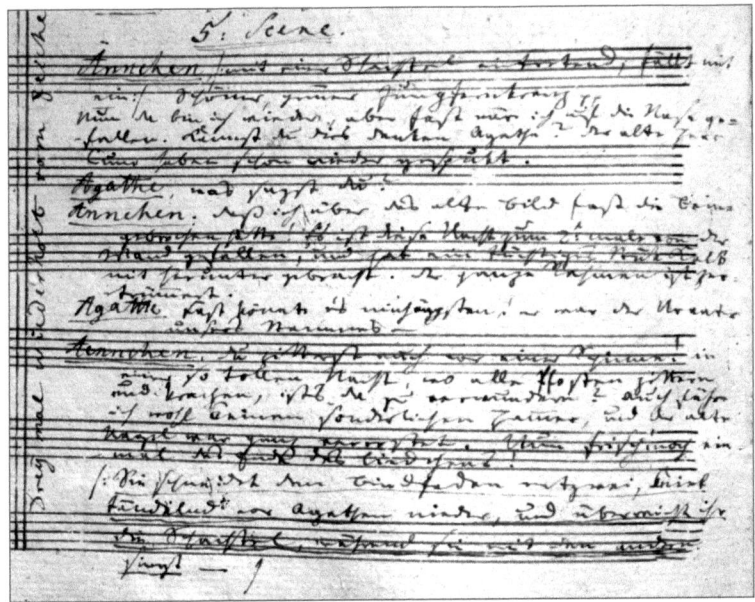

Varianten der Namensschreibung des Annchen (Ännchen, Annchen, Aennchen) im Partiturautograph (III. Aufzug, Beginn der 5. Szene)

Schnor v. K. del. Schenk sculp. Braunschweig.

Der Freyschütze.

romantische

Oper in drey Aufzügen.

Dichtung von Friedrich Kind

Musik von

Karl Maria von Weber.

Zunächst zu Eröffnung des neuen Königl: Schauspielhauses in Berlin 1821. geschrieben.

Personen.

OTTOKAR, böhmischer Fürst.

CUNO, fürstlicher Erbförster.

AGATHE, seine Tochter.

ANNCHEN, eine junge Verwandte[.]

CASPAR, erster ⎫
               ⎬ Jägerpursch.
MAX, zweiter   ⎭

SAMMIEL, der schwarze Jäger.

EIN EREMIT.

KILIAN, ein reicher Bauer.

BRAUTJUNGFERN.

JÄGER UND GEFOLGE.

LANDLEUTE UND MUSIKANTEN[.]

ERSCHEINUNGEN.

Die Zeit: Kurz nach Beendigung des dreißigjährigen Kriegs.

Erster Aufzug.

Erster Auftritt.

Platz vor einer Waldschenke/: sogenanntem Schenkgiebel:/Max sitzt allein im Vorgrunde an einem Tische, vor sich den Krug. Im Hintergrunde eine Vogelstange, von Volksgetümmel umgeben. Böhmische Berg-Musik. In dem Augenblicke, als der Vorhang aufgeht, fällt ein Schuß und das letzte Stück einer Sternscheibe fliegt herunter.

Introduktion

Volk.
Ah! ah! – Brav! Herrlich getroffen! Jubel und Geklatsch.

Max,
bis jetzt die geballte Faust vor der Stirn, schlägt damit heftig auf den Tisch.
Glück zu, Bauer!

Chor der Landleute,
unter rauschender Musik, indem die Stange herabgelassen wird.
Victorja! Victorja! der Meister soll leben,
Der wacker dem Sternlein den Rest hat gegeben!
Ihm gleichet kein Schütz' von fern und von nah!
Victorja! Victorja! Victorja!

Max.
Immer frisch! Schreit! schreit! – stampft mit der Büchse auf den Boden und legt sie an einen Baum. War ich denn blind? Sind die Sennen dieser Faust erschlafft?
Es hat sich unterdeßen ein Zug geordnet. Voran die Musikanten, einen Marsch spielend. Dann Bauerknaben, die das letzte Stück der Scheibe auf einem alten Degen, und mancherlei Zinngeräth als Gewinn tragen. Hierauf Kilian, als Schützenkönig, mit gewaltigem Strauß und Ordensbande, worauf die von ihm getroffenen Sterne befestigt sind. Schützen mit Büchsen, mehrere mit Sternen auf Mützen und Hüten, Weiber und Mädchen folgen. Der Zug geht im Kreise herum, und Alle, die bei Max vorbeikommen, deuten höhnisch auf ihn, verneigen sich, flüstern und lachen. Zuletzt bleibt

---

7: Sämtliche Angaben zu musikalischen Nummern stammen aus dem Handexemplar des Librettos, wo sie von Webers Hand nachgetragen sind; sie erscheinen hier jeweils an der von Weber bezeichneten Stelle, wurden jedoch vereinheitlicht in Graudruck und unterstrichen wiedergegeben.
21: Im Partiturautograph: „und lehnt sie"; „Sennen" altertümlich für „Sehnen".

I. Aufzug, 2. Auftritt

KILIAN
vor ihm steht, wirft sich in die Brust und singt:
Schau' der Herr mich an als König!
Dünkt ihm meine Macht zu wenig?
35 Gleich zieh' er den Hut, Mosje!
Wird er? frag' ich – He? he? he?

CHOR wiederholt die letzte Zeile.

KILIAN.
Stern und Straus hab' ich vor'm Leibe,
40 Cantors Sopherl trägt die Scheibe;
Hat er Augen nun, Mosje?
Was traf er denn? He? he? he?

CHOR wie oben.

KILIAN.
45 Darf ich etwa Eure Gnaden
's nächste Mal zum Schießen laden?
Er gönnt Andern was, Mosje!
Nun, er kommt doch? He? he? he?

CHOR wie oben.

50 **MAX**
springt auf, zieht den Hirschfänger und faßt KILIAN bei der Brust.
Laßt mich zufrieden, oder –! Getümmel auf MAX eindringend.

ZWEITER AUFTRITT.
DIE VORIGEN. CUNO, CASPAR und mehrere JÄGER, mit Büchsen und Jagdspießen.

CUNO.
Was giebt's hier? – Pfui, dreyßig über einen! – Wer untersteht
5 sich, meinen Jägerpurschen anzutasten?

40: Im Partiturautograph: „Sepherl"

KILIAN,
von MAX losgelaßen, aber noch furchtsam.
Alles in Güte und Liebe, werther Herr Erbförster! nicht so böse gemeint! Es ist Herkommen bei uns, daß, wer stets gefehlt hat, vom Königschuße ausgeschloßen, und dann ein wenig gehänselt wird – alles in Güte und Liebe!

CUNO,
heftig.
Stets gefehlt? wer? wer hat das?

KILIAN.
Es ist freilich arg, wenn der Bauer einmal über den Jäger kommt – aber da, fragt ihn nur selbst!

MAX,
beschämt und verzweifelnd.
Ich kann's nicht läugnen; ich habe nie getroffen.

CASPAR,
v.[or] s.[ich]
Dank, Sammiel!

CUNO.
Max! Max! ist's möglich? Du, sonst der beste Schütz weit und breit! Seit vier Wochen hast du keine Feder nach Hause gebracht, und auch jetzt – pfui der Schande!

CASPAR.
Glaube mir, Camerad! es ist, wie ich dir gesagt habe. Es hat dir jemand einen Waidmann gesetzt, und den mußt du lösen, oder du triffst keine Klaue.

CUNO.
Possen!

CASPAR.
Das meine ich eben. So etwas ist leicht gemacht. Laß dir rathen, Camerad! Geh' nächsten Freitag auf einen Kreuzweg, zieh' mit dem Ladestocke einen Kreis um dich und rufe dreimal den Namen –

I. Aufzug, 2. Auftritt

CUNO.
Schweig, vorlauter Bube! Ich kenne dich längst. Du bist ein Tagedieb, ein Schlemmer, ein falscher Würfler – hüte dich, daß ich nicht noch Aergeres von dir denke! CASPAR macht eine kriechende Bewegung, als wolle er sich entschuldigen. Kein Wort, oder du hast auf der Stelle den Abschied! – Aber auch du, Max! siehe dich vor! So gewogen ich dir bin, so sehr es mich freut, daß der Herr Fürst Sohnesrecht auf den Eidam übertragen will – fehlst du morgen beim Probeschuße, so ist dennoch Mädchen und Dienst für dich verloren.

MAX.
Morgen! morgen schon!

EINIGE JÄGER.
Was ist das eigentlich mit dem Probeschuße? – Schon oft haben wir davon gehört –

KILIAN.
Ja auch wir, aber noch hat uns Niemand die wahre Bewandniß zu sagen gewußt.

ANDERE.
O erzählt's uns, Herr Cuno!

CUNO.
Meinetwegen! zum Hoflager kommen wir noch Zeit genug. – Mein Urältervater, der noch im Forsthause abgebildet steht, hieß Cuno, wie ich, und war fürstlicher Leibschütz. Einst bei einer Jagd trieben die Hunde einen Hirsch heran, auf welchen ein Mensch angeschmiedet war. So grausam bestrafte man in jenen Zeiten die Waldfrevler. Dieser Anblick erregte das Mitleid des damaligen Fürsten. Er versprach demjenigen, welcher den Hirsch erlege, ohne den Mißethäter zu verwunden, eine Erbförsterei und das nahe gelegene Waldschlößchen. Der wackere Leibschütz, mehr aus eignem Erbarmen, als wegen der großen Verheißung, besann sich nicht lange. Er legte an; der Hirsch stürzte, und der Wilddieb war, obwohl im Gesicht vom Dorngebüsch derb zerkratzt, doch im übrigen unversehrt.

WEIBER.
Gott sey Dank! – der arme Wildschütze!

MÄNNER.
Brav! brav! – das war ein Meisterschuß!

CASPAR.
Oder ein Glücksfall, wenn nicht vielleicht gar –

MAX.
Ich möchte der Cuno gewesen seyn!

CUNO.
Auch mein Urvater freute sich baß über die Rettung des Unglücklichen, und der Fürst erfüllte in Allem seine Zusage.

KILIAN.
So? Also davon schreibt sich der Probeschuß her, Nachbarn und Freunde! Nun weiß man's doch auch!

CUNO.
Hört noch das Ende! Es ging damals, wie jetzt, mit einem Blick auf CASPAR daß der böse Feind immer Unkraut unter den Weizen sät. Cuno's Neider wußten es an den Fürsten zu bringen, der Schuß sey mit Zauberei geschehen, Cuno habe ohne zu zielen, einen sogenannten Freischuß gethan.

CASPAR.
Dacht' ich's doch! – vor sich. Hilf zu, Sammiel!

KILIAN,
schaudernd.
Hu! Freykugeln soll der Böse gießen helfen, die treffen allemal; dafür lenkt er aber Eine auch nach seinem Willen!

CUNO.
Aus diesem Grunde machte der Fürst bei der Stiftung den Zusatz, daß jeder von Cuno's Nachkommen, wolle er Erbförster

---

93–96: Diese Zeilen sind im Handexemplar von Weber nachgetragen.

I. Aufzug, 2. Auftritt

werden, zuvor einen Probeschuß ablege. Ich meiner Seits habe einen Kaiserthaler von einem Reißlein geschoßen; was Maxen unser gnädiger Fürst morgen aufgeben wird, wer kann's wissen? – Doch nun genug! zu den JÄGERN die mit ihm gekommen. Wir wollen uns wieder auf den Weg machen! Du aber, Max! magst noch einmal zu Hause nachsehen, ob sämmtliche Treibleute angelangt sind. – halblaut und treuherzig. Du solltest mich dauern, guter Pursch! Nimm dich zusammen – Der Waidmann der dir gesetzt ist, ist die Liebe. – Noch vor Sonnenaufgang erwarte ich dich beim Hoflager.

No. 2. Ensemble Terzett mit doppeltem Chor.

MAX.
O! diese Sonne!
Furchtbar steigt sie mir empor!

CUNO.
Leid oder Wonne,
Beides ruht in deinem Rohr!

MAX.
Ach, ich muß verzagen,
Daß der Schuß gelingt!

CUNO.
Dann mußt du entsagen!

CASPAR
zu MAX, mit bedeutungsvoller Heimlichkeit.
Nur ein keckes Wagen
Ist's, was Glück erringt!

MAX.
Agathen entsagen?
Wie könnt' ich's ertragen?
Doch verfolgt mich Mißgeschick –

129: Im Partiturautograph: „Doch mich verfolget Mißgeschik"

CHOR.
Seht, wie düster ist sein Blick!
Ahnung scheint ihn zu durchbeben –
zu MAX.
O laß Hoffnung dich beleben,
Und vertraue dem Geschick!

MAX.
Weh' mir! mich verließ das Glück,
Unsichtbare Mächte grollen,
Bange Ahnung füllt die Brust!

CASPAR.
Mag Fortuna's Kugel rollen,
Wer sich höhrer Kraft bewußt,
Trotzt dem Wechsel und Verlust!

CUNO.
So's des Himmels Mächte wollen,
Dann – trag' männlich den Verlust!

MAX.
Nimmer trüg' ich den Verlust!

CHOR.
Nein! er trüg nicht den Verlust!

CUNO,
faßt Max bei der Hand.
Mein Sohn! nur Muth!
Wer Gott vertraut, baut gut!
zu den JÄGERN.
Jetzt auf! In Bergen und Klüften
Tobt morgen der freudige Krieg!

CHOR DER JÄGER.
Das Wild in Fluren und Triften,

151–154: Diese Zeilen sind im Handexemplar von Weber nachgetragen.

I. Aufzug, 3. Auftritt

160 Der Aar in Wolken und Lüften
Ist unser, und unser der Sieg!

CHOR DER LANDLEUTE.
Laßt lustig die Hörner erschallen –

CHOR DER JÄGER.
165 Wir lassen die Hörner erschallen –

ALLE außer MAX.
Wenn wiederum Abend ergraut,
Soll Echo und Felsenwand hallen:
Sa! Hussah, dem Bräut'gam! der Braut!
170 CUNO mit CASPAR und den JÄGERN ab.

DRITTER AUFTRITT.
DIE VORIGEN ohne CUNO und seinem Gefolg.

KILIAN.
Ein recht braver Mann, der Herr Förster! – Aber nun kommt
5 auch in den Schenkgiebel; es wird hier schon recht dämmrig
und schaurig. zu MAX. Wir wollen gute Freunde bleiben, wackrer
Pursch! auch ich gönne ihm morgen das beste Glück! Jetzt schlag'
er sich die Grillen aus dem Kopfe, nehm' er sich ein Mädchen und
tanz' er mit hinein!

10 MAX.
Ja, es wär' mir, wie Tanzen!

KILIAN.
Nun, wie's beliebt! er nimmt eine der Frauen; die andern folgen. [Böhmischer Walzer.] Die mehresten drehen sich tanzend in den Schenkgiebel; die übri-
15 gen zerstreuen sich außerhalb deßelben. Es ist ganz düster worden.

13f.: Die musikalische Anweisung „Böhmischer Walzer" fehlt im Handexemplar, sie ist hier ergänzt in Übereinstimmung mit Kinds Autograph sowie den Kopien Berlin und Gotha.

Vierter Auftritt.

No. 3.
Max allein. Späterhin Sammiel, von fast übermenschlicher Größe, dunkelgrün und feuerfarb mit Golde gekleidet. Der große, mit einer Hahnfeder verzierte Hut bedeckt fast das ganze schwarze Gesicht.

Max
singt:
Nein, länger trag' ich nicht die Qualen,
Die Angst, die jede Hoffnung raubt!
Für welche Schuld muß ich bezahlen?
Was weiht dem falschen Glück mein Haupt?

Durch die Wälder, durch die Auen,
Zog ich leichten Sinns dahin;
Alles, was ich konnt' erschauen,
War des sichern Rohrs Gewinn.
Abends bracht' ich reiche Beute,
Und, wie über eignes Glück,
Drohend wohl dem Mörder, freute
Sich Agathe's Liebesblick.

Hat denn der Himmel mich verlaßen?
Sammiel, fast ganz bewegungslos, tritt im Hintergrunde einen Schritt aus dem Gebüsche.
Die Vorsicht ganz ihr Aug' gewandt?
Soll das Verderben mich erfaßen?
Verfiel ich in des Zufalls Hand?

Jetzt ist wohl ihr Fenster offen,
Und sie horcht auf meinen Schritt,
Läßt nicht ab vom treuen Hoffen:
Max bringt gute Zeichen mit!
Wenn sich rauschend Blätter regen,
Wähnt sie wohl, es sey mein Fuß;
Hüpft vor Freuden, winkt entgegen –
Nur dem Laub – den Liebesgruß.

27: Im Partiturautograph: „auf meinen Tritt".

Doch mich umgarnen finstre Mächte;
SAMMIEL *schreitet mit grossen Schritten im Hintergrunde über die Bühne.*
Mich faßt Verzweiflung, foltert Spott!
O dringt kein Strahl durch diese Nächte?
Herrscht blind das Schicksal? Lebt kein Gott?
SAMMIEL, *schon ganz an der entgegengesetzten Seite, macht bei dem letzten Worte eine zuckende Bewegung und ist verschwunden.*

FÜNFTER AUFTRITT.

MAX. CASPAR, *herbeischleichend.* SAMMIEL, *größtentheils unsichtbar.*

CASPAR,
sobald MAX *ihn gewahr wird.*
Ei da bist du ja noch, Camerad! Gut, daß ich dich finde.

MAX.
Schleichst du schon wieder herum, wie ein Horcher?

CASPAR.
Ist das mein Dank? Es fiel mir unter Wegs ein guter Rath für dich ein; aus treumeinendem Herzen stehle ich mich fort, laufe mich fast außer Athem! – Ich kann's noch nicht verschmerzen, daß du hier zum Spott der Bauern worden bist. Teufel! die mögen gelacht haben! Aber was hilft's? Schlag' dir's aus den Gedanken, Brüderchen! *greift nach dem Kruge.* Wie? was? Bier hast du? Das taugt nicht zum Sorgenbrecher! *in den Schenkgiebel rufend.* Wein! Wein! Zwei Paßgläser! – Sieh, Camerad! und kostete es mich den letzten Heller, ich kann dich nicht so traurig sehen. Du mußt mit mir trinken! *Das Gefoderte ist indeß von einem Schenkmädchen gebracht worden.*

MAX.
Damit verschone mich! Mein Kopf ist ohnedieß wüst genug. *legt den Kopf auf die Hände.*

CASPAR.
tropft geschwind aus einem Fläschchen etwas in das für MAX *bestimmte Glas. Vor sich:*
So Freundchen! Da brauchst du wenig! *gießt schnell Wein ein.* Hilf,

Sammiel! SAMMIEL schaut mit dem Kopfe aus dem Gebüsch, an welchem sie sitzen. CASPAR erschrocken: Du da? SAMMIEL verschwindet.

MAX,
auffahrend.
Mit wem sprachst du?

CASPAR.
Ich? mit Niemand! Ich sagte: „So, Freundchen!" weil ich dir einschenkte.

MAX.
Ich mag aber nichts!

CASPAR.
Der Herr Förster soll leben! Die Gesundheit deines Lehrherrn wirst du doch mit trinken?

MAX.
So sey's! sie stoßen an und trinken.

No. 4.

CASPAR.
Nun laß uns eins singen!

Hier im ird'schen Jammerthal
Wär' doch nichts, als Plack und Qual,
Trüg der Stock nicht Trauben;
Darum bis zum letzten Hauch
Setz' ich auf Gott Bachus Bauch
Meinen festen Glauben!

Ei, du mußt auch mit singen!

MAX.
Laß mich!

CASPAR.
Jungfer Agathe soll leben! Wer die Gesundheit seiner Braut aus-

schlüg, wär' doch warlich ein Schuft!

MAX.
Du wirst unverschämt! sie stoßen an und trinken.

CASPAR.
Eins ist Eins und Drei sind Drei!
Drum addirt noch zweierlei
Zu dem Saft der Reben;
Kartenspiel und Würfellust,
Und ein Kind mit runder Brust
Hilft zum ewgen Leben!

Mit dir ist aber auch gar nichts anzufangen! trinkt.

MAX.
Wie kannst du mir zumuthen in so etwas mit einzustimmen?

CASPAR.
Unser Herr Fürst soll leben! Wer nicht <u>dabei</u> ist, ist ein Judas!

MAX.
Nun denn, aber dann auch keinen Tropfen mehr! sie stoßen an und trinken. MAX weht sich mit dem Hute Luft zu, und giebt sonst zu erkennen, daß ihm heiß ist.

CASPAR.
Ohne dies Trifolium
Giebt's kein wahres Gaudium
Seit dem ersten Uebel!
Fläschchen! sey mein A. B. C.
Mein Gebetbuch, Catherle,
Karte, meine Bibel!

MAX,
aufspringend.
Elender! Agathe hat Recht, wenn sie mich immer vor dir warnt!

80f.: Im Handexemplar von Weber korrigiert in: „Würfel, Karte, Katherle, | Meine Bilder-Fibel!" (möglicherweise Zensurversion).

will fort. Man merkt ihm von jetzt eine gewiße Heftigkeit an, einem leichten, aber bösen Rausche gleich.

CASPAR.
Wie kannst du auch gleich so in Harnisch gerathen, Bruderherz? Ich diente noch als Bube unter dem Altringer und Tilly; ich war mit beim Magdeburger Tanze; unterm Kriegsvolke lernt man solche Schelmliedlein. Die Dorfuhr schlägt. Willst du schon nach Hause.

MAX.
Ja, es wird Zeit. Das schlug Sieben!

CASPAR.
Zu Agathen? – Da weiß ich doch nicht – Du könntest sie erschrecken. Weißt du nicht, daß sie auf einen Gewinn, als gute Vorbedeutung für morgen, hofft?

MAX.
Ach, die Arme! und ich selbst! Morgen!

CASPAR.
Deshalb bleib' noch und laß dir rathen. Das war es eigentlich, weshalb ich dich aufsuchte. Dir könnte gar wohl noch geholfen werden!

MAX.
Mir geholfen?

CASPAR,
geheimnißvoll.
Um dir ganz meine Freundschaft zu beweisen, könnte ich dir unter vier Augen – – nicht umsonst habe ich gegen dich zuweilen ein Wort fallen laßen – – es giebt allerdings gewiße geheime Kräfte der Natur, gewiße unschuldige Jagdkünste – diese Nacht, wo sich die Mondscheibe verfinstert, ist zu großen Dingen geschickt – Ein alter Bergjäger hat mir vor Zeiten einmal –
Man sieht SAMMIEL von Zeit zu Zeit lauschen, ohne daß ihn die Sprechenden bemerken.

I. Aufzug, 5. Auftritt

MAX.
Du zählst mir das Gift tropfenweis zu –

CASPAR.
Wie wär's, Camerad! wenn ich dir noch heute zu einem recht glücklichen Schuße verhülf, der Agathen beruhigte, und Euch zugleich euer morgendes Glück verbürgte?

MAX.
Du fragst wunderbar; wie ist das möglich?

CASPAR.
Nur Muth! Muth! Was die Augen sehen glaubt das Herz. Da, nimm meine Büchse!

MAX.
Was soll ich damit?

CASPAR.
Geduld! er sieht nach dem Himmel. Zeigt sich denn nichts? schnell, indem er ihm das Gewehr giebt. Da! da! Siehst du den Stößer dort? Schieß!

MAX.
Bist du ein Narr, oder glaubst du, ich bin's. Es ist schon ganz düster, der Vogel schwebt wie ein schwarzer Punkt in der Luft, wolkenhoch über der Schußweite!

CASPAR.
Schieß in's T – Schellobers Namen! Haha!

MAX.
berührt wie im Zweifel den Stecher; das Gewehr geht los. In demselben Augenblicke hört man ein gällendes Gelächter, so daß sich MAX erschrocken nach CASPAR umsieht.

Was lachst du? – Wie Fittige der Unterwelt kreißt's dort oben – Ein mächtiger Steinadler schwebt einen Augenblick wirbelnd in der Luft und stürzt dann todt zu MAXENS Füßen. Was ist das?

CASPAR,
der ihn aufhebt.
Sieh! der größte Steinadler, den es giebt! Was für Klauen! Und dazu, wie herrlich getroffen! Gleich unterm Flügel, sonst nichts verletzt! – Kannst ihn ausstopfen laßen, Bruder, für ein Naturalienkabinet!

MAX.
Aber ich begreife nicht – – diese Büchse ist doch wie jede andre –

CASPAR.
Victoria! Das wird dich bei den Bauern in Respect setzen! Das wird Agathen erfreuen! rauft einige der größern Federn aus und steckt sie auf MAXENS Hut: So, Camerad! dieß als Siegszeichen!

MAX.
Was machst du? – Wird mir doch ganz schauerlich! – Was hast du geladen? Was war das für eine Kugel?

CASPAR.
Gar keine Kugel, Närrchen! Eine trächtige Blindschleiche! Die trifft allemal!

MAX.
Träum' ich denn, oder bin ich berauscht? So etwas ist mir noch nie begegnet! – Caspar! ich bitte dich, ich beschwöre dich – faßt ihn. Caspar! ich bringe dich um – Sag' – was war das für eine Kugel?

CASPAR.
Bist du verwirrt, Freundchen, vor Freuden? Ich theile sie mit dir! umarmt ihn. Nicht, das war ein Schuß? – Laß mich los.

MAX
läßt ihn los.
Wo hast du die Kugel her? –

I. Aufzug, 5. Auftritt

CASPAR.
Nun, wenn du Vernunft annimmst – so sag' mir – du, der wakkerste Jäger, <u>bist du</u>, oder <u>stellst du dich</u> nur so ganz unerfahren? Wüßtest du wirklich nicht, was eine Freikugel sagen will?

MAX.
Albernes Geschwätz!

CASPAR.
Da lernt man's doch beßer unter dem Kriegsvolk. Haha! wie kämen die Scharfschützen zurecht, die oft ihren Mann aus dem dicksten Pulverdampfe herausschießen? Oder hast du nie nachgedacht, wie der Schwedenkönig, trotz seines Kollers von Elendshaut bei Lützen gefallen sey? Zu so etwas bedarf's anderer Künste, als blos zu zielen und loszudrücken.

MAX,
den Adler betrachtend.
Der Schuß ist unglaublich – in trüber Dämmerung – aus den Wolken herabgeholt! So wäre es doch wahr –?

CASPAR.
Zudem ist's wohl Zweierlei, einem armen Erdensohn aus dem Hinterhalte das Lebenslicht ausblasen, und sich eine Erbförsterei und ein allerliebstes Mädchen erschießen!

MAX,
vor sich selbst brütend.
Hast du noch mehr' solche Kugeln?

CASPAR.
Es war die letzte – sie haben gerade ausgereicht. Pause.

MAX.
Bist du doch auf einmal so wortkarg! – Ausgereicht! wie verstehst du das?

CASPAR.
Weil sie in dieser Nacht zu bekommen sind! –

MAX.
In dieser Nacht –?

CASPAR.
Ja doch! Drei Tage hinter einander steht jetzt die Sonne im Schützen, und heut ist der mittelste; heut; wenn sich die Tage scheiden, giebt's eine totale Mondenfinsterniß. – Max! Kamerad! Dein Schicksal steht unter dem Einfluße günstiger Gestirne; du bist zu hohen Dingen ersehen! Heute, gerade in der Nacht zuvor, ehe du den Probeschuß thun, Amt und Braut dir gewinnen sollst, wo du der Hülfe unsichtbarer Kräfte so sehr bedarfst, beut die Natur sich selbst zu deinem Dienst an!

MAX.
Wohl! Mein Geschick will's! – Schaff' mir so eine Kugel –!

CASPAR.
Mehrere, als du brauchst! Aber bedarf der Mann eines Vormunds?

MAX.
Wie erlangt man sie?

CASPAR.
Das will ich dir lernen. – Sey Punkt zwölf Uhr in der Wolfsschlucht!

MAX.
Um Mitternacht in der Wolfsschlucht? – Nein! Die Schlucht ist verrufen, und um Mitternacht öffnen sich die Pforten der Hölle.

CASPAR.
Pah! – Wie du denkst! – Und doch kann ich dich deinem Unstern nicht überlaßen – ich bin dein Freund! ich will dir gießen helfen –

227: In allen handschriftlichen Quellen „eilf Uhr"; vom Hg. korrigiert in Übereinstimmung mit Kinds Ausgaben (1–5); vgl. das Verzeichnis der Varianten, S. 224.

I. Aufzug, 5. Auftritt

MAX.
Auch das nicht!

CASPAR.
So mach' dich morgen zum Landesgespött! Verlier die Försterei und Agathen! – – Ich bin dein Freund, ich will selbst für dich gießen; aber dabei mußt du seyn!

MAX.
Deine Zunge ist glatt – Nein, an solche Dinge muß ein frommer Jäger nicht denken!

CASPAR.
Feigling! Also nur durch fremde Gefahr, gäb's anders dergleichen, möchtest du dein Glück erkaufen? Und glaubst du, dann wär' deine Schuld, gäb' es dergleichen, geringer? glaubst du, diese Schuld, gäb' es dergleichen, laste nicht schon auf dir? den Adler an den Fittichen ausspreizend. Glaubst du, dieser Adler sey dir geschenkt.

MAX.
Furchtbar, wenn du recht hättest!

CASPAR.
Sonderbar, wie du fragst! – Hm! Undank ist der Welt Lohn. Ich will mir doch hier einen Flederwisch abhauen, daß ich wenigstens etwas davon trage! thut es. – Drollig! um Agathen zu erfreuen, wagtest du den Schuß; sie zu erwerben fehlt's dir an Herzhaftigkeit! Das würde sich das Wachspüppchen, das mich um deinetwillen verwarf, schwerlich einbilden. für sich. Es soll gerochen werden!!

MAX.
Elender! Muth hab' ich –

CASPAR.
So bewähr' ihn! Brauchtest du schon eine Freikugel, so ist's ja

259–261: Zu Webers Korrektur im Handexemplar vgl. das Verzeichnis der Varianten, S. 225.

ein Kinderspiel, welche zu gießen. Was dir bevorsteht ohne diese Hülfe, kannst du aus deinen bisherigen steten Fehlschüßen leicht abnehmen. Das Mädchen ist auf dich erseßen, kann nicht ohne dich leben; sie wird verzweifeln! Du wirst allen Menschen ein Spott herumschleichen, vielleicht aus eigner Verzweiflung – drückt sich die Faust in die Augen, als trät das Waßer hinein. Schäme dich, rauher Waidmann, daß du ihn mehr liebst, als er sich selbst! vor sich. Hilf zu, Sammiel!

MAX.
Agathe sterben! Ich in einen Abgrund springen! Ja, das wär' das Ende! – – giebt Caspar die Hand. Bei Agathe's Leben! ich komme!
SAMMIEL, der bei den letzten Worten hervorgelauscht hat, nickt und verschwindet.

CASPAR.
Schweig gegen Jedermann! Es könnte dir und mir Gefahr bringen. Ich erwarte dich!

MAX.
Ich dich verrathen? Glock zwölf! – Ich komme! schnell ab.

SECHSTER AUFTRITT.

CASPAR,
allein. Höhnisch ihm nachsehend. Es ist indeßen fast ganz dunkel worden.

No. 5.

Schweig', schweig' – damit dich Niemand warnt!
Der Hölle Netz hat dich umgarnt;
Nichts kann vom tiefen Fall dich retten!
Umgebt ihn, ihr Geister, mit Dunkel beschwingt!
Schon trägt er knirschend eure Ketten!
Triumph! die Rache, die Rache gelingt!
auf der entgegengesetzten Seite ab.

283: Zur Angabe „Glock zwölf" vgl. die Anmerkung zu Z. 227.

ZWEITER AUFZUG.

ERSTER AUFTRITT.

Schmaler Vorsaal mit zwei Seiteneingängen, nur eine Coulisse tief. Hirschgeweihe und düstere Tapeten mit Jagdstücken geben ihm ein alterthümliches Ansehen, und bezeichnen, daß das Forsthaus ehedem ein fürstliches Waldschloß war. In der Mitte eine mit Vorhängen bedeckte Thür, die zu einem Altan führt. Auf einer Seite ANNCHENS Spinnrad; auf der andern ein großer Tisch, worauf ein Lämpchen brennt und ein weißes Kleid mit grünem Band liegt.

ANNCHEN
steht auf einem Fußtritt, hat das Bild des ersten CUNO's wieder aufgehängt und hämmert den Nagel fest.

Duetto No. 6.

AGATHE,
im Nachtkleid, bindet einen Verband von der Stirn.

ANNCHEN.
Schelm! halt fest!
Ich will dir's lehren!
Spukereien kann man entbehren
In solch altem Eulennest.

AGATHE.
Laß das Ahnenbild in Ehren!

ANNCHEN.
Ei, dem alten Herrn
Zoll' ich Achtung gern;
Doch dem Knechte Sitte lehren
Kann Respect nicht wehren –

AGATHE.
Sprich, wen meinst du? welchem Knecht?

ANNCHEN.
Nun, den Nagel! Kannst du fragen?

17: Im Partiturautograph: „Spukereyn".

Sollt er seinen Herrn nicht tragen, 30
Ließ ihn fall'n! war das nicht schlecht?

AGATHE.
Ja, gewiß, das war nicht recht! ⎫
⎬ zugleich.
ANNCHEN. ⎪
Das war warlich mehr, als schlecht. ⎭ 35
steigt herab.

AGATHE.
Alles wird dir zum Feste,
Alles beut dir Lachen und Scherz –
O wie anders fühlt mein Herz! 40

ANNCHEN.
Grillen sind mir böse Gäste!
Immer mit leichtem Sinn
Tanzen durchs Leben hin,
Das nur ist Hochgewinn – 45
Sorg' und Gram muß man verjagen!

AGATHE.
Wer bezwingt des Busens Schlagen?
Wer der Liebe süßen Schmerz?
Stets um dich Geliebter zagen 50
Muß dieß ahnungsvolle Herz.

ANNCHEN,
besieht sich das Bild.
So! nun wird der Altvater wohl wieder ein Jahrhundertchen fest
hängen. Da oben mag ich ihn recht gern leiden. zu AGATHEN gekehrt. 55
Aber du hast das Tuch schon abgebunden? Das Blut ist doch völlig gestillt?

33:   Im Partiturautograph: „O, gewiß".
35:   Im Partiturautograph: „Gewiß, gewiß, das war recht schlecht."
36:   Diese Zeile im Handexemplar von Weber ergänzt.
49–51: Im Handexemplar von Weber korrigiert.

AGATHE.
Sey ohne Sorgen, liebes Annchen! Der Schreck war das Schlimmste! – Wo nur Max bleibt?

ANNCHEN.
Nun kommt er gewiß bald. Herr Cuno sagte ja bestimmt, daß er ihn noch einmal heimsenden werde.

AGATHE.
Es ist recht still und einsam hier –

ANNCHEN.
Unangenehm ist's freilich, in einem solchen verwünschten Schlosse am Polterabende fast mutterseelen allein zu seyn, zumal – wenn sich so ehrwürdige längst vermoderte Herrschaften mir nichts, dir nichts, von den Wänden herabbemühen. Da lob' ich mir die lebendigen und jungen! singt mit lebhafter Pantomime.

Arietta No. 7.

Kommt ein schlanker Pursch gegangen,
Blond von Locken oder braun,
Hell von Aug' und roth von Wangen,
Ei, nach dem kann man wohl schaun:,:

Zwar schlägt man das Aug' auf's Mieder,
Nach verschämter Nonnen Art;
Doch verstohlen hebt man's wieder,
Wenn's das Pürschchen nicht gewahrt:,:

Sollten ja sich Blicke finden,
Nun was hat auch das für Noth?
Man wird drum nicht gleich erblinden,
Wird man gleich ein wenig roth.:,:

Blickchen hin, und Blick herüber,
Bis der Mund sich auch was traut!

78: Im Partiturautograph: „verschämter MädchenArt".
80: Im Partiturautograph: „das Herrchen".

<u>Er</u> seufzt: Schönste! <u>Sie</u> spricht: Lieber!
Bald heißt's Bräutigam und Braut.:,:

Immer näher, lieben Leutchen!
Wollt ihr mich im Kranze seh'n?
Nicht, das ist ein nettes Bräutchen,
Und der Pursch nicht minder schön?:,:

AGATHE,
hat sich während des Liedchens erheitert.

ANNCHEN.
<u>So</u> recht! <u>So</u> gefällst du mir, Agathe! So bist du doch, wie <u>ich</u> seyn werde – wichtig[.] wenn ich einmal Braut bin!

AGATHE.
Wer weiß! Doch ich gönne dirs von Herzen, ist auch mein eigner Brautstand nicht so ganz kummerlos. Besonders, seit ich heute von dem ehrwürdigen Eremiten zurück kam, hat mir's wie ein Stein auf dem Herzen gelegen. Jetzt fühle ich mich um vieles leichter.

ANNCHEN.
Wie so? Erzähle doch! Noch weiß ich gar nicht, wie dein Besuch abgelaufen ist, außer daß dir der fromme Greis von seinen Rosen geschenkt hat.

AGATHE.
Ja! Diese umblühen das Cruzifix seines Betaltars, und die Landleute, die er mit dem daraus gepreßten Waßer beschenkt, rühmen dies allgemein als ein wunderthätiges Heilmittel. Als ich ihn um seine Vorbitte für mich und Maxen bat, warnte er mich vor einer unbekannten, aber schweren Gefahr, welche ihm ein Gesicht offenbart habe. Dann schenkte er mir die Rosen. Nun ist seine Warnung ja in Erfüllung gegangen. Das herabstürzende Bild konnte mich tödten.

91: Im Partiturautograph: „Gelt, das ist ein […]".
94: Diese Zeile im Handexemplar von Weber korrigiert.

II. Aufzug, 2. Auftritt

ANNCHEN.
Gut erklärt! So muß man böse Vorbedeutungen hinterdrein nehmen!

AGATHE.
Die Rosen sind mir nun doppelt theuer, und ich will ihrer auf das treueste pflegen!

ANNCHEN.
Wie wär's, wenn ich sie in die Nachtfrische vor's Fenster setzte? Es wird ohnedieß Zeit, mich auch auszukleiden.

AGATHE.
Thue das, liebes Annchen!

ANNCHEN.
Aber dann laß uns auch zu Bette gehen!

AGATHE.
Nicht eher, bis Max da ist. Es ist ja ohnedieß ein recht einsamer Vorabend –

ANNCHEN.
Hat man nicht seine Noth mit euch Liebesleutchen! *ab.*

ZWEITER AUFTRITT.

No. 8. Aria

AGATHE,
allein:
Wie nahte mir der Schlummer,
Bevor ich <u>ihn</u> geseh'n?
Ja, Liebe pflegt mit Kummer
Stets Hand in Hand zu gehn! –
Ob Mond auf seinen Pfad wohl lacht –?
sie öffnet die Althanthüre, daß man in eine sternenhelle Nacht sieht.
Welch schöne Nacht! –
sie tritt in den Altan und erhebt mit frommer Rührung ihre Hände.

II. Aufzug, 2. Auftritt

Leise, leise,
Fromme Weise!
Schwing' dich auf zum Sternenkreise! 15
Lied, erschalle!
Feiernd walle
Mein Gebet zur Himmelshalle! – hinaussehend.

O wie hell die goldnen Sterne,
Mit wie reinem Glanz sie glüh'n! 20
Nur dort in der Berge Ferne
Scheint ein Wetter aufzuzieh'n.
Dort am Wald auch schwebt ein Heer
Düstrer Wolken dumpf und schwehr. –

Zu dir wende 25
Ich die Hände,
Herr ohn' Anfang und ohn' Ende!
Vor Gefahren
Uns zu wahren,
Sende deiner Engel Scharen! – wieder hinaussehend. 30

Alles pflegt schon längst der Ruh'
Trauter Freund! was weilest du?
Ob mein Ohr auch eifrig lauscht,
Nur der Tannen Wipfel rauscht,
Nur das Birkenlaub im Hain, 35
Flüstert durch die hehre Stille;
Nur die Nachtigall und Grille
Scheint der Nachtluft sich zu freu'n. –
Doch wie? trügt mich mein Ohr?
Dort klingts, wie Schritte – 40
Dort, aus der Tannen Mitte
Kommt was hervor –
Er ist's! er ist's! –
Die Flagge der Liebe mag wehen! sie winkt ihm mit einem weißen
Tuche. 45

24: Im Partiturautograph: „Dunkler Wolken".
39: Im Partiturautogaph: „täuscht mich nicht mein Ohr?".
44: Im Partiturautograph: „weh'n" (vgl. „seh'n" Z. 48).

II. Aufzug, 3. Auftritt

Dein Mädchen wacht
Noch in der Nacht –
Er scheint mich noch nicht zu sehen –
Gott! täuscht das Licht
50 Des Monds mich nicht,
So schmückt ein Blumenstrauß den Hut –
Gewiß, er hat den besten Schuß gethan!
Das kündet Glück für morgen an!
O süße Hoffnung! neu belebter Muth!

55 Alle meine Pulse schlagen,
Und das Herz wallt ungestüm,
Süß entzückt entgegen ihm!
Konnt' ich das zu hoffen wagen? –
Ja! es wandte sich das Glück
60 Zu dem theuern Freund zurück,
Will sich morgen treu bewähren!
Ist's nicht Täuschung, ist's nicht Wahn? –
Himmel! nimm des Dankes Zähren
Für dieß Pfand der Hoffnung an!

Dritter Auftritt.
AGATHE. MAX, verstört und heftig eintretend. Bald darauf ANNCHEN.

AGATHE.
Bist du endlich da, lieber Max!

5 MAX.
O meine Agathe! sie umarmen sich.
AGATHE tritt still zurück, als sie statt des gehofften Straußes den Federbusch erblickt.
Verzeiht, wenn ihr meinetwegen aufgeblieben seyd. Leider komm'
10 ich nur auf wenig Augenblicke –

AGATHE.
Du willst doch nicht wieder fort? Es scheinen Gewitter im Anzuge.

48: Im Partiturautograph: „seh'n".
55: Im Partiturautograph: „All' meine Pulse".

MAX.
Ich muß! – Ja! – wirft den Hut auf den Tisch, daß das Lämpchen von dem
Federbusche ausgelöscht wird.

ANNCHEN.
Gut, daß der Mond scheint; sonst säßen wir im Finstern. schlägt
Feuer und brennt das Lämpchen wieder an. Wir sind ja recht lebhaft!
Vermuthlich getanzt?

MAX.
Ja! ja! vermuthlich!

AGATHE,
furchtsam, mit allen Zeichen getäuschter Hoffnung.
Du scheinst übel gelaunt. Wieder unglücklich gewesen?

MAX.
Nein! nein! Im Gegentheil –!

AGATHE.
Nicht? gewiß nicht?

ANNCHEN
zu MAX.
Was hast du gewonnen? Wenn's ein Band ist, Vetter! mußt du
mir's schenken. Bitte, bitte! Agathe hat schon Bänderkram genug
von dir!

AGATHE.
Was hast du getroffen, Max? Heute ist mir's von Wichtigkeit.

MAX,
mit ängstlicher Verlegenheit.
Ich habe – ich war gar nicht beim Sternschießen!

AGATHE.
Und sagst doch, du seyst glücklich gewesen?

MAX.
Ja doch! wunderbar, unglaublich glücklich! Sieh! zeigt ihr mit solcher

II. Aufzug, 3. Auftritt

Heftigkeit den Federbusch auf dem Hute, daß sie zurückfährt. Den größten Raubvogel habe ich aus den Wolken geholt!

AGATHE.
Sey doch nicht so hastig! Du fährst mir in die Augen –

MAX.
Vergieb! bemerkt Blut an ihrer Stirn. Aber was ist das? Du bist verwundet, deine Locken sind blutig – Um aller Heiligen Willen, was ist dir begegnet?

AGATHE.
Nichts! so viel als nichts! Es heilt noch vorm Brautgang. sich sanft an ihn schmiegend. Du sollst dich drum deines Bräutchens nicht schämen.

MAX.
Aber so sagt doch nur –

ANNCHEN.
Das Bild dort fiel herunter –

MAX.
Dort, der Urvater Cuno?

AGATHE.
Wie bist du? Es ist sonst kein Bild hier.

MAX.
Der wakere, gottesfürchtige Cuno?

ANNCHEN.
Halb und halb war Agathe selbst schuld. Wer hieß ihr auch, schon nach sieben Uhr immer ans Fenster zu laufen! Da ließ sich doch kaum erwarten, daß du schon heim kämst!

MAX.
Seltsam! wunderbar seltsam! Um sieben Uhr?

II. Aufzug, 3. Auftritt

ANNCHEN.
Du hörst ja! Die Turmuhr drüben im Dorfe hatte nur kurze Zeit ausgeschlagen.

MAX,
v.[or] s.[ich]
Seltsam! schrecklich! Um diese Zeit schoß ich den Bergadler.

AGATHE.
Du sprichst mit dir selbst. Was hast du?

MAX.
Nichts! nichts auf der Welt!

AGATHE.
Bist du unzufrieden mit mir?

MAX,
mit steigender Verlegenheit.
Nein wie könnt' ich? – Ja, denn! ich bringe dir eine Bürgschaft meines wiederkehrenden Glücks – sie hat mich <u>viel</u> gekostet, und du – du freust dich nicht einmal drüber! Ist das <u>auch</u> Liebe?

AGATHE.
Sey nicht ungerecht, Max! Noch konnt' ich nicht recht zur Freude kommen, noch weiß ich ja nicht – so große Raubvögel, wie ich diesen mir denken muß, haben immer was Furchtbares.

ANNCHEN.
Das dächt' ich nicht! mir seh'n sie recht stattlich aus.

AGATHE,
zu MAX.
O steh nicht so in dich gekehrt! Ich liebe dich ja so innig. Solltest du morgen nicht glücklich seyn, solltest du mir, ich dir entrissen werden, o! gewiß, der Gram würde mich tödten.

MAX.
Drum – eben darum muß ich wieder fort!

AGATHE.
Aber was treibt dich?

MAX.
Ich habe – ich bin noch ein Mal glücklich gewesen –

AGATHE.
Noch ein Mal?

MAX.
Ja doch! ja! ohne AGATHEN ansehen zu können. Ich hab' – in der Dämmerung einen Sechzehnender geschoßen! Der muß noch hereingeschafft werden; sonst stehlen ihn des Nachts die Bauern.

AGATHE.
Wo liegt der Hirsch?

MAX.
Ziemlich weit – im tiefen Walde – bei der Wolfschlucht!

No. 9. Terzett.

AGATHE.
Wie? was? – Entsetzen!
Dort, in der Schreckensschlucht?

ANNCHEN.
Der wilde Jäger soll dort hetzen,
Und wer ihn hört, ergreift die Flucht.

MAX.
Darf Furcht im Herz des Waidmanns hausen?

AGATHE.
Doch sündigt der, der Gott versucht!

MAX.
Ich bin vertraut mit jenem Grausen,
Das Mitternacht im Walde webt,

Wenn sturmbewegt die Eichen sausen,
Der Häher krächzt, die Eule schwebt – 130
nimmt Hut, Jagdtasche und Büchse.

AGATHE.
Mir ist so bang! O bleibe!
O eile, eile nicht so schnell!

[ANNCHEN. 135
Ihr ist so bang! o bleibe!
O eile, eile nicht so schnell!]

MAX,
nach dem Altan schauend, düster vor sich.
Noch trübt sich nicht die Mondenscheibe, 140
Noch strahlt ihr Schimmer klar und hell;
Doch bald wird sie den Schein verlieren –

ANNCHEN.
Willst du den Himmel observiren?
Das wär' nun meine Sache nicht! 145

AGATHE.
O kann dich meine Angst nicht rühren –

MAX.
Mich ruft von hinnen Wort und Pflicht.

AGATHE und ANNCHEN. 150
Leb wohl!
} zugleich.
MAX.
Lebt wohl!
er geht hastig fort und kehrt in der Thür noch einmal zurück. Mit Wehmuth:

135–137: Diese Zeilen sind in Kinds Autograph, dem Handexemplar sowie den Kopien Gotha, Wien und Hamburg nicht enthalten und hier übernommen nach der Kopie Berlin sowie dem Erstdruck der Gesangstexte (übereinstimmend mit den Ausgaben von Kind 1–5).
147: Im Partiturautograph: „So kann dich [...]".
153: Im Partiturautograph: „Leb wohl!".

II. Aufzug, 4. Auftritt

155 Doch – hast du auch vergeben
Den Vorwurf? den Verdacht?

AGATHE.
Nichts fühlt mein Herz, als Beben!
Nimm meiner Warnung Acht!

160 **ANNCHEN.**
So ist das Jägerleben!
Nicht Ruh bei Tag und Nacht!

AGATHE.
Weh' mir! ich muß dich laßen!

165 **ANNCHEN.**
Such, Beste, dich zu faßen!

MAX,
düster.
Bald wird der Mond erblaßen –!

170 **AGATHE und ANNCHEN.**
Denk' an Agathe's Wort!

MAX,
den Hut tief in die Augen drückend.
Mein Schicksal reißt mich fort!
175 zu verschiedenen Thüren ab.

No. 10. Finale.

VIERTER AUFTRITT.
Furchtbare Waldschlucht, größtentheils mit Schwarzholz bewachsen, von hohen Gebirgen rings umgeben. Von einem derselben stürzt ein Waßerfall. Der
5 Vollmond scheint bleich. Zwei Gewitter von entgegengesetzter Richtung sind im Anzuge. Weiter vorwärts ein vom Blitz zerschmetterter, ganz verdorrter Baum,

162: Im Partiturautograph: „Nie Ruh"
171: Im Partiturautograph: „Agathens Wort".

II. Aufzug, 4. Auftritt

inwendig faul, so daß er zu glimmen scheint. Auf der andern Seite auf einem knorrigen Aste eine große Eule mit feurig rädernden Augen. Auf andern Bäumen Raben und anderes Waldgevögel. Fledermäuse schwirren umher.

CASPAR,
ohne Hut und Oberkleid, doch mit Jagdtasche und Hirschfänger, ist beschäfftigt, mit schwarzen Feldsteinen einen Kreis zu legen, in dessen Mitte ein Todtenkopf liegt. Einige Schritte davon der abgehauene Adlersflügel, Gießkelle und Kugelform.

UNSICHTBARE GEISTERSTIMMEN.
Milch des Mondes fiel auf's Kraut.

ANDERE.
Uhui!

DIE ERSTERN.
Spinnweb' ist mit Blut bethaut.

DIE ANDERN wie oben.

DIE ERSTERN.
Eh' noch wieder Abend graut –

DIE ANDERN wie oben.

DIE ERSTERN.
Ist sie todt, die zarte Braut!
wie oben.
Uhui.

ALLE.
Eh' noch wieder sinkt die Nacht,
Ist das Opfer dargebracht.

WALDVÖGEL.
Uhui! Uhui! Uhui!

15–28: Im Handexemplar von Weber korrigiert, vgl. dazu S. 143 u. 229f.

Fünfter Auftritt.

Die Uhr schlägt ganz in der Ferne dumpf zwölf. Der Kreis von Steinen ist vollendet. Als der zwölfte Schlag fällt, reißt CASPAR den Hirschfänger heftig heraus und stößt ihn mitten in den Todtenschädel. – Bald darauf SAMMIEL.

CASPAR
erhebt den Hirschfänger mit dem aufgespießten Todtenkopfe, dreht sich dreimal herum, und ruft:
Sammiel! Sammiel! erschein'!
Bei des Zaubrers Hirngebein!
Sammiel! Sammiel erschein'!
Er stellt beides wieder in die Mitte des Kreises. Unterird'sches Getös. SAMMIEL tritt aus oder erscheint in einem Felsen. CASPAR wirft sich vor ihm nieder.

SAMMIEL.
Was rufst du?

CASPAR,
kriechend.
Du weißt daß meine Frist
Schier abgelaufen ist –

SAMMIEL.
Morgen!

CASPAR.
Verlängre sie noch einmal mir –

SAMMIEL.
Nein!

CASPAR.
Ich bringe neue Opfer dir –

SAMMIEL.
Welche?

12, 15–52: Im Handexemplar ursprünglicher Abschnitt (siehe Anhang des Edierten Textes S. 88–90) von Weber durch Streichung und Überklebung korrigiert.

CASPAR.
Mein Jagdgesell – er naht –
Er, der noch nie dein dunkles Reich betrat –

SAMMIEL.
Was sein Begehr?

CASPAR.
Freykugeln sinds – auf die er Hoffnung baut.

SAMMIEL.
Sechse treffen, sieben äffen!

CASPAR.
Die siebente sey dein!
Aus seinem Rohr lenk sie nach seiner Braut,
Dieß wird ihn der Verzweiflung weihn,
Ihn – und den Vater –

SAMMIEL.
Noch hab ich keinen Theil an ihr!

CASPAR,
zitternd.
Genügt er dir allein?

SAMMIEL.
Das findet sich!

CASPAR.
Doch schenkst du Frist? und wieder auf drey Jahr
Bring ich ihn dir zur Beute dar? –

SAMMIEL.
Es sey! Bei den Pforten der Hölle! Morgen – Er oder Du!
Dumpfer Donner vom Echo wiederholt. SAMMIEL verschwindet. Auch der Todtenkopf mit dem Hirschfänger ist versunken, und an dessen Stelle sieht man einen kleinen Heerd mit glimmenden Kohlen. Dabei einige Reisbunde.

SECHSTER AUFTRITT.

CASPAR steht auf und trocknet sich den Schweiß von der Stirn. Bald darauf wird MAX auf einem der Felsen, dem Waßerfall gegenüber, sichtbar. Späterhin ERSCHEINUNGEN. Zuletzt SAMMIEL.

CASPAR,
als er sich umsieht und die Kohlen erblickt.
Trefflich bedient! thut einen Zug aus der Jagdflasche. **Geseegn' es Sammiel! Er hat mir warm gemacht! – Aber wo bleibt Max? Sollte er wortbrüchig werden? – Sammiel, hilf!** – er geht nicht ohne Beängstigung im Kreise hin und her. Die Kohlen drohen zu verlöschen. Er kniet zu ihnen nieder, legt Reiß auf und bläßt an. Die Eule und andere Vögel heben dabei die Flügel, als wollten sie anfachen; das Feuer raucht und knistert.

MAX
beugt sich von einer Felsenspitze in die Schlucht herab.
**Ja! – furchtbar gähnt
Der düstre Abgrund! – welches Graun!
Das Auge wähnt
In einen Höllenpfuhl zu schau'n! –
Wie dort sich Wetterwolken ballen!
Der Mond verliert von seinem Schein! –
Gespenst'ge Nebelbilder wallen!
Belebt ist das Gestein!
Und hier – husch! husch!
Fliegt Nachtgevögel auf im Busch! –
Rothraue, narb'ge Zweige strecken
Nach mir die Riesenfaust! – –
Nein, ob das Herz auch graust,
Ich muß!! Ich trotze allen Schrecken!**
er klettert auf dem Felsenpfade einige Schritte herab.

CASPAR
richtet sich auf und erblickt ihn.
Dank, Sammiel! Die Frist ist gewonnen! – zu MAX. **Kommst du endlich, Camerad? Ist das auch recht, mich allein zu lassen?**

16: Im Partiturautograph: „welch ein Graun".
25: Im Partiturautograph: „Rothgraue".

II. Aufzug, 6. Auftritt

Siehst du nicht, wie mir's sauer wird! hat das Feuer mit dem Adlersflügel angefacht, und erhebt diesen im Gespräch gegen MAX.

MAX,
nach dem Adlerflügel starrend, die Hand vor der Stirn.
Ich schoß den Adler aus hoher Luft;
Ich kann nicht rückwärts! mein Schicksal ruft! –
bleibt wieder stehen und blickt starr nach dem gegenüberstehenden Felsen.
Weh mir!

CASPAR.
So komm doch! Die Zeit eilt –

MAX.
Ich kann nicht hinab!

CASPAR.
Hasenherz! klimmst ja sonst, wie eine Gemse!

MAX.
Sieh dorthin! Sieh!
er deutet nach dem Felsen, welcher noch vom Mondlicht beleuchtet ist. Man erblickt eine weiß verschleierte Gestalt, die die Hand erhebt.
Was dort sich weist,
Ist meiner Mutter Geist!
So lag sie im Sarg, so ruht sie im Grab!
Sie fleht mit warnendem Blick,
Sie winkt mir zurück!

CASPAR,
v.[or] s.[ich]
Hilf, Sammiel! – laut. Alberne Fratzen! Hahaho! Sieh noch einmal hin, damit du die Folgen deiner feigen Thorheit erkennst!
Die verschleierte Gestalt ist verschwunden. Man erblickt AGATHE's Gestalt, mit aufgelösten Locken und wunderlich mit Laub und Stroh aufgeputzt. Sie gleicht völlig einer Wahnsinnigen, und scheint im Begriff, sich in den Waßerfall herabzustürzen.

II. Aufzug, 6. Auftritt

65 MAX.
Agathe! – Sie springt in den Fluß!
Hinab! ich muß!
Die Gestalt ist verschwunden. MAX klimmt vollends herab. Der Mond fängt sich an zu verfinstern.

70 CASPAR,
hönisch vor sich.
Ich denke wohl auch!

MAX,
heftig zu CASPARN.
75 Hier bin ich! Was hab' ich zu thun?

CASPAR
reicht ihm die Jagdflasche, die MAX verweigert.
Zuerst trink einmal! Die Nachtluft ist kühl und feucht. – Willst du selbst gießen?

80 MAX.
Nein! das ist wider die Abrede.

CASPAR.
Nicht? So bleib außer dem Kreise. Sonst kostet's dein Leben!

MAX.
85 Was hab' ich zu thun, Hexenmeister?

CASPAR.
Faße Muth! Was du auch hören und sehen magst, verhalte dich ruhig. mit eignem heimlichen Grauen. Käm vielleicht ein Unbekannter, uns zu helfen, was kümmert es dich? Kömmt was Andres, was
90 thuts! So etwas sieht ein Gescheidter gar nicht!

MAX.
O! wie wird das enden!

77: Diese Zeile im Handexemplar von Weber korrigiert, vgl. dazu S. 231.
89: Zu der möglicherweise auf Weber zurückgehenden Korrektur im Handexemplar vgl. das Verzeichnis der Varianten, S. 231.

CASPAR.
Umsonst ist der Tod! Nicht ohne Widerstand schenken verborgene Naturen den Sterblichen ihre Schätze. Nur wenn du mich selbst zittern siehst, dann komm mir zu Hülfe, und rufe, was ich rufen werde. Sonst sind wir beide verloren. MAX macht eine Bewegung des Einwurfs. Still! Die Augenblicke sind kostbar! – Der Mond ist bis auf einen schmalen Streif verfinstert. CASPAR nimmt die Gießkelle. Merk' auf, was ich hineinwerfen werde, damit du die Kunst lernst! er nimmt die Ingredienzien aus der Jagdtasche und wirft sie nach und nach hinein. Hier erst das Blei. – Etwas gestoßenes Glas von zerbrochenen Kirchfenstern; das findet sich. – Etwas Quecksilber! – Drei Kugeln, die schon einmal getroffen! – Das rechte Auge eines Wiedehopfs – das linke eines Luchses! – *Probatum est!* – Und nun den Kugelseegen! in drei Pausen sich mit dem Kopfe gegen die Erde neigend:

Schütze, der im Dunkeln wacht,
Sammiel, Sammiel, hab' Acht!
Steh' mir bei in dieser Nacht,
Bis der Zauber ist vollbracht!
Salbe mir so Kraut, als Blei,
Segn' es sieben, neun und drei,
Daß die Kugel tüchtig sey!
Sammiel! Sammiel! herbei!

Die Masse in der Gießkelle fängt an zu gähren und zischen, und giebt einen grünlich weißen Schein. Eine Wolke läuft über den Mondstreif, daß die ganze Gegend nur noch von dem Heerdfeuer, den Augen der Eule, und dem faulen Holze des Baumes beleuchtet ist. CASPAR gießt, läßt die Kugel aus der Form fallen und ruft: Eins! Das Echo wiederholt: Eins! Waldvögel kommen herunter, setzen sich um das Feuer, hüpfen und flattern. Schlangen umkriechen ihn. CASPAR zählt: Zwei! Echo wiederholt. Ein schwarzer Eber raschelt durchs Gebüsch und jagt raschelnd vorüber. CASPAR scheint zu stutzen und zählt: Drei! Echo wie oben. Ein Sturm erhebt sich, beugt und bricht Wipfel der Bäume, jagt Funken vom Feuer. CASPAR zählt ängstlich: Vier! Echo wie oben. Man hört Rasseln, Peitschengeknall und Pferdegetrappel. Vier feurige, Funken werfende Räder rollen über die Bühne, ohne daß man wegen der Schnelligkeit die eigent-

103: Zu der möglicherweise von Weber stammenden Korrektur im Handexemplar vgl. im Verzeichnis der Varianten S. 232.
120: „Schlangen umkriechen ihn." im Handexemplar von Weber ergänzt.
122: Statt „raschelnd" im Autograph Kinds „schnaubend", im Partiturautograph „wild".
125: Statt „Pferdegetrappel" im Pariturautograph „Pferdegetrampel".

II. Aufzug, 6. Auftritt

liche Gestalt oder den Wagen gewahr werden kann. CASPAR, immer ängstlicher, zählt: **Fünf!** Echo wiederholt. Hundegebell und Wiehern in der Luft. Nebelgestalten von Jägern zu Fuß und zu Roß, Hirschen und Hunden, ziehen in der Höhe vorüber. Furchtbarer Gesang:

**Durch Berg und Thal, durch Schlund und Schacht,
Durch Thau und Wolken, Sturm und Nacht!
Durch Höhle, Sumpf und Erdenkluft!
Durch Feuer, Erde, See und Luft!
Joho! Joho! Wau! Wau!**

Plötzliche Stille. CASPAR: **Wehe! Das wilde Heer! – Sechs! Wehe!** Echo: **Sechs! Wehe!** Der ganze Himmel wird schwarze Nacht. Die vorher mit einander kämpfenden Gewitter treffen zusammen und entladen sich mit furchtbaren Blitzen und Donnern. Platzregen fällt; dunkelblaue Flammen schlagen aus der Erde. Irrlichter zeigen sich auf den Bergen. Bäume werden prasselnd aus den Wurzeln gerissen; der Waßerfall schäumt und tobt. Felsenstücke stürzen herab. Man hört von allen Seiten Wettergeläut. Die Erde scheint zu wanken. CASPAR zuckend und schreiend: **Sammiel! Sammiel! Sammiel! hilf! – Sieben! – Sammiel!** Er wird zu Boden geworfen.

MAX,

gleichfalls vom Sturm hin und her geschleudert, faßt einen Ast des verdorrten Baums und schreit: **Sammiel!** In demselben Augenblicke ist der verdorrte Baum verschwunden, und an dessen Stelle steht der schwarze Jäger, MAXENS Hand faßend.

SAMMIEL,
mit furchtbarer Stimme.
Hier bin ich!

MAX
stürzt zu Boden. Es schlägt Eins! CASPAR liegt noch mit dem Gesicht zu Boden. MAX richtet sich convulsivisch auf. Der Vorhang fällt.

147, 154: Zu Webers Korrekturen im Handexemplar vgl. im Verzeichnis der Varianten S. 232f.

Dritter Aufzug.

No. 11. Entre Act.

Erster Auftritt.

Tag. Kurze Waldscene. Man hört hinter der Gardine von Zeit zu Zeit Jagdmusik. Zwey fürstliche Jäger. Späterhin Max und Caspar. Zuletzt noch ein fürstlicher Jäger.

Erster Jäger.
Es ist herrliches Jagdwetter!

Zweiter Jäger.
Nimmermehr hätt ich das geglaubt. Bis gegen Morgen war doch ein Mordlärm!

Erster Jäger.
Besonders in der Wolfschlucht mag nun ganz und gar der Teufel los gewesen seyn.

Zweiter Jäger.
Das ist ein für allemal seiner Grosmutter Lustwäldchen.

Erster Jäger.
Dort giebt's Windbrüche! Mannsdicke Stämme sind zersplittert, wie Rohrstäbe, und strecken die Wurzeln gen Himmel.

Zweiter Jäger.
Wer weiß, wer dort wieder einmal sein Wesen getrieben hat!

Erster Jäger.
Mit deinen Fratzen! Laß uns gehen!

Max, etwas erhitzt, kommt mit Caspar.

Erster Jäger,
zu ihnen im Vorübergehn.
Guten Tag!

III. Aufzug, 1. Auftritt

ZWEITER JÄGER
zieht vor MAX den Hut.
Glück zu, Herr Expectant!

30 **MAX.**
Gute Jagd!

ZWEITER JÄGER,
den ersten noch zurückhaltend und auf MAX deutend.
Hör', seyd höflich gegen den! Das ist ein Mordkerl! Der hat drei
35 Schüsse gethan – unser einer kann nicht so weit sehen, geschweigen denn treffen. Die Durchlaucht ist ganz versessen auf ihn. Das Glücksrädchen dreht sich wunderlich. Läuft's so fort, kann der noch Landjägermeister werden.

ERSTER JÄGER.
40 Meinethalben! Komm! sie gehen.

MAX
zu CASPAR.
Gut, daß wir allein sind! Hast du noch – so glückliche Kugeln? Gieb!

45 **CASPAR.**
Bist du des Geiers, Camerad? Bedenk'! drei nahm ich, vier für dich! Kann ein Bruder redlicher theilen?

MAX.
Aber ich habe nur noch _eine_! Der Fürst hatte mich in's Auge ge-
50 faßt. Drei Schüße habe ich gethan zum Erstaunen. Was hast du denn mit den Kugeln angefangen?

CASPAR
nimmt zwei Elstern aus der Jagdtasche und wirft sie hinter einen Busch.
Da sieh! Zwei Elstern habe ich damit geschoßen.

55 **MAX.**
Bist du toll?

CASPAR.
's macht mir Spaß, so einen Galgenvogel herunter zu langen! Was kümmert mich die ganze fürstliche Jagd?

MAX.
So gieb mir die dritte!

CASPAR.
Daß ich kein Narr wär'! Ich noch eine – du noch eine! Die heb' dir fein auf zu dem Probeschuß.

MAX.
Gieb mir die dritte von den deinigen!

CASPAR.
Ich mag nicht –

MAX.
Caspar!

DRITTER JÄGER
tritt ein, zu MAX.
Der Fürst verlangt euch, aber augenblicklich! Es ist ein Streit entstanden, wie weit euer Gewehr trifft. ab.

MAX.
Sogleich! zu CASPAR, dringend. Gieb mir die dritte!

CASPAR.
Nein! und wenn du mir zu Fuße fielst –

MAX.
Schuft! ab.

CASPAR.
Immerhin! – Jetzt geschwind die sechste Kugel verschossen! Die siebente hebt er mir nun schon zum Probeschuße auf. legt an und geht so ab. Man hört außerhalb der Scene den Schuß fallen.

Zweiter Auftritt.

AGATHENS Stübchen, alterthümlich, doch niedlich verziert. An einer Seite ein kleiner Hausaltar, worauf in einem Blumentopfe ein Straus weiser Rosen. Gegenüber ein Spiegel.

No. 12. Cavatine.

AGATHE,
allein, bräutlich und blendentweiß, mit grünem Bande gekleidet, steht vor dem Altar und wendet sich dann vorwärts. Mit wehmüthiger Andacht:
Und ob die Wolke sie verhülle,
Die Sonne bleibt am Himmelszelt!
Es waltet dort ein heil'ger Wille;
Nicht blindem Zufall dient die Welt!
Das Auge, ewig rein und klar,
Nimmt aller Wesen liebend wahr!

Für mich auch wird der Höchste sorgen,
Dem kindlich Herz und Sinn vertraut!
Und wär' dieß auch mein letzter Morgen,
Rief mich sein Vaterwort als Braut;
Sein Auge, ewig rein und klar,
Nimmt aller seiner Kinder wahr!

Dritter Auftritt.

AGATHE, ANNCHEN, gleichfalls ländlich geschmückt.

ANNCHEN.
Ei, du hast dich dazu gehalten! – Aber du bist ja so wehmüthig, ich glaube gar du hast geweint? Brautthränen und Frühregen währen nicht lange, sagt das Sprichwort. Nun, das weiß der Himmel, Regen genug hat's gegeben! Oft dacht' ich, der Sturm würde das alte Jagdschlößchen ganz über den Haufen blasen.

9: Textfehler in den handschriftlichen Quellen, vgl. dazu das Verzeichnis der Varianten, S. 234.
15: Im Partiturautograph „der Vater sorgen"
20: Im Partiturautograph: „Nimmt meiner auch mit Liebe wahr."

III. Aufzug, 3. Auftritt

AGATHE.
Und Max war in diesem schrecklichen Wetter im Walde! – Zudem habe ich so quälende Träume gehabt –

ANNCHEN.
Träume? Ich habe immer gehört, was einem vor dem Hochzeittage träumt, muß man sich merken. Solche Träume sollen wie Laubfrösche, das ganze liebe Ehestandswetter verkündigen. Was träumtest du denn?

AGATHE.
Es klingt wunderbar. Mich träumte, ich sey in eine weiße Taube verwandelt, und fliege von Ast zu Aste. Max zielte nach mir; ich stürzte, aber nun war die weiße Taube verschwunden, ich war wieder Agathe, und ein großer schwarzer Raubvogel wälzte sich in seinem Blute.

ANNCHEN
klatscht in die Hände.
Allerliebst! allerliebst!

AGATHE.
Wie kannst du dich nur über so etwas freuen?

ANNCHEN.
Nun, der schwarze Raubvogel – da hast du ja die ganze Bescheerung! – Du arbeitetest noch spät an deinem weißen Braut-Kleide und dachtest gewiß vorm Einschlafen an deinen heutigen Staat; da hast du die weiße Taube! Du erschrakst vor den Adlerfedern auf Maxens Hute, du schauerst dich überhaupt vor Raubvögeln; da hast du den schwarzen Vogel! Bin ich nicht eine geschickte Traumdeuterin?

AGATHE.
Deine Liebe für mich macht dich dazu, liebes, fröhliches Kind!
[Gleichwohl – Hast du nie gehört, daß Träume in Erfüllung gingen?

38–86: Anschlußtext und Arie des Annchen sind in den handschriftlichen Quellen vor 1821 nicht enthalten, sondern erstmalig in den Kopien Wien und Hamburg (ohne Anschlußtext auch im Erstdruck der Gesangstexte); die Textwiedergabe erfolgt hier nach der Kopie Wien.

III. Aufzug, 3. Auftritt

ANNCHEN,
vor sich.
Das ist ein Elend! Fällt mir denn nichts bei, sie zu zerstreuen? laut, mit scheinbarer Ernsthaftigkeit und Furcht. Alles kann man freilich nicht verwerfen. Ich selbst weiß da ein Grausenerregendes Beispiel:

No. 13. Romanze und Aria.

Einst träumte meiner seel'gen Baase,
Die Kammerthür eröffne sich,
Und – kreideweiß ward ihre Nase,
Denn näher, furchtbar näher schlich
Ein Ungeheuer
Mit Augen, wie Feuer,
Mit klirrender Kette – –
Es nahte dem Bette,
In welchem sie schlief –
Ich meine die Baase
Mit kreidiger Nase –
Und stöhnte ach! so hohl – und
ächzte ach! so tief! –
Sie kreuzte sich, rief,
Nach manchem Angst- und Stoßgebet:
„Susanne! Margareth!"
Und sie kamen mit Licht –
Und denke nur! und –
Erschrick mir nur nicht!
Und – graußt mir doch! – und –
Der Geist – war – Nero! – der Kettenhund.
AGATHE wendet sich unwillig ab. Zärtlich:
Du zürnest mir? –
Doch kannst du wähnen,
Ich fühle nicht mit dir? –
Nur ziemen einer Braut nicht Thränen

Aria.

Trübe Augen,
Liebchen, taugen
Einem holden Bräutchen nicht.

Daß durch Blicke 75
Sie erquicke,
Und bestricke
Und beglücke,
Alles um sich her entzücke,
Das ist ihre schönste Pflicht! – 80
Laß in öden Mauern
Büßerinnen trauern,
Dir winkt ros'ger Hoffnung Licht!
Schon entzündet sind die Kerzen
Zum Verein getreuer Herzen – 85
Holde Freundin zage nicht!]

Nun muß ich aber auch geschwind den Kranz holen. Die Botenfrau hat ihn eben gebracht, und ich vergeßliches Ding ließ ihn unten stehen. Horch, da kommen die Brautjungfern schon!

Vierter Auftritt.
Die Vorigen. Brautjungfern.

No. 14. Volkslied.

ANNCHEN,
im Abgehen. 5
Guten Tag, liebe Mädchen! Da, singt immer die Braut an! Ich komme gleich wieder. ab.

EINE BRAUTJUNGFER.
Wir winden dir den Jungfernkranz
Mit veilchenblauer Seide. 10
Wir führen dich zu Spiel und Tanz,
Zu Glück und Liebesfreude!

ALLE.
Schöner, grüner Jungfernkranz!
Veilchenblaue Seide! 15

77f.: Im Partiturautograph: „und beglükke | und bestrikke".
2–37: Zu Webers Korrekturen im Handexemplar vgl. Variantenverzeichnis, S. 236.

III. Aufzug, 5. Auftritt

EINE BRAUTJUNGFER.
Lavendel, Mirt' und Thymian,
Das wächst in meinem Garten;
Wie lang bleibt doch der Freiersmann?
20 Ich kann es kaum erwarten.

ALLE.
Schöner, grüner Jungfernkranz!
Veilchenblaue Seide!

EINE BRAUTJUNGFER.
25 Sie hat gesponnen sieben Jahr'
Den gold'nen Flachs am Rocken;
Das Röcklein ist wie Spinnweb' klar,
Und grün der Kranz der Locken.

ALLE.
30 Schöner grüner Jungfernkranz!
Veilchenblaue Seide!

EINE BRAUTJUNGFER.
Und als der schmucke Freier kam,
War'n sieben Jahr verronnen.
35 Und weil sie der Herzliebste nahm,
Hat sie den Kranz gewonnen.

ALLE.
Schöner grüner Jungfernkranz!
Veilchenblaue Seide!

FÜNFTER AUFTRITT.
DIE VORIGEN. ANNCHEN, mit einer zugebundenen runden Schachtel eintretend.

ANNCHEN
5 fällt noch mit ein, indem sie die Schachtel in die Höhe hält:

27: Im Partiturautograph: „Das Hemdlein ist [...]".
35: Im Partiturautograph: „Und weil er die Herzliebste nahm".

Schöner grüner Jungfernkranz!
Veilchenblaue Seide!
Nun, da bin ich wieder! Aber fast wär' ich auf die Nase gefallen.
Kannst du dir's denken, Agathe? der alte Herr Cuno haben schon
wieder gespukt.

AGATHE,
beklommen.
Was sagst du?

ANNCHEN.
Daß ich über das alte Bild fast die Beine gebrochen hätte! Es ist
in dieser Nacht zum zweiten Male von der Wand gefallen, und
hat ein tüchtiges Stück Kalk mit herunter gebracht. Der ganze
Rahmen ist zertrümmert.

AGATHE.
Fast könnt' es mich ängsten! Er war der Urvater unsers Stammes –

ANNCHEN.
Du zitterst auch vor einer Spinne! In einer so tollen Nacht, wo
alle Pfosten zittern und krachen, ist's da zu verwundern? Auch
führ' ich wohl keinen sonderlichen Hammer, und der alte Nagel war ganz verrostet. Nun frisch! Noch einmal das Ende des
Liedchens! sie schneidet den Bindfaden entzwei, kniet tändelnd vor AGATHEN
nieder, und überreicht ihr die Schachtel.

ALLE
außer AGATHEN.
Schöner grüner Jungfernkranz!
Veilchenblaue Seide!

AGATHE
öffnet und fährt zurück.
Ach! Alle, außer ANNCHEN, die noch kniet, fahren gleichfalls erblaßend zurück.

10: Zur Hg.-Korrektur vgl. das Variantenverzeichnis, S. 236.

III. Aufzug, 6. Auftritt

ANNCHEN.
Nun, was ist denn?

AGATHE
nimmt den Kranz heraus; es ist ein silberner Todtenkranz.

ANNCHEN,
selbst erschrocken.
Ein Todtenkranz? Nein, das ist – aufspringend und ihre Verlegenheit verbergend. Das ist nicht zum Aushalten! Da hat die alte, halbblinde Botenfrau oder die Verkäuferin gewiß die Schachteln vertauscht! Die BRAUTJUNGFERN sehen einander bedenklich an. AGATHE blickt still vor sich nieder und faltet die Hände. Aber was fangen wir nun an? sie macht die Schachtel zu und verbirgt sie schnell. Weg damit! – Einen Kranz müssen wir haben!

AGATHE.
Vielleicht ist dieß ein Wink von oben. Der fromme Eremit gab mir die weißen Rosen so ernst und bedeutend; windet mir daraus die Brautkrone! Vor dem Altar und im Sarge mag die Jungfrau weiße Rosen tragen.

ANNCHEN
nimmt die Rosen schnell aus dem Blumentopfe, schüttelt das Waßer ab, verschlingt sie zu einem Kranze und setzt ihn AGATHEN auf.
Ein herrlicher Einfall! Sie verschlingen sich von selbst und stehen dir allerliebst! – Doch nun laßt uns gehen! Unsre Begleiter werden sonst ungeduldig – Singt! singt!
Die BRAUTJUNGFERN und ANNCHEN mit gedämpfter Stimme. im Abgehen.
Schöner, grüner Jungfernkranz!
Veilchenblaue Seide!

SECHSTER AUFTRITT.
Ganzes Theater. Eine romantisch schöne Gegend. An einer Seite und in der Hälfte des Hintergrunds die fürstlichen Jagdgezelte, worin vornehme Gäste und Hofleute, alle Brüche auf den Hüten, banketiren. Auf der andern Seite sind Jäger

43, 58f.: Zu Webers Korrekturen im Handexemplar vgl. Variantenverzeichnis, S. 237.
61: „im Abgehen" von Weber im Handexemplar ergänzt.

III. Aufzug, 6. Auftritt

und Treibleute gelagert, welche gleichfalls schmausen, und Hirsche, Eber und anderes erlegtes Wildbret in Haufen aufgethürmt. OTTOKAR, im Hauptgezelt an der Tafel; am untersten Platz CUNO. MAX, in CUNO's Nähe, doch außerhalb des Zelts, auf seine Büchse gestützt. Auf der entgegengesetzten Seite CASPAR, hinter einem Baum lauschend. – Zuletzt AGATHE, ANNCHEN, der EREMIT, die BRAUTJUNGFERN und ein Zug von LANDLEUTEN.

No. 15.

CHOR.
Was glich wohl auf Erden dem Jägervergnügen?
Wem sprudelt der Becher des Lebens so reich?
Beim Klange der Hörner im Grünen zu liegen,
Den Hirsch zu verfolgen durch Dickicht und Teich,
Ist fürstliche Freude, ist männlich Verlangen,
Erstarket die Glieder und würzet das Mahl;
Wenn Wälder und Felsen uns hallend umfangen,
Tönt freier und freud'ger der volle Pokal!
Jo hoho! Drallara!
Anstoßen der Gläser und lautes Gejubel.

Diana ist kundig die Nacht zu erhellen
Wie labend am Tage ihr Dunkel uns kühlt
Den blutigen Wolf und den Eber zu fällen
Der gierig die grünenden Saaten durchwühlt,
Ist fürstliche Freude, ist männlich Verlangen,
Erstarket die Glieder und würzet das Mahl;
Wenn Wälder und Felsen uns hallend umfangen,
Tönt freier und freud'ger der volle Pokal!
Jo hoho! Drallara!

OTTOKAR.
Genug nun der Freuden des Mahls, werthe Freunde und Jagdgenossen! und nun noch zu etwas Ernstem. Ich genehmige sehr gern die Wahl, welche ihr, mein alter, wackerer Cuno! getroffen habt; der von euch erwählte Eidam gefällt mir.

13: In den Kopien Berlin und Gotha, im Erstdruck der Gesangstexte sowie in den Ausgaben von Kind (1–5) jeweils: „Was gleicht".

III. Aufzug, 6. Auftritt

CUNO.
Ich kann ihm in Allem das beste Zeugniß geben; gewiß wird er sich stets beeifern, Eurer Gnade würdig zu werden.

OTTOKAR.
Das hoff' ich. Sagt ihm, daß er sich bereit halte! CUNO geht aus dem Zelte, spricht mit MAX und geht dann wieder hinein.

CASPAR,
vor sich.
Wo bleibt nur das Döckchen? – Hilf, Sammiel! klettert auf den Baum und sieht sich um.

OTTOKAR.
Wo ist die Braut? Ich habe mich nach ihr erkundigt und so viel zu ihrem Lobe gehört, daß ich auf ihre Bekanntschaft recht neugierig bin.

CUNO.
Nach dem Beispiel Eures hohen Vorfahren wart Ihr immer sehr huldreich gegen mich und mein Haus.

MAX,
hält die Kugel in der holen Hand und blickt starr auf sie hin.
Dich sparte ich auf – Unfehlbare! – Glückskugel! aber du lastest jetzt centnerschwer in meiner Hand.

CUNO.
Der Zeit nach muß meine Tochter bald hier seyn. Doch wollt Ihr mir gnädig Gehör schenken, Herr Fürst! so laßt den Probeschuß vor ihrer Ankunft ablegen. Der gute Pursch hat seit einiger Zeit, wo freilich die Entscheidung seines Glücks immer mehr herannahete, ganz besondern Unstern gehabt, und ich fürchte, die Gegenwart der geliebten Braut könnte ihn in Verwirrung setzen.

OTTOKAR,
lächelnd.
Er scheint mir allerdings für einen Waidmann noch nicht kaltes Blut genug zu besitzen. So lang' ich ihn nur aus der Ferne beob-

achtete, that er drei Meisterschüße. Aber seit dem Augenblicke, da ich ihn rufen ließ, hat er stets gefehlt.

CUNO.
Es steht nicht zu läugnen, und doch war er früher stets der Geschickteste. – Auch bewährt sich die Wißenschaft des Jägers wohl am sichersten im Forste –

OTTOKAR.
Wer weiß, ob wir beyde am Hochzeittage einen rechtschaffnen Schuß gethan hätten! Indeß – altes Herkommen muß man ehren. Zudem – lächelnd und laut, daß es MAX vernehmen soll – habt ihr ja noch einen ältern Jägerpurschen, Cuno! dem, wenigstens den Jahren nach, der Vorzug gebührte.

CUNO.
Dieser – Gnädigster Herr! erlaubt mir –

MAX,
vor sich.
Caspar hat vielleicht noch seine letzte Freikugel. Er könnte wohl gar – lädt hastig und stößt die Kugel in den Lauf. Noch ein Mal, und nimmer wieder!

OTTOKAR.
Nun, es ist blos um das Herkommen zu beobachten und meine Gunst zu rechtfertigen. tritt aus dem Gezelt; GÄSTE und HOFLEUTE folgen. Die JÄGER erheben sich, treten auf die andre Seite u.s.w. Wohlauf, junger Schütz! einen Schuß wie heut' früh deine drei ersten und du bist geborgen. nachdem er sich umgeschaut. Siehst du dort auf dem Zweige die weiße Taube? Die Aufgabe ist leicht. Schieß!

MAX
legt an. In dem Augenblicke, da er losdrücken will, tritt AGATHE mit den Uebrigen zwischen den Bäumen heraus, wo die weise Taube sitzt, und schreit: Schieß nicht! Ich bin die Taube! die Taube flattert auf und nach dem Baume, von welchem CASPAR eilig herabklettert. MAX folgt mit dem Gewehr, der Schuß fällt. Die Taube fliegt fort. Sowohl AGATHE als CASPAR schreien und sinken. Hinter der Erstern tritt der EREMIT (ein neunzigjähriger Greis, doch mit feuri-

III. Aufzug, 6. Auftritt

gem Blick und dem ganzen Aeußern eines Patriarchen und Propheten) ein wenig hervor, faßt sie auf, und verliert sich dann wieder unter dem Volke. Dieß alles ist das Werk eines Augenblicks.

No. 16. Finale.

EINIGE.
Schaut! o schaut!
Er traf die eigne Braut!

ANDERE.
Der Jäger stürzte vom Baum!

NOCH ANDERE.
Wir wagen's kaum,
Nur hinzuschau'n!
O furchtbar Schicksal! o Graun!

CHOR.
Unsre Herzen beben[,] zagen!
Wär' die Schreckensthat gescheh'n?
Kaum will es das Auge wagen,
Wer das Opfer sey, zu sehn!

OTTOKAR und seine nähern Umgebungen sind zu AGATHEN geeilt; geringere JÄGER zu CASPAR. AGATHE wird von ANNCHEN, den BRAUTJUNGFERN und einigen LANDLEUTEN im Vorgrunde auf eine Rasenerhöhung gelegt. Alle sind um sie beschäfftigt. MAX liegt vor ihr auf den Knieen.

AGATHE,
aus schwehrer Ohnmacht erwachend.
Wo bin ich?
War's Traum nur, daß ich sank?

ANNCHEN.
O faße dich!

105: Im Partiturautograph heißt es zu Beginn der Nummer: „/: So wie der Schuß fällt fängt das Finale an:/

MAX und CUNO.
Sie lebt!

MEHRERE.
      Den Heil'gen Preis und Dank! –
Sie hat die Augen offen –

EINIGE,
die CASPAR umstehen.
Hier, dieser ist getroffen,
Der roth von Blute liegt –

CASPAR,
sich krampfhaft krümmend.
Ich sah den Clausner bei ihr stehn;
Der Himmel siegt!
Es ist um mich gescheh'n!

AGATHE,
sich nach und nach erholend, und aufstehend.
Ich lebe noch; der Schreck nur warf mich nieder.
Ich athme noch die liebliche Luft –

CUNO.
Sie athmet frei!

MAX.
      Sie lächelt wieder!

AGATHE.
O Max! [o Max ich lebe noch!]

MAX.
Die süße Stimme ruft! [Agathe du lebest noch!]

CASPAR
erblickt SAMMIEL, der von den Uebrigen ungesehn, hinter ihm steht.

146:    Im Partiturautograph: „Ich athme noch".
153, 155: Textergänzungen nach dem Partiturautograph.

III. Aufzug, 6. Auftritt

Du, Sammiel! schon hier?
<u>So</u> hieltst du dein Versprechen mir?
Nimm deinen Raub! ich trotze dem Verderben!
er erhebt die geballte Faust drohend gen Himmel.
Dem Himmel Fluch! – Fluch dir!
stürzt unter heftigen Zuckungen zusammen. SAMMIEL *ist verschwunden.*

EINIGE,
von Grausen ergriffen.
Ha! <u>das</u> war sein Gebet im Sterben?

CUNO.
Er war von je ein Bösewicht!
Ihn traf des Himmels Strafgericht!

ANDERE.
Er hat dem Himmel selbst geflucht!

NOCH ANDERE.
Vernahmt ihr's nicht? Er rief den Bösen –

OTTOKAR.
Fort! stürzt das Scheusal in die Wolfschlucht!
einige JÄGER *tragen den Leichnam fort. Zu* MAX.
Nur du kannst dieses Räthsel lösen!
Wohl schwehre Unthat ist gescheh'n!
Weh' dir, wirst du nicht alles treu gesteh'n!

MAX.
Herr! unwerth bin ich Eurer Gnade;
Des Todten Trug verlockte mich,
Daß – aus Verzweiflung! – ich vom Pfade
Der Frömmigkeit und Tugend wich;
Vier Kugeln, die ich heut' verschoß –
Freikugeln sinds, die ich mit jenem goß.

OTTOKAR,
zornig.
So eile, mein Gebiet zu meiden
Und kehre nimmer in dieß Land!

Vom Himmel muß die Hölle scheiden –
Nie, nie empfängst du diese reine Hand.

MAX.
Ich darf nicht wagen,
Mich zu beklagen; 195
Denn schwach war ich, obwohl kein Bösewicht.

CUNO.
Er war sonst stets getreu der Pflicht –

AGATHE.
Reißt ihn nicht aus meinen Armen – 200

JÄGER.
Er ist so brav, voll Kraft und Muth –

LANDLEUTE.
O! er war immer treu und gut!

ANNCHEN. 205
Gnäd'ger Herr! O habt Erbarmen!

OTTOKAR.
Nein! Agathe ist für ihn zu rein. zu MAX.
Hinweg, hinweg aus meinem Blick!
Dein harrt der Kerker, kehrst du je zurück! 210

EREMIT
tritt auf. Alle weichen ehrerbietig vor ihm zurück und begrüßen ihn demuthsvoll. Selbst der Fürst entblößt sein Haupt.
Wer legt auf ihn so strengen Bann?
Ein Fehltritt, ist er solcher Büßung werth? 215

OTTOKAR.
Bist du es, heil'ger Mann!
Den weit und breit die Gegend ehrt?
Sey' mir gegrüßt, Gesegneter des Herrn!

200: Im Partiturautograph: „O reißt ihn nicht aus meinen Armen –".

III. Aufzug, 6. Auftritt

220 Dir bin auch ich gehorsam gern;
Sprich du sein Urtheil; deinen Willen
Will freudig ich erfüllen.

EREMIT.
[Leicht kann des Frommen Herz auch wanken
225 Und überschreiten Recht und Pflicht,
Wenn Lieb' und Furcht der Tugend Schranken,
Verzweiflung alle Dämme bricht!
Ists recht, auf einer Kugel Lauf
Zwei edler Herzen Glück zu setzen,
230 Und unterliegen sie den Netzen,
Womit sie Leidenschaft umflicht,
Wer höb den ersten Stein wohl auf?
Wer griff in seinen Busen nicht?]
Drum finde nie der Probeschuß mehr statt!
235 Ihm, Herr! mit einem finstern Blick auf MAX.
    der schwehr gesündigt hat,
Doch sonst stets rein und bieder war,
Vergönnt dafür ein Probejahr,
Und bleibt er dann, wie ich ihn stets erfand,
240 Dann werde sein Agathe's Hand!

OTTOKAR.
Dein Wort genüget mir!
Ein Höh'rer spricht aus dir!

ALLE.
245 Heil unserm Fürst! Er widerstrebet nicht
Dem, was der fromme Clausner spricht!

OTTOKAR.
Bewährst du dich, wie dich der Greis erfand,
Dann knüpf' ich selber euer Eheband.

224:    Im Handexemplar sind die Z. 224–233 von Weber gestrichen.
234:    Im Handexemplar in Zusammenhang mit der vorhergehenden Kürzung von Weber geändert in „So finde nie".
245:    Im Handexemplar von Weber aus „widerstehet" korrigiert.
249:    Im Partiturautograph: „euer Band".

MAX.
Die Zukunft soll mein Herz bewähren!
Stets heilig sey' mir Recht und Pflicht!

AGATHE,
zu OTTOKAR.
O lest den Dank in diesen Zähren;
Das schwache Wort genügt ihm nicht!

EREMIT,
zu OTTOKAR.
Der über Sternen ist voll Gnade.
Drum ehrt es Fürsten, zu verzeih'n!

CUNO,
zu MAX und AGATHEN.
Weicht nimmer von der Tugend Pfade,
Um eures Glückes werth zu seyn!

ANNCHEN,
zu MAX und AGATHE.
O dann, geliebte Freundin, schmücke
Ich dich aufs neu' zum Traualtar!

EREMIT.
Doch jetzt erhebt noch eure Blicke
Zu dem, der Schutz der Unschuld war!
er kniet nieder und erhebt die Hände. AGATHE, CUNO, MAX, ANNCHEN und Mehrere des Volks folgen seinem Beispiel.

CHOR.
Ja! laßt uns zum Himmel die Blicke erheben
Und fest auf die Lenkung des Ewigen bau'n!
Wer rein ist von Herzen, und schuldlos von Leben;
Darf kindlich der Milde des Vaters vertrau'n!

ENDE.

268: Im Partiturautograph: „zum Brautaltar."

ERÖFFNENDE EREMITENSZENEN
aus der Erstfassung der Oper vom März 1817; nach: Kind, Textbuchdruck 1822

ERSTER AUFZUG

ERSTER AUFTRITT
Waldgegend mit einer Eremiten-Wohnung. Neben dieser ein Altar von Rasen. Hinter ihm ein Kreuz oder Heiligenbild, ganz von weißen Rosen umblüht.

EREMIT,
vor dem Altar knieend.
Allerbarmer! Herr dort oben!
Dir, den Sonn' und Sterne loben,
Sey auch in der Einsamkeit
Deines Knechtes Herz geweiht!
Er faltet die Hände und stützt betend sein Gesicht auf den Altar. Pause, von Musik ausgefüllt. Dann richtet er sich, wie aus einer Entzückung, erschrocken in die Höhe.

Welch ein Gesicht! –
O Herr der Welt, gestatt' es nicht! –
Ich sah – noch jetzt ergreift mich Schauern –
Ich sah den Feind im Dunkeln lauern,
Mit tückisch-freud'gem Angesicht.
Er streckte – ha! wie mir das Herz noch graust! –
Er streckte seine Riesenfaust
Nach einem unbefleckten Lamm.
Agathe war's! – Nach ihrem Bräutigam
Lauscht' er mit gier'gen, wilden Blicken,
Als woll' er seinen Fuß umstricken;
Im düstern Antlitz Spott und Hohn,
Erfaßt' er seine Rechte schon – –
Mit brünstiger Andacht.
Herr! vernimm des Greises Flehen!
Laß den Frevel nicht geschehen!
Schirm', o Herr, der ewig wacht,
Vor des Bösen Trug und Macht!
Er steht auf und geht einige Schritte vorwärts.
Was war das? Ist mir doch, als wär ich begraben gewesen und

nun zurückgegeben dem Lichte! Ich lebe einfach und mein Lager ist hart; kalt schleicht das Blut in den Adern des Greises – dann kommen Gesichte von Gott! – All' ihr Heiligen! seit drei Tagen sah ich Agathen nicht, und schon zeichnet das Glöckchen der Clause sich auf jenen Büschen ab, und verkündet das Herannahen des Abends. – Dort – täuschen mich nicht die Augen – ja, sie ists!

Zweiter Auftritt

Der EREMIT. AGATHE mit einem Milchkruge, ANNCHEN trägt ihr ein Körbchen nach und giebt es ihr beim Auftreten.

AGATHE,
zu ANNCHEN.
Hab' Dank!
ANNCHEN ab.

EREMIT.
Sey mir gesegnet, meine Tochter! Du bliebst lange aus –

AGATHE.
Ihr seyd doch wohl, ehrwürdiger Vater? Ich wär schon gestern oder vorgestern gekommen; aber dieses Obst, das ich für euch aufbewahrt hatte, wollte nicht früher reifen. Da nehmt es, und dieß Brot und dieß Krüglein Milch. Andere Labung darf ich Euch ja nicht bringen.

EREMIT.
Die Früchte sind auserlesen. Du sorgst für mich, wie eine Tochter.

AGATHE.
Ich liebe Euch auch nach meinem Vater am meisten.

EREMIT.
Wär' das wahr, was würde dein Max dazu sagen?

AGATHE.
Ei – das ist etwas Andres – ich sprach von k i n d l i c h e r Liebe. Ihr scherzt mit mir; Ihr seyd ungewöhnlich heiter.

Anhang 1: Eremitenszenen

EREMIT,
vor sich.
Wie sehr irrt sie! – Laut. Dein Max ist doch wohl?

AGATHE.
Vollkommen – nur daß ihm vor dem Probeschusse bange ist, den er morgen ablegen soll.

EREMIT.
Ich habe davon gehört. Hast du keine trübe Ahnung?

AGATHE.
Zu Zeiten wohl – wenn mich Max so schwermüthig ansieht!

EREMIT.
Es thut meinem Herzen weh, deine Heiterkeit auch nur auf Augenblicke zu verscheuchen. Dennoch kann ich dir nicht verhehlen –

AGATHE.
O sprecht, ehrwürdiger Vater! Was von Euch kommt, wird stets zu meinem Heil dienen.

EREMIT.
Ich kenne die eigentliche Gefahr nicht, die dir und deinem Verlobten droht; doch hat mich ein Gesicht besorgt gemacht.

AGATHE,
ängstlich.
Was erschien Euch?

EREMIT.
Gesichte deuten gewöhnlich die Zukunft nur in ungewissem Halbdunkel an; auch das meinige war dieser Art. Doch fühle ich mein Herz, wenn ich dich ansehe, beklommen.

AGATHE.
So laßt mein und Maxens Glück doppelt Eurem frommen Gebete empfohlen seyn. Nicht wahr, Ihr erfüllt diesen Wunsch?

EREMIT.
Ich bin nur ein schwacher Mensch, aber meiner Vorbitte könnt Ihr gewiß seyn.

AGATHE.
So bin ich voll Hoffnung –

EREMIT.
Bewahre treu die Reinheit deines Herzens, so wird der Allmächtige d i c h bewahren!

AGATHE.
Lebt denn wohl, ehrwürdiger Vater! und vergeßt unserer nicht in Eurer Andacht.

EREMIT.
Gott mit dir, meine Tochter! AGATHE geht. Er ruft ihr nach. Agathe!

AGATHE.
Habt Ihr mir noch etwas zu sagen?

EREMIT.
Eine innre Stimme ruft mir zu, dich heute nicht ohne Gegengabe zu entlassen. Dieser Rosenstock, dessen erstes Reißlein meinem Vorgänger ein Pilger aus Palästina mitbrachte, ist wunderlieblich empor gewachsen. Jeden Frühling blüht er aufs reichste; ich sammle und presse die Blätter, und die Landleute schreiben dem Rosenwasser wunderbare Schutz- und Heilkräfte zu. Nimm denn einige dieser Rosen als Brautgeschenk meiner väterlichen Liebe!
Er bricht Rosen ab, fügt sie in einen Strauß zusammen, und übergiebt sie ihr am Schlusse des folgenden Zwei-Gesangs.

Nimm hin des Freundes Gabe,
Geweihet, keusch und rein!

AGATHE.
Vor aller meiner Habe
Soll sie mir theuer seyn!

Anhang 1: Eremitenszenen

EREMIT.
85 Wird sich die Blüthe senken,
Sollst du dabei gedenken:
Was irdisch ist, vergeht!

AGATHE.
Ich will der Blätter wahren,
90 Daß noch in späten Jahren
Erinn'rung mich umweht!

EREMIT.
Auch sollst du nicht vergessen:
Man muß die Rose pressen,
95 Eh Heilung sie gewährt –

AGATHE.
So wird zu reinern Freuden
Das Menschenherz durch Leiden
Geläutert und geklärt!

100 **EREMIT.**
Nimm hin, des Freundes Gabe,
Geweihet, keusch und rein!

AGATHE.
Vor aller meiner Habe
105 Soll sie mir theuer seyn!
Der EREMIT in die Einsiedlerwohnung, AGATHE durchs Gebüsch ab.

ROMANZE DES CUNO AUS SZENE I/2
aus der Erstfassung der Oper vom März 1817; in: Kinds *Theaterschriften*, S. 321

Herr Ottokar jagte durch Haid und durch Wald
Freilustig in offener Bürsch;
Da wies sich ihm eine Mannesgestalt,
Geschmiedet auf wüthigen Hirsch.
Weil nächtlich, vom Hunger der Kinder geplagt, 5
Der Frevler im Banne des Königs gejagt,
Drum ward er verdammt zu dem Hirsch.

Chor wiederholt die letzte Zeile.

Herr Ottokar, edelen Sinnes und mild,
Rief eilig mit bebendem Mund: 10
„Wer trifft mir mit sicherer Kugel das Wild,
Ohn' daß er den Reiter verwund'?
Dem Schützen, der also das Herz mir erfreut,
Verleih' ich die Erbforst auf ewige Zeit,
Und schenk' ihm dieß Schlößlein zur Stund'!["] 15

Chor, wie oben.

„Doch werde der Tod des Vermessenen Preiß,
Berühret den Armen sein Blei!" –
Knapp Cuno, nicht achtend so Straf', als Verheiß,
Nur hörend des Jammernden Schrei, 20
Mit gläubigem Herzen die Büchse legt' an;
Es stürzte verendend der Hirsch, doch der Mann
War lebend – ward ledig und frei!

Chor, wie oben.

2: „Bürsch" = Pirsch (Friedrich Kind war Sachse).

Ursprüngliche Fassung der Szene II/5
ediert nach Kinds Manuskript vom Mai 1817:

Fünfter Auftritt.

Die Uhr schlägt ganz in der Ferne dumpf zwölf. Der Kreis von Steinen ist vollendet. Als der zwölfte Schlag fällt, reißt CASPAR den Hirschfänger heftig heraus und stößt ihn mitten in den Todtenschädel. – Bald darauf SAMMIEL.

CASPAR
erhebt den Hirschfänger mit dem aufgespießten Todtenkopfe, dreht sich dreimal herum, und ruft:
Sammiel! Sammiel! erschein'!
Bei des Zaubrers Hirngebein!
Sammiel! Sammiel erschein'!
Er stellt beides wieder in die Mitte des Kreises. Unterird'sches Getös. SAMMIEL tritt aus einem Felsen. CASPAR wirft sich vor ihm nieder.

SAMMIEL.
Was rufst du?

CASPAR.
Meine Frist ist schier abgelaufen. Dreimal hast du mir sie verlängert. kriechend. Du wirsts auch zum vierten Male –

SAMMIEL.
Nein!

CASPAR.
Wenn ich auch fernerhin dein Reich mehre auf Erden –?

SAMMIEL.
Sag' an!

CASPAR.
Meine Seele entgeht dir nimmer. Längere Nachsicht erkauf' ich!

SAMMIEL.
Womit?

CASPAR.
Mein Camerad kann nicht mehr fern seyn!

SAMMIEL.
Was begehrt er?

CASPAR.
Freikugeln!

SAMMIEL.
Sechse treffen, sieben äffen!

CASPAR.
Die siebente ist dein, Herr! Lenke sie nach seiner Braut.

SAMMIEL.
Was fruchtet's?

CASPAR.
Unheil! Umsonst suchte ich sie zu einer Sünde zu verleiten; sie verwarf mich; aber –

SAMMIEL.
Ich habe keinen Theil an ihr.

CASPAR.
Aber ihren Bräutigam wird ihr Tod zum Selbstmörder machen! Ihr Vater ist alt, sie sein Abgott – wer weiß, ob nicht auch er der Verzweiflung unterliegt! Mein Camerad –

SAMMIEL.
Warum ruft er nicht selbst?

CASPAR.
Er würde ohne Beistand die Schrecken nicht tragen, womit deine Weisheit den Zauber umgiebt; er würde fliehen, ehe die Arbeit vollendet wär, oder, fiel er in deine Hand, <u>allein</u> fallen! Aber auch das Mädchen, das mich verschmähte, muß sterben! Nicht umsonst liefr' ich das neue Opfer.

SAMMIEL.
Elender! morgen endet deine Frist!

CASPAR zitternd.
Du gewährst mir eine neue!

SAMMIEL.
Wenn dein Camerad mir zu Theil wird!

CASPAR.
Wieder auf drei Jahre?

SAMMIEL.
Es sey! Bei den Pforten der Hölle! Morgen – Er oder Du!
Dumpfer Donner vom Echo wiederholt. SAMMIEL verschwindet. Auch der Todtenkopf mit dem Hirschfänger ist versunken, und an dessen Stelle sieht man einen kleinen Heerd mit glimmenden Kohlen. Dabei einige Reisbunde.

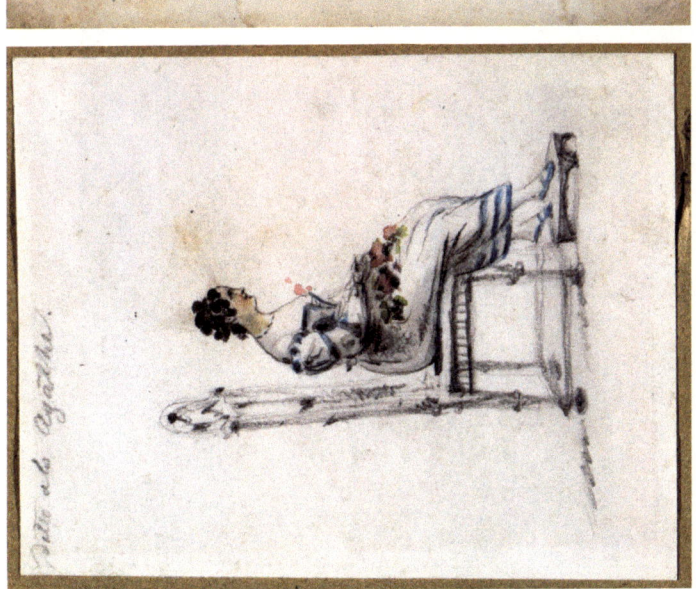

Rollenbilder: Caroline Seidler als Agathe, aquarellierte Bleistiftzeichnung von Henschel (1821)
Heinrich Blume als Caspar, Aquatinta von Friedrich Weise (1821), beide Deutsches Theatermuseum München

Bühnenbild zu Szene I/1-6 („Platz vor einer Waldschenke"), Schwarzweißfotografie von Albert Frisch nach der seit 1945 verschollenen Originalzeichnung von Carl Gropius (1821), Wiedergabe nach: *Der Freischütz. Zur sechshundertsten Aufführung im Kgl. Opernhause zu Berlin am 18. Dezember 1897*, Berlin: Frisch, 1897

ZIMMER IM JAGDSCHLOSS IN DER OPER DER FREISCHÜTZ ACT II. SC.1.

Bühnenbild zu Szene II/1-3 („Schmaler Vorsaal" im „Forsthaus", „ehedem ein fürstliches Waldschloß") von Carl Gropius (1821), aus: *Decorationen auf den beiden Königl. Theatern zu Berlin, unter der General-Intendantur des Herrn Grafen von Brühl. Nach Zeichnungen des Königlichen Decorateurs Carl Gropius*, Heft 1, Berlin: Wittich, 1827, Nr. 2 Kunstsammlungen der Veste Coburg (Inv.-Nr. VI, 191, 2)

Bühnenbild zu Szene II/4-6 („Furchtbare Waldschlucht"), Schwarzweißfotografie von Albert Frisch nach der seit 1945 verschollenen Originalzeichnung von Carl Gropius (1821), Wiedergabe nach: *Der Freischütz. Zur sechshundertsten Aufführung im Kgl. Opernhause zu Berlin am 18. Dezember 1897*, Berlin: Frisch, 1897

Bühnenbild zu Szene III/1 („Kurze Waldszene"), Schwarzweißfotografie von Albert Frisch nach der seit 1945 verschollenen Originalzeichnung von Carl Gropius (1821), Wiedergabe nach: *Der Freischütz. Zur sechshundertsten Aufführung im Kgl. Opernhause zu Berlin am 18. Dezember 1897*, Berlin: Frisch, 1897

Bühnenbild zu *Szene III/2-5* („Agathens Stübchen"), Entwurfszeichnung (Aquarell auf Karton) von Carl Gropius (1821), ehemals Archiv der Staatsoper Berlin, Stiftung Stadtmuseum Berlin (Inv.-Nr. TA 97/8 HZ)

Gegenüber der ausgeführten Fassung (s. folgende Seite) weicht der Entwurf hinsichtlich Format wie auch Details ab (Kamin links, keine Tür vorn rechts, kein Mobiliar).

Bühnenbild zu Szene III/2–5 („Agathens Stübchen") von Carl Gropius (1821), aus: *Decorationen auf den beiden Königl. Theatern zu Berlin, unter der General-Intendantur des Herrn Grafen von Brühl. Nach Zeichnungen des Königlichen Decorateurs Carl Gropius*, Heft 1, Berlin: Wittich, 1827, Nr. 1
Kunstsammlungen der Veste Coburg (Inv.-Nr. VI, 191, 1)

Im Gegensatz zum Entwurf (s. vorhergehende Seite) ist der von Kind genannte kleine Hausaltar mit den weißen Rosen zu sehen, nicht aber der auf der gegenüberliegenden Bühnenseite geforderte Spiegel.

Bühnenbild zu Szene III/6 („Eine romantisch schöne Gegend"), Farbwiedergabe der seit 1945 verschollenen Originalzeichnung von Carl Gropius (1821) nach Schünemann, S. 29

Kostümfigurinen der Uraufführung, Kolorierte Stiche von Heinrich Stürmer
Staatsbibliothek zu Berlin – Preußischer Kulturbesitz, Musikabteilung

Kostümfigurinen der Uraufführung, Kolorierte Stiche von Heinrich Stürmer
Staatsbibliothek zu Berlin – Preußischer Kulturbesitz, Musikabteilung

Kostümfigurinen der Uraufführung, Kolorierte Stiche von Heinrich Stürmer
Staatsbibliothek zu Berlin – Preußischer Kulturbesitz, Musikabteilung

Ursprüngliche Fassung der 5. Szene im II. Aufzug innerhalb der Wolfsschluchtszene, Ausschnitt aus Kinds Autograph vom Mai 1817 mit Korrekturen von seiner Hand, Staatsbibliothek zu Berlin – Preußischer Kulturbesitz, Musikabteilung

III. Zur Werkentstehung und frühen Aufführungsgeschichte

1. Zur Stoffgeschichte des *Freischütz*

Die Geschichte um den Freischütz, wie sie von Kind und Weber in ihrer gemeinsamen Oper erzählt wird, ist keine Erfindung der beiden. Der Stoff hat immer wieder Dichter und Musiker zur Bearbeitung gereizt. Da die verschiedenen *Freischütz*-Versionen vor Weber und Kind in der Literatur bereits intensiv diskutiert wurden, sollen innerhalb dieser Ausgabe lediglich jene Stoffvarianten bzw. Quellen näher erläutert werden, die in unmittelbarem Zusammenhang mit den beiden Autoren stehen.

Die Vorlage, auf die sich Friedrich Kind selbst bezieht[1], ist die gleichnamige Novelle bzw. Erzählung von August Apel, die unter der Bezeichnung „Volkssage" in dem von Apel gemeinsam mit Friedrich Laun (eigentlich Friedrich August Schulze) erstmals 1810 herausgegebenen *Gespensterbuch*[2] publiziert wurde.

Nach den erst 1860 niedergeschriebenen Erinnerungen von Webers Freund und Bruder im sogenannten „Harmonischen Verein", Alexander von Dusch, lernte Weber das *Gespensterbuch* bereits im Sommer 1810, zur Zeit seines Aufenthalts in Mannheim und Darmstadt, bei einem der gemeinsamen Ausflüge ins Stift Neuburg im Neckartal kennen. Die Begeisterung beider ließ unmittelbar den Plan einer Oper nach dem *Freischütz*-Sujet entstehen, und Dusch entwarf, wie er in seinen Erinnerungen mitteilte, ein Szenarium sowie den Text einiger Szenen, vollendete das Libretto jedoch nicht[3].

Die Geschichte bei Apel handelt von einem Förster Bertram in Lindenhayn und seiner Frau Anne sowie deren Tochter Käthchen, die den Amtsschreiber Wilhelm liebt, nach dem Willen ihres Vaters

---

[1] Vgl. Kap. III.2, S. 119–128.
[2] *Gespensterbuch*, S. 1–54.
[3] Vgl. Alexander von Dusch, „Flüchtige Aufzeichnungen [...]", Manuskript (Abschrift von Friedrich Wilhelm Jähns), *D-B*, Weberiana Cl. V [Mappe XX], Abt. 4B, Nr. 14H, darin speziell S. 25f. Bislang konnten keinerlei Niederschriften zu Duschs *Freischütz*-Bearbeitung nachgewiesen werden.

jedoch den Jägerburschen Rudolf (oder einen anderen Jäger) heiraten soll, weil die Försterei nach bestandenem Probeschuß nur an einen Jäger übergehen könne. Daraufhin bietet sich Wilhelm, der Jägerei nicht abgeneigt, als Jägerbursche an, wird von Bertram angenommen, der ihm die Geschichte von seinem Urältervater Kuno erzählt, die von der Herkunft des Probeschusses berichtet. Allerdings werden Wilhelms Schießkünste, je näher der Tag der Probe rückt, immer schlechter, so daß Rudolf behauptet, jemand habe ihm einen „Weidemann"[4] gesetzt, den er erst lösen müsse. Der verzweifelte Wilhelm begegnet einem alten Soldaten mit Stelzfuß, der ihm Freikugeln schenkt, die ihr Ziel beim Ausprobieren sicher treffen. Er verspricht Wilhelm, bei der nächsten Gelegenheit mit ihm welche zu gießen. Aus Angst, beim Probeschuß zu versagen und sowohl Käthchen als auch seine Ehre zu verlieren, sucht Wilhelm beständig nach dem Stelzfuß, so daß nach einigen Hindernissen dann wirklich das vielversprechende Kugelgießen stattfindet, inklusive einer Begegnung mit dem Teufel in Form eines schwarzen Reiters. Wilhelm, der dieses nächtliche Ereignis vor allen geheimhält, wird von Käthchen vor dem Probeschuß gebeten, nicht zu schießen, da sie einen bösen Traum hat-

Gespensterbuch von Apel und Laun, Bd. 1: Titelblatt der Erstausgabe mit Vignette (Wolfsschlucht) von Karl Wilhelm Schenk nach Hans Veit Friedrich Schnorr von Carolsfeld

---

[4] „Weid(e)mann", auch „Waidmann setzen": Vgl. J. H. Campes *Wörterbuch der Deutschen Sprache*, Braunschweig 1811, 5. Theil (U–Z), S. 640: „Bei den abergläubigen Jägern, eine zauberische Kunst. Einem einen Weidmann setzen, ihm einen zauberischen Streich spielen, z. B. daß ihm das Gewehr versage &c."

1. Zur Stoffgeschichte

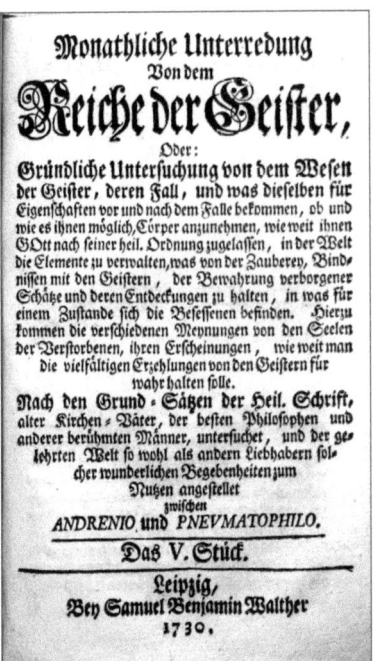

Otto von Graben zum Stein:
Monathliche Unterredung Von dem Reiche der Geister
Titelblatt des 5. Stücks (Leipzig 1730)

te. Wilhelm schießt dennoch, Käthchen wird getroffen und stirbt; deren Eltern sterben bald danach aus Gram, Wilhelm endet im Irrenhaus.

Für seine Novelle benutzte Apel sowohl Motive aus der Mythologie um Wotans wütendes Heer, die wilde Jagd bzw. den wilden Jäger[5] als auch Überlieferungen aus dem Volks- und Aberglauben um Freikugeln, Jagdglück und Schützenzauber[6].

Eine wesentliche authentische Quelle für Apels *Freischütz*-Erzählung bildete ein angeblich aus den Gerichtsakten einer böhmischen Stadt stammender Bericht, veröffentlicht in den *Unterredungen Von dem Reiche der Geister* aus dem Jahr 1710[7]. Dieser Bericht erscheint in dem Buch innerhalb der fünften Unterre-

---

[5] Vgl. Jacob Grimm, *Deutsche Mythologie*, Göttingen: Dietrich, 1835, S. 515–534 (speziell S. 519f.); ausführlicher in der 3. Ausgabe, Göttingen 1854, Bd. 2, S. 870–902 (speziell S. 880f.).

[6] Vgl. die beiden Sagen um unfehlbare Schützen bei Jacob und Wilhelm Grimm, *Deutsche Sagen*, Bd. 1, Berlin: Nicolai, 1816, S. 344–346 (Nr. 256 und 257) und die Kapitel über Jägerkünste und Jägeraberglauben sowie die Jägersagen im *Jägerbrevier* von Johann Georg Theodor Graeße, [1. Teil], Dresden 1857, S. 81–174 (ausführlicher in der 2. erweiterten Auflage, Berlin 1885, Teil 1, S. 145–212); s. auch die Zusammenfassung bei Schünemann, S. 23–26.

[7] *Unterredungen von dem Reiche der Geister*, [...] *Zwischen Andrenio und Pneumatophilo*, Leipzig: Samuel Benjamin Walther, 1730, darin S. 609–614. Als Verfasser der anonym erschienenen Schrift gilt Otto von Graben zum Stein. Sowohl Apel als auch Laun waren im Besitz der alten Quelle, aus der sie für ihr *Gespensterbuch* auch noch andere Geschichten aufgriffen; vgl. Graeße 1875, S. 6f., und Schünemann, S. 26f.

dung, die von den Luft- und Feuergeistern handelt. Apel greift ihn im 7. Kapitel seiner Novelle auf (S. 24–27), wo Vater Bertram die Geschehnisse als eigene Erinnerung wiedergibt.

Die genannten Akten berichten von einem jungen Schreiber namens Georg Schmid, der, um beim Scheibenschießen zu gewinnen, mit Hilfe eines ihm bekannten Bergjägers in der Nacht vom 30. Juli (Abdons-Tag) 1710 insgesamt 63 Kugeln goß, wovon 60 ihr Ziel erreichen, drei aber verfehlen sollten:[8]

Johann August Apel
Gemälde von Moritz Retzsch (um 1800)

„Sie versahen sich hierauf mit grossen Schmiede-Kohlen, Gieß-Kellen, Formen und was sonst zu dieser Arbeit erfordert wurde, und begaben sich mit einbrechender Nacht auf einen Creutz-Weg, welcher eine Stunde davon gelegen war. So bald sie daselbst angekommen, machte der Jäger einen breiten Kreyß um sich her mit seinem Weide-Messer […]."

Das Ganze mußte nachts in der Zeit von 11 bis 12 Uhr geschehen und Mitternacht beendet sein, „denn wenn nach verflossener Zeit nur eine einzige Kugel daran fehlte, so müste er des Satans eigen seyn."[9]

Während des Kugelgießens erscheinen ein altes Krämer-Weib, mehrere bespannte Kutschen sowie Reiter und gejagtes Wild, ertönt Hörnerschall und Hundegebell, zum Schluß kommt ein Jäger auf einem schwarzen Pferd, der personifizierte Satan schlechthin, und unterbricht sie beim Gießen, so daß beide bis zum Morgengrauen wie gelähmt liegen. Der Bergjäger macht sich davon, der arme Schreibergesell jedoch wird gefunden und in die Stadt ge-

[8] *Unterredungen*, S. 610.
[9] Ebd., S. 611.

1. Zur Stoffgeschichte

bracht, dort verhört und zu sechsjähriger Gefangenschaft mit harter Arbeit verurteilt[10].

So findet sich bei Apel die Kompilation alter Sagenmotive (Guß der Freikugeln, Wilder Jäger), historisch bezeugter Geschehnisse (Gerichtsprozeß) und eigener Erfindungen.

Ob Kind die alte Quelle in den *Unterredungen* wirklich gekannt hat, ist nicht eindeutig zu klären. Seine Aussagen dazu stifteten jedenfalls einige Verwirrung. Er berichtete in seinem *Freischütz-Buch* und in einem Brief vom 10. April 1843 an den Leipziger Bibliothekar Naumann, er habe gemeinsamen mit Apel in der Ratsbibliothek in Leipzig „in einem verbräunten und bestäubten Quartanten" gestöbert[11], einem „Buche über magische Jagdkünste u. sonstige Wundergeschichten"[12], das die Sage vom Freischütz enthalten haben sollte. Die *Unterredungen* ließen sich allerdings in Leipzig nicht finden; auf ihre Bedeutung als Quelle für den *Freischütz* machte erstmals der Literaturhistoriker Meynert aufmerksam, der ein Exemplar in Wien ermitteln konnte[13].

[10] Ähnlich wird die Geschichte auch von W. A. Gerle unter dem Titel: „Der schwarzbraune Jäger", in: *Der Freimüthige für Deutschland. Zeitblatt der Belehrung und Aufheiterung*, Berlin, Jg. 1, Nr. 68 (5. April 1819) wiedergegeben.

[11] *Freischütz-Buch*, S. 81.

[12] G. Wustmann, „Zur Entstehung des Freischütztextes", in: *Die Grenzboten*, Jg. 33 (1874), 1. Semester, Bd. 1, S. 414–417, speziell S. 415.

[13] Hermann Meynert, „Das Urbild des »Freischütz«", in: *Österreichische Wochenschrift für Wissenschaft und Kunst. Neue Folge*, Wien, Jg. 1 (1872), S. 379–383; vgl. auch A. W. Ambros, „Der erste Keim des Freischütz-Textes", in: ders., *Bunte Blätter. Skizzen und Studien für Freunde der Musik und der bildenden Kunst. Neue Folge*, Leipzig 1874, S. 93–104. Wustmann selbst suchte nach dem „Quartanten" in Leipzig vergebens; er kam, anschließend an Meynert und Ambros, zu dem Schluß, daß Kind sich bei der Gestaltung des Librettos an Apel angelehnt habe (wie Anm. 12, S. 417: „alles, was aus dem Originalstoffe überhaupt Gutes gemacht worden ist, kommt auf Apel's Rechnung"); hinsichtlich der Angabe zur Leipziger Bibliothek glaubt er an einen Gedächtnisfehler Kinds, ist aber dennoch mit Ambros der Meinung, Kind müsse auch die ältere Quelle gekannt haben. Er begründet dies mit der Übereinstimmung zweier Motive aus den *Unterredungen*, die nicht bei Apel erscheinen, sowie zusätzlich durch die in einem Brief Kinds an Naumann geäußerte Erinnerung, daß die Geschichte in Böhmen spielt.

Interessant ist der Zusammenhang des Weber/Kindschen Librettos mit einer weiteren Bearbeitung des *Freischütz*-Stoffes, die lange Zeit nicht bekannt war und somit in der Weber-Literatur als mögliche Vorlage der Oper übersehen wurde: *Der Freyschütze*, eine „Romantische Tragödie" des Münchner Hofmusikers Carl Borromäus Neuner auf ein Libretto von Franz Xaver von Caspar[14]. Das Stück, das niemals aufgeführt wurde, existierte in zwei Fassungen, deren erste in vier Akten (1812) glücklich, die zweite fünfaktige (1813) hingegen tragisch endet.

In Caspar/Neuners *Freischütz* versucht der Jägerbursche Wilhelm, wie auch bei Apel, durch einen Probeschuß die Hand der Försterstochter Pauline zu erringen, wird aber von dem bösen Geist Abadonna, dessen Intrigen der Jägerrivale Robert und ein altes Weib noch unterstützen, zum Kugelgießen verleitet. Dieses kann jedoch durch das Erscheinen der liebenden Braut und eines Eremiten, der auch während des Stückes immer wieder warnend und beschützend eingreift, im letzten Augenblick verhindert und Wilhelms Seele somit am Ende (zumindest in der 1. Fassung) errettet werden.

Caspar veröffentlichte in der Münchner Zeitschrift *Flora* von 1824 einen Aufsatz, in dem er von seiner Dichtung und der Kontaktaufnahme mit Friedrich Kind berichtet, dem er nach Erscheinen von Kinds Erstausgabe des Operntextes seine eigene Dichtung (in der 2. Fassung) zusandte, woraufhin Kind geantwortet haben soll:[15]

„– Jeden Falls muß es dem Dichter höchst interessant seyn, sich mit andern auf einem und demselben Wege zu finden, und zu sehen, wie man miteinander zusammentrifft, wo man von einander abweicht. [...] auch hat sich mir dabey auf's neue die Bemerkung aufgedrängt, daß dieser Stoff sich ausserordentlich zur Oper neige; denn auch Ihre Dichtung ist mehr tragisches

---

[14] Abgedruckt bei Mayerhofer, S. 12–46. Auf die Donaueschinger Texthandschrift zu diesem Stück hatte erstmals J. Bolte hingewiesen („Kleine Beiträge zur Geschichte des Dramas", in: *Zeitschrift für Deutsches Alterthum und Deutsche Litteratur*, Bd. 32, Heft 1, 1888, S. 4f.); auf die Wiener musikalischen Quellen Oswald Koller („Eine bisher unbekannte Composition des »Freischütz«", in: *Neue Musikalische Presse*, Wien, Jg. 7, Nr. 52 vom 25. Dezember 1898, S. 1–3, mit Musikbeilagen).

[15] Franz Xaver von Caspar, „Abermals von.. Freischützen", in: *Flora, Literatur- und Anzeige-Blatt* Nr. 52 (1824), S. 117–118.

1. Zur Stoffgeschichte

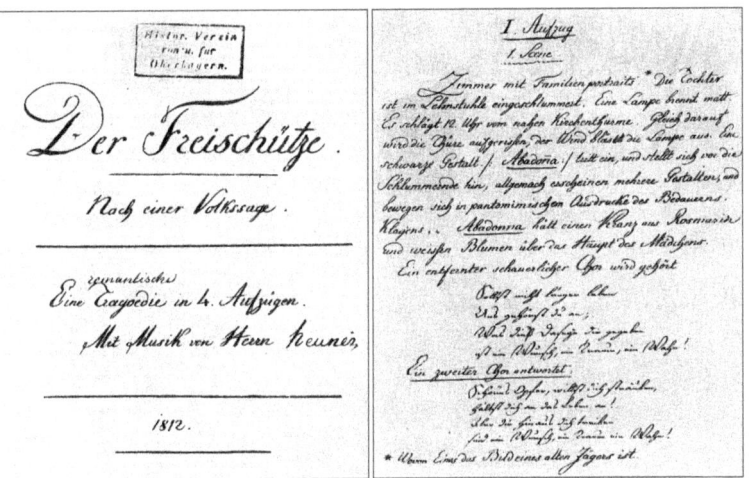

Titelblatt und Beginn des I. Aufzugs aus der Münchner Handschrift der ersten Fassung von Franz Xaver von Caspars Freischütz-„Tragödie"

Melodram, als romantische Tragödie. [...] Daß die t r ü b e L e h r e des F a t a l i s m u s in Ihrer Dichtung zu sehr geschützt worden, ist wohl nicht in Abrede zu stellen. Ich kann mich mit dieser nicht befreunden; deßhalb, und weil mir der tragische Ausgang in einer Oper dieser Art unerträglich schien, setzte ich der bösen Macht eine gute, nämlich den Eremiten, unter welchem ich mir eigentlich einen Heiligen dachte, entgegen. Der Gedanke, daß die Vorsicht den Frommen schützt, und auch dem Strauchelnden die Bahn zur Rükkehr öfnet, ist tröstlicher für das menschliche Gemüth."

Da es keinerlei Nachweis dafür gibt, daß Weber oder Kind bereits vor bzw. während der Entstehung ihres *Freischütz*-Textes Kopien der beiden Casparschen Schauspielfassungen besaßen, gibt die von Mayerhofer festgestellte „Identität des Opernbuches mit seiner [Caspars] Tragödie in den wesentlichen neu erfundenen Handlungszügen"[16] tatsächlich Rätsel auf. Mayerhofer unternimmt den Versuch, eine dramaturgische Abhängigkeit des Kindschen Textbuches von Caspars Werk anhand der wichtigsten übereinstim-

[16] Mayerhofer, S. 8.

menden Abweichungen gegenüber dem Apelschen Vorläufer herzuleiten. Die Ignorierung des in der *Flora* wiedergegebenen Briefes sowohl in Kinds *Freischütz-Buch* von 1843 als auch in Max Maria von Webers Biographie von 1864 dient Mayerhofer als zusätzliches Indiz für den von ihm erhobenen Vorwurf einer Plagiatverschleierung[17]. Aufgrund des völlig verschiedenen Handlungsverlaufs (bei identischer Vorlage) und der Vielzahl an abweichenden Details innerhalb der beiden Stücke wird Mayerhofers Beweisführung allerdings entschieden geschwächt[18].

Dagegen gab es andere dramatische Bearbeitungen des *Freischütz*-Stoffes, die zumindest Weber möglicherweise bekannt gewesen sein dürften, da er am 25. August 1817 an Caroline Brandt schreibt:[19]

„[…] ich weis es leider wohl daß mein Sujet schon als Schauspiel bearbeitet ist, da ist aber weiter nichts zu machen. Es thut auch nicht viel, es ist ein junger unbekannter Mann, und daß ich die Oper schreibe, weis ziemlich schon die ganze Welt, und wie's ihm in Prag gieng, gieng's ihm schon hier und in Berlin, in Wien wirds eben so sein, und die übrigen Theater sind nicht von Bedeutung."

In Wien standen gleich zwei entsprechende Bühnenstücke innerhalb kurzer Zeit auf dem Programm. Zum einen wurde am 20. November 1816 im Leopoldstädter Theater eine Dramatisierung von Apels Novelle gegeben als *Der Freyschütze, romantisch-komische Volkssage mit Gesang*, bearbeitet von Ferdinand Rosenau (das Stück fiel allerdings durch). Erfolgreicher war *Der Freyschütze, Schauspiel mit Gesang in drey Aufzügen* von Joseph Alois Gleich mit Musik von Franz de Paula Roser, dessen erste Aufführung am 28. Dezember 1816 am Josefstädter Theater in Wien stattfand und das zehn Jahre hindurch gespielt wurde[20]. Etwa zur gleichen Zeit fertigte Georg

[17] Ebd., S. 7.
[18] Vgl. auch Kap. III.2, S 126.
[19] D-B, Mus. ep. C. M. v. Weber 119.
[20] Zu den Bühnenstücken und weiteren Bearbeitungen für das Wiener Volkstheater vgl. ausführlicher Joachim Reiber, *Bewahrung und Bewährung. Das Libretto zu Carl Maria von Webers „Freischütz" im literarischen Horizont seiner Zeit*, München 1990, S. 135–181.

1. Zur Stoffgeschichte

Szene aus der Posse *Der Freischütze oder Staberl in der Löwengrube*
Stich nach Johann Christian Schoeller

Döring einen Operntext für Louis Spohr an, der die Musik dazu allerdings nicht ausführte, da er nicht in Konkurrenz zu Weber treten wollte[21]. Kurz nach der UA von Webers Oper fand am 17. August 1821 in Würzburg die Aufführung des Trauerspiels in 5 Aufzügen *Der Freischütz* von Franz Josef Graf von Riesch[22] statt.

Die weitaus meisten Neufassungen des *Freischütz*-Stoffes nach 1821 fußen dann allerdings auf der Oper von Kind und Weber, so

---

[21] Vgl. Louis Spohr. *Lebenserinnerungen*, erstmals ungekürzt nach den autographen Aufzeichnungen hg. von Folker Göthel, Tutzing 1968, Bd. 2, S. 50.

[22] Das Schauspiel geht eigentlich auf eine ca. 1813/14 entstandene Prosa-Version von August Lewald (1792–1871) zurück. Lewald hatte bei einem Aufenthalt in Brünn 1819 Bekanntschaft mit dem Grafen Riesch (Pseudonym Franz Seewald, 1793–1833) geschlossen und diesem neben anderen literarischen Versuchen auch seine Bearbeitung des Freischütz-Stoffes überlassen, die Riesch in seinen *Bühnenspielen*, Bd. 4, Wien 1821 (auch als separater Druck beim gleichen Verlag: Tendler u. von Manstein) veröffentlichte. Vgl. weiterhin dazu August Lewald, *Ein Menschenleben*, Leipzig 1844, Teil 3, S. 92 und Teil 4, S. 14–18 sowie Ludwig Geiger, „Ein österreichischer Graf als literarischer Freibeuter", in: *Euphorion. Zeitschrift für Literaturgeschichte*, Bd. 10, Jg. 1903, S. 265–267. Weitere Aufführungen fanden in Stralsund (erstmals 10. März 1822), Zittau (8. Oktober 1822), Pest (14. Oktober, mit Musik von Franz Xaver Kleinheinz) und Königsberg (21. März 1823, mit Musik von Musikdirektor Wurst) statt.

etwa die Bühnenposse *Der Freischütze, oder Staberl in der Löwengrube* von Karl Carl (eigentlich Karl Andreas von Bernbrunn; UA am 4. Dezember 1822 in München), Franz Grillparzers ironisches Wolfsschlucht-Dramolett von 1822, der Lesespaß *Samiel oder die Wunderpille. Farze mit Gesang und Tanz in 4 Akten und in Knittelversen*, 1824 anonym erschienen bei Gottfried Basse in Quedlinburg und Leipzig, und die zahllosen Bearbeitungen für Kinder- bzw. Schul-, Puppen- und Papiertheater[23].

2. Zur Entstehung des Kindschen Librettos

„Es mochte im Sommer oder Herbst des Jahres 1816 seyn, als der [...] Kammermusikus Schmiedl[24] einen Fremden zu mir brachte, schwarz gekleidet, blaß, doch sehr geistreich von Gesicht, ungefähr von meiner Größe, nur noch schmächtiger, den ich wegen seiner, mir im Verhältniß etwas zu lang dünkenden, Arme und Hände für einen Pianoforte-Virtuosen hielt. Er nannte sich Karl Maria von Weber! Ich war höchst erfreut, seine Bekanntschaft zu machen [...]. Wir fanden uns sehr bald; wir sprachen das Hundertste ins Tausendste. Endlich äußerte er: wir würden uns schon näher treten; ich müsse ihm ein Singspiel oder eine Oper dichten."[25]

So erinnerte sich der betagte Friedrich Kind an die erste Begegnung mit dem Komponisten, mit dem er eine der erfolgreichsten Opern aller Zeiten produzieren sollte.

Wer war dieser Johann Friedrich Kind, den sich Weber als Librettisten aussuchte?

---

[23] Vgl. Otto Daube, *Die Freischützsage und ihre Wandlungen. Vom Gespensterbuch zur Oper*, Detmold 1941, S. 22f., Paul Alfred Merbach, „Parodien und Nachwirkungen von Webers »Freischütz«. Auch ein Beitrag zur Geschichte einer Oper", in: *Zeitschrift für Musikwissenschaft*, Jg. 2, Nr. 11 (August 1920), S. 642–655, Schnoor, S. 285–293 sowie Frank Ziegler, „Weber en miniature. Miszellen zur Weber-Rezeption auf dem Puppen-, Kinder- und Papiertheater", in: *Weberiana* 12 (2002), S. 79–93.

[24] Anton Friedrich Schmidl (auch Schmiedel) (1767–1822), Violinist, Mitglied der Dresdner Hofkapelle.

[25] *Freischütz-Buch*, S. 116.

2. Zur Entstehung des Librettos

Friedrich Kind
Punktierstich von Friedrich Fleischmann
nach Ludwig Geyer (ca. 1825)

Am 4. März 1786 geboren, einer Leipziger Juristenfamilie entstammend, ließ sich Kind nach seinem Studium an der Leipziger Universität mit 24 Jahren als Advokat in Dresden nieder, wurde durch Karl August Böttiger[26] in literarische Kreise eingeführt und schrieb neben verschiedenen Dichtungen auch für Zeitungen und Magazine[27]. Er starb am Tag einer *Freischütz*-Aufführung unter Richard Wagner in Dresden, es war der 23. Juni 1843, laut Arzt sogar zur Zeit des Vorstellungsendes (genau 21.08 Uhr)[28] – im Leben wie im Scheiden liebte Kind die Selbstinszenierung. Hundert Jahre nach seinem Tod urteilte man über ihn: „Fr. Kind ist das klassische Musterbeispiel eines deutschen Modeschriftstellers", „klassischer Vertreter eines gewissen Zeitgeistes" oder „charakteristischer Typus einer ganzen Gruppe von Poeten"[29].

In Webers Tagebuch 1816 findet sich zu einem Treffen mit Kind kein Hinweis. Daß Weber seit längerem auf der Suche nach einem neuen Opernstoff bzw. Opernlibrettisten war, wird in der Literatur ausführlich behandelt[30]. Die erste durch Weber bezeugte Begegnung, die speziell mit dem *Freischütz* zu tun hatte, fand erst im

---

[26] Karl August Böttiger (1760–1835), Kritiker und Archäologe.
[27] Vgl. Schnoor, S. 62f.
[28] Ebd., S. 225.
[29] Hermann Anders Krüger, *Pseudoromantik. Friedrich Kind und der Dresdener Liederkreis. Ein Beitrag zur Geschichte der Romantik*, Leipzig 1904, S. 43.
[30] Vgl. Schünemann, S. 14f. sowie Katalog Opernschaffen 2001, S. 17f.

Februar des darauffolgenden Jahres statt, denn Weber schrieb an seine Braut Caroline Brandt am 20. Februar 1817:[31]

> „Heute Abend im Theater sprach ich Fried[rich] <u>Kind</u>, den hatte ich gestern so begeistert, daß er gleich heute eine Oper für mich angefangen hat. Morgen gehe ich zu ihm, um den Plan ins Reine zu bringen. Das Sujet ist trefflich, schauerlich und intereßant. <u>Der Freyschütz</u>. ich weiß nicht, ob Du die alte Volkssage kennst."

Wenn nicht schon vorher[32], so erfolgte spätestens zu diesem Termin die Einigung der beiden auf das Sujet. Wer wen anregte, den *Freischütz*-Stoff aufzugreifen, läßt sich wohl nicht mehr eindeutig klären. Kind reklamierte dies in seinen Erinnerungen für sich:[33]

> „Nun galt es um einen tüchtigen Stoff; volksthümlich mußte er vor allen Dingen seyn, das schien mir zu sehr Webers und mein Kunstcharakter zu fordern. Ich suchte zusammen, was mir dienlich schien – Volksmährchen, Erzählungen, Novellen. [...] Wir begannen die Musterung: manches gefiel, doch zuletzt hatten bald Weber, bald ich, bald wohl wir beide ein gerechtes Bedenken. »Ja,« sagt' ich zuletzt, indem ich das zu unterst gelegte Buch hervorzog, »hier wäre etwas für Sie und mich, besonders für Sie, der so schöne Volksweisen schafft, aber – aber –«»Und was?« – Ich hielt ihm das Gespensterbuch hin[.] »Apels Freischütz!« Er kannte ihn; er war ergriffen. »Herrlich! herrlich! [...]«"

Es ist allerdings wahrscheinlicher, daß der Vorschlag von Weber kam, der sich früher schon mit dem Stoff beschäftigt hatte[34].
Laut TB besuchte Weber Kind dann wieder am 21. Februar wegen einer „*Conferenz* über den <u>Probeschuß</u>." Zu diesem Zeitpunkt war man von dem Titel der Apelschen Novelle abgerückt und hatte sich kurzzeitig auf den neuen Titel *Der Probeschuß* geeinigt.

---

[31] D-B, Mus. ep. C. M. v. Weber 80.
[32] Laut TB gab es eine vorherige Begegnung am 22. Januar 1817: „Abends Thee bey Kind, viel vorgelesen. bis 11 Uhr da".
[33] *Freischütz-Buch*, S. 118f.
[34] Vgl. MMW II, S. 64 sowie Kap. III.1, S. 103.

2. Zur Entstehung des Librettos

Bereits zwei Tage später erhielt Weber den I. Akt. Am 26. Februar stellte Kind den II. Akt vor und am 1. März hatte er sein Libretto fertig, wie Weber enthusiastisch seiner Braut Caroline mitteilte:[35]

„[...] d: 1ᵗ wieder Probe, und dann zu <u>Kind</u>, der – stelle dir vor schon mit der <u>ganzen Oper fertig ist</u>. Es hat ihm keine Ruhe gelaßen er war so erfüllt von seinem Stoff daß er alles liegen ließ und Tag und Nacht arbeitete. Sie ist abermals umgetauft worden und heißt nun *Die Jägersbraut*. Ich hoffe es soll von großer Wirkung sein. Es ist viel Abwechslung darin, und Gelegenheit auch den grösten Szenischen Apparat, von Decorationen *pp* anzubringen, doch auch so daß man sie überall geben kann, im Ganzen aber ist der Charakter schauerlich. komt auch der <u>Spadifankerl</u> drinnen vor, als <u>schwarzer Jäger</u>. gelt, möchtest gerne die Geschichte wißen? muß dirs wohl schikken wenn es doppelt abgeschrieben ist, damit Muks schnuffeln kann."

Wie aus Webers Zeilen hervorgeht, hatte die Oper abermals einen neuen Titel bekommen und wurde nun als *Die Jägersbraut* bezeichnet[36]. Zwei Tage nach der Fertigstellung des Textes entschloß sich Weber, Kind das Libretto abzukaufen, um für sich die Eigentumsrechte zu sichern. Friedrich Kind erinnerte sich an diesen Vorgang folgendermaßen:[37]

„Mein Freund kam noch vorher (3. März) sehr fröhlich und erwärmt zu mir; er war höchst zufrieden, sagte mir von gewisser Aussicht, die Oper auf die Bretter zu bringen, doch schien er noch etwas auf dem Herzen zu haben. [...] er trat mit der Frage nach dem Honorar hervor. Ich hatte daran gar nicht gedacht und von B u c h h ä n d l e r n würdiges, von T h e a t e r n, in der Mehrzahl, geringeres Honorar erhalten; was aber Brauch und Recht bei Operndichtungen sey, davon wußte ich kein Wort. Ich bat daher, es damit anstehen zu lassen. Er wisse ja gar nicht, [...] was ihm die Komposition einbringen werde; [...] so möge er mir, nach Abzug der Auslagen, den dritten oder

---

35 Brief vom 3. März 1817, *D-B*, Mus. ep. C. M. v. Weber 82.
36 Erst im Mai/Juni 1820 wurde auf Anraten des Grafen Brühl der Titel *Der Freischütz* wiedereingesetzt; vgl. Kap. III.4, S. 156.
37 *Freischütz-Buch*, S. 122.

Werkentstehung

Webers Tagebuch-Einträge vom 1.–3. März 1817
mit der Erwähnung der Honorar-Vereinbarung
mit Friedrich Kind am 3. März 1817

Webers Tagebuch-Eintrag vom 2. Juli 1817,
endend mit der Bemerkung:
„ die erste Note von der Jägersbraut aufgeschrieben."

2. Zur Entstehung des Librettos

vierten Theil der Einnahme geben. Weber erwiderte, daß [...] aber [...] solch ein antheiliges Honorar viele Weitläufigkeiten und Schwierigkeiten, vieles Hin- und Herschreiben zwischen Autor und Tonsetzer, verursache; ein Theater könne Mehr, das andere Weniger geben – genug, er werde mit dem Komponiren gar nicht ernstlich beginnen, bis der Operntext sein sey. Was blieb mir übrig? ich wünschte, daß die Sache ein Ende nehme, ich wollte weder zu wenig fordern, noch zu anmaßend scheinen; ich meinte endlich, 20 Dukaten würde ich wohl verdient haben. Vor Verlauf von zwei Stunden sandte er mir ein paar freundliche Zeilen[38] und 20 Geharnischte [...]."

Dies wird durch den Eintrag Webers ins TB am 3. März 1817: „an Kind das *Honorar* auf 5 Jahre Eigenthum der Oper die Jägersbraut für mich, geschikt mit 20 # in Gold" bestätigt. Von seinem Geschäft berichtete Weber am gleichen Tag auch noch seiner Braut: „[...] ich habe mit Kind ein für allemal einen Vertrag abgeschloßen um späterhin beim Verkauf der Oper nicht die ewige Rechnerey zu haben. Er überläßt mir das Buch 5 Jahre, ehe er es in Druk erscheinen läßt, und dafür zahle ich ihm 20 # in Golde. welches nicht zuviel ist."[39]

Weber hatte durch den Kauf des Textbuches von Kind somit auch das Eigentumsrecht erworben und erwirkt, daß dieser es in den nächsten fünf Jahren nicht drucken durfte. Die erste von Kind autorisierte gedruckte Ausgabe des Librettos erschien erst um den Jahreswechsel 1821/1822 im Verlag Göschen, Leipzig, der weitere Auflagen folgten[40]. Webers Sohn versuchte später das Vorgehen seines Vaters zu rechtfertigen, indem er äußerte, daß Weber mit der Zahlung „Kind's Interesse wohl gewahrt glaubte" und „den

---

[38] Weber schickte das Geld mit einem Brief vom selben Datum an Kind; *D-B*, Weberiana Cl. II A b, Nr. 1.

[39] *D-B*, Mus. ep. C. M. v. Weber 82.

[40] Vgl. Quellenbeschreibung ab S. 204; Ausnahmen bilden zwei Vorabveröffentlichungen: das nicht vertonte Duett zwischen Eremit und Agathe aus der gestrichenen 2. Szene (vgl. Kap. III.3, S. 134–138) unter dem Titel „Die geweihten Rosen" in: *Penelope. Taschenbuch für das Jahr 1820 der Häuslichkeit und Eintracht gewidmet*, hg. von Theodor Hell, Leipzig 1819, S. 380f. und das Volkslied Nr. 14 (Jungfernkranz) in: *W. G. Becker's Taschenbuch zum geselligen Vergnügen. Auf das Jahr 1821*, hg. von Friedrich Kind, Leipzig 1820, S. 396f.

muthmaßlichen Reinertrag, den ihm der »Freischütz« bringen könne, zu 500 Thaler veranschlagt[e]."[41]

Kinds Arbeit am Textbuch war im März 1817 allerdings noch nicht abgeschlossen. Die früheste Überlieferung des Textes stellt Kinds Textbuch-Autograph (L-tx$_2$) vom Mai 1817 dar, das aber als zweite Fassung anzusehen ist, da bis dahin – zum großen Teil unter Einwirkung Webers – gravierende Änderungen am Text vorgenommen worden waren[42]. (Die Erstfassung muß leider als verschollen gelten.) Laut TB gab es weitere Treffen, bei denen beide gemeinsam an der Oper arbeiteten[43]. Bestätigt wird dies durch Angaben, die Kind zu seiner Ausgabe des Textes in den *Theaterschriften* von 1827 machte[44]. Für diese Ausgabe unterzog Kind seinen Text nicht nur einer gründlichen Überarbeitung, was die Veränderungen gegenüber den drei Göschen-Ausgaben[45] verdeutlichen, sondern versah den Text zusätzlich mit neuen Anmerkungen, die interessante Aufschlüsse erbringen.

Am Beginn der Ausgabe (S. VII) schreibt Kind:

„Hier ist der Text nach der zweiten Abschrift, (denn in der ersten war die Dichtung nur auf ein Singspiel berechnet, hieß: A g a t h e , oder d i e J ä g e r s b r a u t , was späterhin anfänglich mit dem Titel: D e r P r o b e s c h u ß , vertauscht werden sollte, und bestand in vier Aufzügen) mit Herstellung einiger frühern Lesarten und Hinweglassung der auf Veranlassung eingeschalteten Zusätze, auch mit kleinen Verbesserungen abgedruckt."

Damit bestätigte Kind, auch wenn er die Abfolge der Titel-Findung (erst *Probeschuß*, dann *Jägersbraut*) verwechselte, daß es eine Erstfassung der Oper gegeben hat, die in vier Akten konzipiert

---

[41] Max Maria von Weber schreibt von 30 Dukaten, die sein Vater an Kind schickte und zitiert den Brief von Weber an Caroline vom 3. März; vgl. MMW II, S. 68.

[42] Vgl. Kap. III.3, ab S. 133.

[43] Mai 1817: „d: 21^t [...] zu Kind. *Conferenz* wegen der Oper bis 1 Uhr"; „d: 24^t [...] zu Kind wegen Oper"; Juni 1817: „d: 16^t [...] zu Kind. Verse geändert."

[44] *Friedrich Kind's Theaterschriften*, Bd. 4, Grimma: C. F. Göschen-Beyer, 1827, S. 233–332; in der Quellenbeschreibung siehe D$^+$-tx$_2$.

[45] Siehe Quellenbeschreibung unter D-tx$_1$, D-tx$_2$ und D-tx$_3$.

war. Ob dabei die beiden ursprünglich geplanten Einleitungsszenen zwischen Eremit und Agathe den I. Akt ergaben, wie Webers Formulierung im Brief vom 21. Mai 1817 vermuten läßt[46], oder aber eine völlig andere, von der heutigen Szenenverteilung abweichende Gliederung vorgesehen war, bleibt offen. Der Brief belegt auch, daß sich Kind und Weber nun über die Streichung der Eremitenszenen geeinigt hatten, die die Oper ursprünglich eröffneten und im Kindschen Manuskript der Zweitfassung bereits fehlen[47]. Weitere Anmerkungen finden sich im Anschluß an den Textabdruck in den *Theaterschriften* auf S. 317–332, darunter auf S. 317f. eine Bemerkung zu den von Kind im Hinblick auf die Bühnendarstellung (im Vergleich zu den bisherigen Varianten des Sujets) vorgenommenen Veränderungen:

„Der Stoff dieser Oper-Dichtung ist bekanntlich aus einer Böhmischen, in alten Zauber- und Jagd-Büchern aufbehaltenen Volkssage[48] entlehnt und zuerst – denn späterhin sind einige, doch schwächere Variationen erschienen – von meinem verstorbenen Freunde A u g u s t   A p e l als Erzählung bearbeitet worden [...]. Wer indeß diese Erzählung mit meinem Opergedicht vergleicht, wird finden, daß beide – wie, auch außer der Verschiedenheit der Dichtungsgatten, andere Gründe mir zu verlangen schienen – in Bezug auf Zeitalter, Entwickelung der Fabel, Haupt-Idee des Ganzen und sonst, sehr von einander abweichen, und daß nicht blos die ganze Scenerei, z. B. das Sternschießen, die Wolfsschlucht, das Jagdmahl, sondern auch die meisten Charaktere, namentlich C a s p a r,   A n n c h e n (welches ich mir keineswegs als ein tändelndes, hüpfendes Zöfchen, sondern, im Gegensatze zu der sanften und zärtlichen A g a t h e , als ein ra-

---

[46] Vgl. Zitat S. 134.
[47] Vgl. dazu nähere Ausführungen im Kap. III.3, S. 134–138.
[48] Am 25. Juli 1820 schrieb Kind an Brühl: „ [...] der Stoff ist übrigens keineswegs, wie viele glauben, von Apel erfunden, sondern steht längst in alten Zauber- und Hexenbüchern. Auch endlich in Gerle's Böhmischen Volkssagen."; Zitat nach Schünemann, S. 57–58 (mit Nachweis 1942: Akten Kind, Brandenburg-Preußisches Hausarchiv). Kinds Angabe ist falsch; der *Freischütz* kommt in Gerles Ausgabe nicht vor; vgl. Wolfgang Adolph Gerle (Hg.), *Volksmärchen der Böhmen*, 2 Bd., Prag 1819. In den Göschen-Ausgaben 1821 bis 1823 gibt Kind die Quelle S. 120 richtig an; dort verweist er auf den Artikel von Gerle im *Freimüthigen*, siehe Anm. 10.

Werkentstehung

Illustration zu Webers *Der Freischütz*, Szene II/1 mit Agathe und Annchen
„Grillen sind mir böse Gäste. Immer mit leichtem Sinn"
Kupferstich von Johann Axmann nach Johann Heinrich Ramberg

2. Zur Entstehung des Librettos

sches, muthiges Förstermädchen, das wohl selbst seine Flinte laden und abschießen kann, gedacht habe) K i l i a n, der E r e - m i t, selbst die Figur des S a m i e l s, mir angehören."

Hier versucht Kind, sich bewußt von seinen Vorgängern abzugrenzen und seinen Anteil an der Dichtung aufzuwerten. Aber sind die Unterschiede wirklich so groß, wie er behauptet? Worin bestehen die Änderungen Kinds genau?

Die Personennamen stimmen nicht mit denen in Apels Novelle überein, aus dem *Förster Bertram in Lindenhayn* machte Kind den *Erbförster Cuno*, dessen Name allerdings nicht neu ist, da Bertrams Urältervater bei Apel ebenso hieß. Tochter *Käthchen* wird zu *Agathe*, Amtsschreiber und Jägerbursche *Wilhelm* zu *Max*, Jägerbursch *Rudolf* zu *Caspar*. Die Mutter *Anna* ersetzte Kind durch die Person der Freundin *Annchen*[49]. Die Gestalt des Apelschen alten Soldaten mit Stelzfuß entfällt, wobei dessen Handlungen bei Kind teils Caspar und teils Sammiel übernehmen. Als neue Figur erscheint der Eremit.

Trotzdem sah Hasselberg im Vergleich zwischen Apel und Kind keine gravierenden Neuerungen:[50]

„Von einer selbständigen schöpferischen Leistung ist [...] bei Kind nicht die Rede. Er hat sich eng an seine Quelle gehalten, und wo er es nicht tat, in der Beseitigung des tragischen Ausgangs, ist er weit hinter Apel zurückgeblieben. Aber er hat ein wirksames Opernbuch mit flüssigen Gesangstexten geschaffen, das mit Recht zu den besten, die wir besitzen, gezählt wird."

Dieses Fazit wird nachvollziehbar, vergleicht man Kinds Opernlibretto und Apels Gespensternovelle genauer. Dabei treten erstaunliche Übereinstimmungen in Aussagen und Details zutage. Als erstes z. B. die Erzählung des alten Bertram von seinem Urältervater Kuno[51], die Kind dem Inhalt nach vollständig übernimmt.

---

[49] Bei dieser Person variiert die Schreibweise in den Quellen und der Literatur zwischen Ännchen, Aennchen und Annchen, für die Edition wurde die im Handexemplar (vgl. Anm. 91) enthaltene Schreibung „Annchen" bewahrt, in Zitaten die jeweilige Schreibweise jedoch beibehalten (vgl. auch „Sammiel").
[50] Hasselberg, S. 130.
[51] *Gespensterbuch*, S. 8–11.

Frappierend ähnlich ist der Hinweis von Rudolf an Wilhelm, den Caspar auch Max erteilt (wobei sogar der Name Sammiel fällt, den Kind dann als eigenständige Person einführt):[52]

> „Glaub mir nur, Wilhelm – wiederholte Rudolf – es ist nichts anders, als was ich gesagt habe. Geh einmal Freitags um Mitternacht auf einen Kreuzweg und mache mit dem Ladestock oder mit einem blutigen Degen einen Kreis um dich, den segnest du dreimal, wie es der Priester macht, aber im Namen Sammiel ... Schweig! – unterbrach ihn der Förster unwillig – Weißt du, was das für ein Name ist? Das ist einer von des Teufels Heerschaaren. Gott bewahre dich und jeden Christen davor!"

Oder die Aufforderung Caspars an Max, einen Raubvogel zu schießen, die bei Apel vom Soldaten mit Stelzfuß an Wilhelm ergeht:[53]

> „Da, zum Exempel hast du eine Kugel mit der du sicher treffen sollst [...]. Wilhelm lud sein Gewehr und sah sich nach einem Ziel um. Ein großer Raubvogel schwebte hoch über dem Wald, wie ein beweglicher Punkt. Schieß den Stößer da oben, sagte der Stelzfuß. Wilhelm lachte, denn der Vogel schwebte in einer, kaum dem Aug' erreichbaren Höhe. Ei, so schieß – wiederholte Jener, ich verwette meinen Stelzfuß, er fällt. Wilhelm schoß, der schwarze Punkt senkte sich und ein großer Geyer fiel blutend zu Boden."

Abgesehen davon, daß es bei Kind ein Adler ist, der geschossen wird, und der Stelzfuß hier Caspar heißt, geht die Idee gänzlich auf Apel zurück. Weitere Beispiele sind das herabfallende Bild des Kuno und die Verwechslung des Brautkranzes mit der Totenkrone.

Die Übernahme der Uhrzeit des „Kugelgießens" für das Treffen zwischen Max und Caspar in der Wolfsschlucht führte allerdings zu einem Widerspruch in Kinds *Freischütz*. Obwohl sich die beiden Jägerburschen in Szene I/5 für die elfte Stunde verabreden – die Zeit, in der Wilhelm bei Apel bereits die erste Kugel gießt – läßt

---

[52] Ebd., S. 14f.
[53] Ebd., S. 17.

2. Zur Entstehung des Librettos

Illustration zu Webers *Der Freischütz*, Szene I/ 5 mit Caspar und Max
„Glaubst du, dieser Adler sey dir geschenkt?"
Kupferstich von Friedrich Wilhelm Meyer nach Johann Heinrich Ramberg

Werkentstehung

Illustration zu Webers *Der Freischütz*, Szene II/6 mit Caspar und Max „Fünf! –Wehe! Das wilde Heer!"
Kupferstich von Johann Gottfried Abraham Frenzel nach Johann Heinrich Ramberg

2. Zur Entstehung des Librettos

Kind zu Beginn von Szene II/5 (Dialog Caspar/Sammiel), noch bevor Max überhaupt in der Schlucht auftaucht, die Uhr „zwölf" schlagen und das Kugelgießen um „Eins" enden – Kind verlegt die Wolfsschlucht-Handlung also in die heute üblichere Geisterstunde[54].

In der Apelschen Novelle weist das „Kugelgießen", das Wilhelm dort allein bewältigen muß, wiederum eine erstaunliche Ähnlichkeit zu Kinds Szenerie auf:[55]

„Jetzt stand er [Wilhelm] auf dem Kreuzweg. Der Zauberkreis war gezogen, die Schädel und Todtenbeine rings umher gelegt. Der Mond hüllte sich immer dichter in das Gewölk, und ließ die düstern Kohlen, von abwechelnden Windstößen aufgeblasen, allein die nächtliche That mit einem trüben röthlichen Scheine beleuchten. [...] Wilhelm legte die Gießkelle auf die Kohlen, und warf das Blei hinein, nebst drei Kugeln, die schon früher einmal getroffen hatten [...]. Zuweilen flatterten Eulen, Fledermäuse, und andres lichtscheues Nachtgeflügel vom Schein geblendet, auf. Sie fielen von ihren Zweigen und setzten sich um den Zauberkreis [...]. Ihre Zahl vermehrte sich, und unter ihnen huschten neblichte Gestalten, wie Wolken hin, bald thierähnlich, bald menschlicher gebildet. [...] nur Eine stand schattenähnlich, aber unverändert unfern dem Kreis und blickte starr und wehmüthig auf Wilhelm. Zuweilen hob sie die blassen Hände klagend empor, und schien zu seufzen. [...] Wilhelm wandte sich ab, denn das Angesicht seiner todten Mutter schien aus der düstern Gestalt mit klagender Wehmuth ihn anzublicken. Da schlug die Glocke Eilf. [...]"

Danach hat Wilhelm verschiedene Erscheinungen: ein altes Bettelweib, einen Wagen mit Sechsergespann und Vorreitern, eine wilde Bache, seine Braut Käthchen und den Stelzfuß, dann einen Reiter auf schwarzem Roß, mit dem sich folgender Dialog entspinnt:[56]

[54] Vgl. in der Übersicht im Anhang: Volksbräuche und Aberglauben im *Freischütz* unter Geisterstunde, S. 250. Die widersprüchliche Uhrzeit, die Kind in seinen Druckausgaben dann übrigens richtigstellte, wurde im vorliegenden Text vom Hg. korrigiert.
[55] *Gespensterbuch*, S. 39f.
[56] Ebd., S. 46.

„Du hast deine Probe gut bestanden, sprach er, was begehrst du von mir? Nichts von dir – antwortete Wilhelm – was ich brauche, hab' ich mir selbst bereitet. Mit meiner Hülfe – fuhr der Fremde fort – darum gehört mir mein Theil. [...] Nimm die Kugeln, die du bereitet hast. Sechzig für dich, drey für mich; jene treffen, diese äffen, auf Wiedersehn, dann wirst du's verstehn."

Als Probeschuß soll Wilhelm ebenfalls eine Taube schießen, und Gevatter Stelzfuß erscheint zum Schluß neben dem verwundet liegenden Käthchen mit „höllischem Hohnlachen"[57]. Im Gegensatz zu dem sehr überraschenden und abrupten Ende der Geschichte bei Apel mutet Kinds „Happy End" mit dem ehrfurchtgebietenden Eremiten versöhnend sentimental an.

Mit der Einführung des Eremiten, der als Pendant zu Caspar und Sammiel den Kampf zwischen „Gut und Böse" symbolisiert, löst sich Kind von Apels Vorlage, in der ein solcher Konflikt nicht angelegt ist. Daß die Figur des Eremiten auch schon in der Tragödie von Caspar/Neuner von 1812[58] erscheint, ist ein seltsamer Zufall, geht man entgegen Mayerhofers Ausführungen davon aus, daß Kind/Weber den Münchner Vorläufer nicht kannten. Andererseits war der „Eremit" eine gängige Figur, die in vielen zeitgenössischen Bühnenstücken als Personifizierung des Guten, als Respektsperson oder Mahner erscheint. Auch andere Eingriffe in Apels Vorlage, die Kind für sich veranschlagte, wie die Zeitänderung und der glückliche Ausgang des Stückes – von Graeße als Verballhornung des tieferen Sinns der Volkssage getadelt[59] – finden sich bereits in Caspars Libretto. Doch mögen die von Mayerhofer festgestellten Übereinstimmungen, die die dramaturgische Abhängigkeit des Kindschen Opernbuches von Caspars Tragödie belegen sollen, auch auf den ersten Blick auffallen (glückliches Ende, Gegensatz-Konflikt Gut/Böse durch die Ausarbeitung der Figuren des Eremiten und Abadonna/Sammiel, parallele Szenerfindungen und -anteile wie z. B. ein Geisterchor) – die Unterschiede im Handlungsverlauf und den Dialogen zwischen den beiden Dramatisierungen sind mindestens ebenso schwerwiegend. Von weitaus

---

[57] Ebd., S. 53.
[58] Vgl. Kap. III.1, S. 108–110.
[59] Graeße 1875, S. 9.

2. Zur Entstehung des Librettos

Illustration zu Webers *Der Freischütz*, Szene III/6 mit Eremit und Agathe
„Schieß nicht! Ich bin die Taube!"
Kupferstich von Amadeus Wenzel Böhm nach Johann Heinrich Ramberg

entscheidenderer Bedeutung als der Eremit ist bei Caspar/Neuner die Figur der Braut Pauline, die hier, zwar mit Hilfe und moralischer Unterstützung des Geistlichen, aber bewußt und eigenverantwortlich in das Geschehen eingreift und so ihren Geliebten Wilhelm den Fängen des Teufels entreißt. Apels Käthchen und Kinds Agathe sind sich in ihrer eher passiven Opferhaltung weitaus ähnlicher.

Friedrich Laun vertrat in seinen Memoiren übrigens die Meinung, daß zur Beurteilung des Kindschen Operntextes zu Unrecht immer die Apelsche Novelle herangezogen würde, die jedoch als „vollendetes Meisterwerk" für sich stehe. „Allein zur Oper, wie Weber sie wünschen mußte, gehörte nothwendig eine wesentliche Umgestaltung und unser Dramatiker hat [...] sich der Sache mit ausgezeichneter Geschicklichkeit unterzogen", resümierte Laun und lobte die „auf genaueste Beobachtung der Natur selbst gegründeten Volksgruppen" und „den lebendigen Volkston" bei Kind[60]. Außerdem habe Weber gegenüber Kind „wiederholt versichert, daß er einzig der Dichtung die glücklichsten musikalischen Ideen verdanke"[61].

Natürlich finden sich in Kinds Libretto neben den durch die Stoffwahl bedingten Übernahmen aus den Vorlagen auch Bezüge zu anderen zeitgenössischen Autoren und deren Bühnenstücken[62]. Ein Beispiel ist der in Szene I/5 im Gespräch von Max und Caspar erwähnte „Koller von Elendshaut"[63], der ebenso in Schillers *Wallensteins Lager* (6. Auftritt) in einem Streit zwischen zwei Jägern

---

[60] Friedrich Laun, *Memoiren*, 3. Teil, Bunzlau 1837, S. 153.

[61] Ebd., S. 152.

[62] Ein Einfluß des Bretznerschen Librettos *Das wütende Heer, oder Das Mädgen im Thurme*, erschienen 1779 im Bd. 1 seiner *Operetten*, S. 99–192 und mehrfach vertont (u. a. von Anton Schweitzer, Johann André und Johann Christoph Kaffka), auf Kinds Text, wie von Komorzynski vermutet, ist dagegen kaum nachvollziehbar. Die von Komorzynski genannten Parallelen (wilder Jäger, weiße Taube) sind allein nicht aussagefähig genug; vgl. Egon von Komorzynski, „Ein Vorfahr des »Freischütz«-Textes" in: *Zeitschrift für den deutschen Unterricht*, Jg. 15, Leipzig 1901, S. 332–334 sowie „Neues zur Entstehungsgeschichte des »Freischütz«-Textes", in: *Neue Musik-Zeitung*, Jg. 25, Nr. 22 (18. August 1904), S. 459–460.

[63] Zur Wortbedeutung siehe im Variantenverzeichnis S. 224.

und einem Wachtmeister um die Wundermittel, die große Feldherren im Kampf beschützen, erwähnt wird:[64]

„ZWEITER JÄGER.
[...] Denn Das weiß ja die ganze Welt,
Daß der Friedländer einen Teufel
Aus der Hölle im Solde hält.

WACHTMEISTER.
Ja, daß er fest ist, Das ist kein Zweifel:
Denn in der blut'gen Affair' bei Lützen
Ritt er euch unter des Feuers Blitzen
Auf und nieder mit kühlem Blut.
Durchlöchert von Kugeln war sein Hut;
Durch den Stiefel und Koller fuhren
Die Ballen, man sah die deutlichen Spuren;
Konnt' ihm keiner die Haut nur ritzen,
Weil ihn die höllische Salbe that schützen.

ERSTER JÄGER.
Was wollt Ihr da für Wunder bringen!
Er trägt ein Koller von Elenshaut,
Das keine Kugel kann durchdringen.

WACHTMEISTER.
Nein, es ist die Salbe von Hexenkraut,
Unter Zaubersprüchen gekocht und gebraut."

Es handelt sich bei Kind sicherlich um eine Anspielung auf den *Wallenstein*, da bei Schiller im Kontext auch Gustav, der Schwedenkönig[65], der Tilly[66] und der „Magdeburger Tanz" genannt werden. Schillers Werk war zu seiner Zeit zweifelsohne das geläu-

---

[64] *Wallenstein. Ein dramatisches Gedicht*, in: *Schillers sämmtliche Werke in zwölf Bänden*, Band 4, Stuttgart und Tübingen 1838, S. 27.

[65] Gustav Adolf (1594–1632), als Gustav II. König von Schweden, schlug das kaiserliche Herr unter Tilly 1631 vernichtend, besetzte ganz Süddeutschland, versuchte vergeblich Wallensteins Lager in Nürnberg zu stürmen und fiel in der Schlacht bei Lützen 1632.

[66] Johann Tserclaes Tilly (1559–1632), neben Wallenstein und Gustav Adolf bedeutender militärischer Führer des 30jährigen Krieges.

Werkentstehung

— 116 —	— 117 —
Chor.	**Zweyte Stimme.**
Geh linker Hand!	Felfen ift mit Blut bethaut —
Am Felfenftrand	**Chor.**
Erblickft du ihn,	Leichenvogel hat gefungen,
O Königin!	Unfer Werk ift uns gelungen!
(Elfride ab.)	**Dritte Stimme.**
Stimmen.	Ehe noch der Morgen graut,
Hihi!	Ift fie todt, die fchöne Braut.
Chor.	**Chor.**
Todtenchöre fingen wir,	Eh' der fchwarze Hahn erwacht
Todteswinde wehen hier!	Ift das Opfer dargebracht!
Erfte Stimme.	**Stimmen.**
Rabe krächzt.	Horch! leife!
Unke ächzt.	**Chor.**
Dritte Stimme.	Horch!
Leichenvogel fingt,	**Edward** (tritt auf.)
Todtenglocke klingt.	Elfride!
Ting! Ting!	O, Elfride!
Erfte Stimme.	Wo bift du? —
Blut'ger Regen fiel aufs Kraut.	

Friedrich Kind, *Lenardos Schwaermereyen*, Bd. 1 (1793)
Frontispiz und Titelblatt sowie S. 116/117: Chor aus *Die Geisterinsel*
(Vorlage zum Geisterchor der Wolfsschlucht)

2. Zur Entstehung des Librettos

figste Bühnenstück, das den dreißigjährigen Krieg thematisierte, und Kinds Oper ist zeitlich kurz nach den Kriegsereignissen angesiedelt.

Für seine Dichtung griff Kind außerdem auf eigene frühere Schöpfungen zurück. So ähnelt der Text des Geisterchors im *Freischütz* in Szene II/4 den Geisterrufen aus einer noch anonym veröffentlichten Jugenddichtung. Dort heißt es:[67]

STIMMEN.	Hihi! [...]
ERSTE STIMME.	Blut'ger Regen fiel aufs Kraut.
ZWEYTE STIMME.	Felsen ist mit Blut bethaut – [...]
DRITTE STIMME.	Ehe noch der Morgen graut,
	Ist sie todt, die schöne Braut.
CHOR.	Eh' der schwarze Hahn erwacht
	Ist das Opfer dargebracht!

1877 veröffentlichte ein Dr. med. C. F. Riecke aus Weimar einen Beitrag, der die Rollennamen des *Freischütz* auf keltisch-germanische Wurzeln zurückführt[68]. Ob Kind allerdings um diese sprach-

---

[67] Aus: „Die Geisterinsel"; in: *Lenardos Schwaermereyen*, Leipzig: Wilhelm Heinsius d. J., 1793 (2. Ausgabe Leipzig und Gera: Heinsius, 1797), S. 116f.; auf S. 101 erscheint sogar das „Uhui".

[68] Dabei bringt er folgende Interpretationen: Ottocar – keltisch-germanisch: udd = Herr (wurde im deutschen zu Otto), keltisch-germanisch: car = gütig; Cuno – keltisch-germanisch: cun = Führer, o = Mann (in alten Urkunden Titel für den Forstmeister); Agathe – keltisch-germanisch: Agaidh = glücklich sein; Aennchen – keltisch-germanisch: annach = gewandt, geschickt, vollkommen, keusch, erfahren; Caspar – keltisch-germanisch: Cas = erfinderisch bzw. durchtrieben, per = Mann; Max – der Reine, Aufgeklärte; Samiel – keltisch-germanisch: Samhuilt = Erscheinung, ein Geist, personifiziert das Böse. Vgl. „Zur Oper »Der Freischütz«", Textabschrift aus: *Deutsche Schaubühne. Wochenschrift für Theater, Kunst und Musik*, hg. von Edmund Wallner, Erfurt, Jg. 1, Nr. 3 (Oktober 1877), S. 37–39 (D-B, Weberiana Cl. V [Mappe XIX], Abt. 5 A, zu Nr. 55ee). Ein Original des Zeitschriften-Jahrgangs ließ sich bislang nicht nachweisen. Zum Namen Sammiel finden sich in der zeitgenössischen Literatur verschiedene Erklärungen, meist als Name eines Wüstenwindes (z. B. in: *Conversations-Lexikon oder encyclopädisches Handwörterbuch für gebildete Stände*, 4. Auflage, Bd. 8, Altenburg und Leipzig: F. A. Brockhaus, 1817, S. 583, auch bei Johann Heinrich Campe, *Wörterbuch zur Erklärung und Verdeutschung der unserer Sprache aufgedrungenen fremden Ausdrücke*, Braunschweig 1813, S. 544). Dagegen liest man in den von August Schumann herausgegebenen *Erinnerungs-Blättern für gebildete Leser* (Jg. 1825, Zwickau: Gebrüder Schumann, 1826,

Werkentstehung

Carl Maria von Weber
Aquatinta von Friedrich Jügel (1816)

lichen Namensbedeutungen wußte und aufgrund dieser die Namen gar bewußt auswählte, bleibe dahingestellt.

3. Einflüsse Webers auf die Kindsche Textfassung

Wie bereits erwähnt, existierte von Kinds Textbuch eine erste, heute leider verschollene Fassung, die im März 1817 entstand. Diese wurde unter Mitwirkung Webers wesentlich verändert. So stammt z. B. der Vorschlag Webers, die von Kind vorgesehene Romanze des Cuno (vgl. Anhang des Edierten Textes, S. 87) in Prosatext umzuwandeln, aus dieser Zeit, da in den handschriftlichen Quellen nur noch die neue Version der Zweitfassung der Oper vom Mai 1817 vorhanden ist[69].

Höchst aufschlußreich dazu ist Kinds Anmerkung in den *Theaterschriften* von 1827 (S. 321), die sich auf die dort abgedruckte Erzählung des Erbförsters Cuno über den gleichnamigen Urältervater in Szene I/2 (hier 4. Auftritt) bezieht:

„Diese, nach des Componisten Wunsche, (welcher fürchtete, der Zusammenhang möchte, falls dieses gesungen würde, nicht deutlich genug hervortreten) in den Dialog verwebte Erzählung war ursprünglich romanzenartig behandelt [...]"

Zum einen überliefert Kind hier ein Stückchen des weitgehend verlorenen Textes der Erstfassung der Oper, zu welcher diese Romanze gehörte; zum anderen vermittelt diese Anmerkung einen Eindruck von Webers Bühnenerfahrung und seiner Kenntnis dramatischer Wirkungen, die er von Anbeginn an in die Arbeit am Textbuch einbrachte. Erstaunlich ist, daß der Text der Romanze nur in den *Theaterschriften* auftaucht, weder in den anderen von Friedrich Kind autorisierten Druckfassungen (Göschen-Ausgaben 1821 bis 1823) noch in seinem *Freischütz-Buch* von 1843 ist davon die Rede.

S. 619) innerhalb des Abschnittes: „Muster einer Predigt" die Erläuterung: „Leviathan's Secundant war Samiel" mit dazugehöriger Fußnote „Samiel, der Flammenhauchende – bekannt aus dem beliebten Freischütz – Sammum oder Samiel, der tötende Wind in Afrika."

[69] Vgl. Kap. III.2, S. 118.

Einen weiteren gravierenden Eingriff bedeutete die Streichung der ursprünglich zu Beginn der Oper geplanten Eremiten-Szenen. Diese Korrektur dürfte auf den Einfluß von Webers Braut zurückgehen, da es in Webers Brief vom 18. April 1817 an Caroline heißt: „Die Jägersbraut wird nach Deinen Befehlen zugestuzt und habe ich den <u>Kind</u> schon von der Nothwendigkeit überzeugt."[70] Die Absprachen, auf die sich Weber hier bezieht, wurden möglicherweise während seines Prag-Aufenthaltes vom 23. März bis 1. April getroffen. Sonstige Aussagen dazu fehlen jedenfalls. Bestätigt wird diese Aussage noch durch einen weiteren Brief Webers an Caroline vom 11. Mai: „d. 9. [...] Abends war Dichter Thee bei Kind, wo meine Jägerbraut vorgelesen wurde. Alle waren der Meinung oder vielmehr der <u>Deinigen</u> ursprünglich, gleich mit dem Schießen anzufangen. so wird es gewiß gut."[71]

Am 21. Mai 1817 kam es offenbar zur endgültigen Einigung über die Streichung der Eremitenszenen, die im erhaltenen Manuskript des Dichters (L-tx$_2$) schon fehlen. Weber schrieb:[72]

„[...] heute [...] gieng ich zu <u>Kind</u>, und da saßen wir über der Jägersbraut bis <u>1 Uhr</u>. aber <u>Nun</u>! hoffe ich, kriegt sie ein ander Gesicht, und wird gewiß viel Wirkung thun, auch der Schluß wird etwas anderst und besser. Diese Verbeßerung habe ich <u>Dir</u> mein guter Schneefuß eigentlich zu danken: denn du faßtest zuerst den kühnen Gedanken, den ganzen ersten Akt wegzuwerfen, und auch den Einsiedler – wett! wett! schriest Du immer. Nun ist er zwar <u>nicht ganz</u> wett! Aber er erscheint erst wo Agathe vom Schuße scheinbar getroffen in seine Arme sinkt, und versöhnt und heilet das Ganze. Kind geht nun frisch drüber her, und ich dann auch."

---

[70] *D-B*, Mus. ep. C. M. v. Weber 88.

[71] *D-B*, Mus. ep. C. M. v. Weber 94.

[72] Brief an Caroline Brandt, *D-B*, Mus. ep. C. M. v. Weber 96. Weiteres folgt im Brief von Weber an Caroline vom 25. Mai (= *D-B*, Mus. ep. C. M. v. Weber 97): „d. 24. also gestern [...] ging ich dann zu Kind, und sah nach wie weit die Jägersbraut im neuen Kleide vorgerükt wäre"; im selben Brief heißt es unter dem 26. Mai weiter: „Jezt wird bald Kind zu mir kommen, und etwas von der Oper bringen."

3. Einflüsse Webers auf die Textfassung

Den „neuen" Operntext muß Kind vor dem 28. Mai vollendet haben, da es im Brief vom selben Tag an Caroline heißt:[73]

„Die Oper ist wirklich trefflich geworden durch die neue Bearbeitung. Kurz, gedrängt, schönes Finale und andere Ensemble Stükke, und nun glaube ich daß in dieser Gattung noch keine existirt. Gott gebe seinen Seegen dazu, es sind entsetzliche Aufgaben darinn, und mein Kopferl wird mir oft brumen, schadt aber nitz. Wenn du nur da wärst und mir helfen könntest."

Kind beklagt noch in den *Theaterschriften* (S. 319, Anm. 3), daß sein Text auf diese Weise „zurechtgestutzt" worden war:

„Daß diese beiden Einleitungs-Scenen sehr mit Unrecht in der Composition hinweg gelassen worden sind, ist nicht blos des Dichters, sondern auch mehrerer Kenner Urtheil, z. B. F o u - q u é s [...][74]".

Schon in seine ersten beiden Göschen-Ausgaben von 1821 und 1822 hatte Kind die gestrichenen Einleitungsszenen wieder aufgenommen[75], obwohl diese, wie er selbst als Anmerkung hinzufügte, keinerlei aufführungspraktische Relevanz besaßen. Ab der dritten Ausgabe 1823 bekräftigte er diese Wiederaufnahme zusätzlich durch eine Bemerkung im Nachwort (S. 122): „Ich habe [...]

[73] D-B, Mus. ep. C. M. v. Weber 98.

[74] Kind bezieht sich auf zwei Veröffentlichungen von Friedrich de la Motte Fouqué: „Auch ein Gespräch über den Freischützen", in: *Zeitung für die elegante Welt*, Jg. 22, Nr. 183 (19. September 1822), Sp. 1457–1460; Nr. 184 (20. September 1822), Sp. 1467–1470 und Nr. 185 (21. September 1822), Sp. 1474–1476 sowie „Theaterbemerkungen auf einer Reise durch einen Theil von Sachsen und Böhmen", in: *Reise-Erinnerungen von Friedrich de la Motte Fouqué und Caroline de la Motte Fouqué, geb. von Briest*, Dresden: Arnold, 1823, Bd. 2, S. 173ff. Im Reisebericht ist eine gemeinsam mit Friedrich Kind im Juli 1822 in Dresden besuchte *Freischütz*-Aufführung unter Webers Leitung beschrieben (S. 207–213), bei der Kind und Fouqué die Ansicht teilen, daß „gar Vieles an der dichterischen Rundung und Klarheit des Werkes verloren gegangen sei, durch das Weglassen der ersten, idyllisch zart und dennoch einleitenden Scene [sic]" (ebd., S. 212).

[75] Daraus resultiert eine Abweichung in der Auftrittszählung im I. Aufzug; durch die beiden hinzugefügten Szenen wird der 1. Auftritt zum 3. und somit enthält der I. Aufzug insgesamt acht Auftritte.

Baron Friedrich de la Motte Fouqué
Gemälde von Caroline Bardua (1827)

aus der ersten Handschrift die bei der Composition ohne zureichenden Grund hinweggelassenen beiden ersten Scenen (ohne welche freilich der Eremit am Schlusse ziemlich als ein deus ex machina erscheint) hergestellt [...]", was er ebenfalls mit Hinweis auf Fouqué untermauerte.

In den *Theaterschriften* (nun nach Webers Tod!) fügte Kind eine ausführlichere Begründung bei (S. 319), die zwar plausibel erscheint, wohl aber nicht ganz der Wahrheit entsprechen dürfte, sondern eher der verletzten Eitelkeit des sich benachteiligt fühlenden Dichters entsprungen war:

„Nach der Volkssage und Apels Erzählung wird des Jägers Geliebte wirklich durch die Freikugel getödtet, ihre Aeltern sterben vor Gram und der Bräutigam endet im Irrenhause; der Schuldige reißt also auch die Unschuld mit sich ins Verderben. Allein ein Ausgang dieser Art schien sowohl mir, als dem Componisten, nicht räthlich, ja in moralischer Hinsicht nicht zulässig. Ich wählte daher die weit tröstlichere und erhebende Idee, daß die Vorsicht die Unschuld schütze, ja wohl ihretwegen einem aus Schwachheit Fehlenden Langmuth und Zeit zur Besserung angedeihen lasse; ich wünschte, daß Hörer und Schauer die Lehre mit sich nähmen, welche der Eremit hier ausspricht: »Bewahre treu die Reinheit deines Herzens, so wird der Allmächtige d i c h bewahren!« – Soll aber diese Idee klar werden, so sind die Szenen, wo Agathe von dem frommen Einsiedler die heiligen, schutzbringenden Rosen empfängt, unbedingt nothwendig. Musik-Enthusiasten, welche, wegen eigner Beschränktheit die Poesie für eine Magd halten, da sie doch ältere Schwester ist, haben gemeint, daß die Ueberraschung, der Effect, (will sagen, der unmittelbar nach der Ouvertüre fallende Büchsenschuß) diese, ja n u r die Dichtung angehende Verstümmelung, wo nicht rechtfertige, doch entschuldige. Mir hat der geniale Tonsetzer, der warlich keines Knall-Effects bedurfte, nie diesen Grund angegeben, wohl aber, daß ansonst der Eremit allzubedeutend sey – allerdings! das soll er! denn er ist das dem bösen Prinzip (dem Samiel) entgegen stehende gute! – mithin auch zu Besetzung d i e s e r Rolle ein erster Bassist erforderlich werde, dergleichen es höchst selten z w e i bei Einer Bühne gebe. Blos aus diesem Grunde also, ließ ich mich zu dem Opfer bewegen. Denn – was den erstern Grund anlangt, so wär es noch sehr fraglich, ob nach der feierlichen Arie des Eremiten und dem sanften Duett zwischen ihm und Agathen, jener berühmte Effect, wenn ja davon die Rede seyn könnte, nicht von doppelter Wirkung wär."

In seiner „Ausgabe letzter Hand" von 1843 ging Kind in der Rechtfertigung der Wiederaufnahme der Szenen sogar noch einen Schritt weiter. Er argumentierte hier (S. 120), daß die zwei Eremitenszenen „in dichterischer Hinsicht – und jede Oper muß nicht bloß in musikalischer, sondern auch in poetischer ein Ganzes sein – nicht wegfallen können", denn ohne sie wäre „die Oper eine Statue, welcher der Kopf fehlt." Er bereute, auch aufgrund des zustimmenden Urteils mancher Kritiker, zutiefst, dem Drängen Webers zur Streichung der Szenen nachgegeben zu haben[76].

Die Ergänzung der beiden Szenen in den von Kind herausgegebenen gedruckten Ausgaben zog neben der Erweiterung des I. Aufzugs auch eine textliche Kürzung in Szene II/1 nach sich. Die Erläuterung der Agathe zu den „geweihten Rosen": „Ja! Diese umblühen das Cruzifix seines Betaltars, und die Landleute, die

---

[76] Zur Kritik vgl. u. a. die Lemberger Berichte an die *Allgemeine Musikalische Zeitung mit besonderer Rücksicht auf den österreichischen Kaiserstaat*, Jg. 7, Nr. 55 (9. Juli 1823), Sp. 440 (Vorschlag: Ouvertüre nach den Eremiten-Szenen), Nr. 57 (16. Juli 1823), Sp. 455 sowie Nr. 79 (1. Oktober 1823), Sp. 629f. (Verlegung der Eremitenszene hinter die Expositionsszene vorgeschlagen). – Arthur Scherle, *Das deutsche Opernlibretto von Opitz bis Hofmannsthal*, Phil. Diss., München 1954, S. 193, vertrat die Meinung, daß Kind zurecht protestierte, weil durch die Streichung das Verhältnis zwischen Agathe und dem Eremiten unklar bleibe, wunderte sich aber, daß Kind die Szenen nicht an anderer Stelle in der Oper einbaute und schlägt dafür den II. Akt vor.

er mit dem daraus gepreßten Waßer beschenkt, rühmen dies allgemein als ein wunderthätiges Heilmittel. Als ich ihn um seine Vorbitte für mich und Maxen bat [...]"[77] konnte an dieser Stelle entfallen, weil dies bereits im 2. Auftritt des I. Aufzuges erwähnt wird.

Weitere von Weber vorgenommene Veränderungen am Text ergaben sich während der Komposition der Oper – einer selbst für Weber ungewöhnlich langen Arbeitsphase. Anhand vieler Eintragungen im TB und Auszügen aus Briefen ist deren Ablauf zum großen Teil sehr gut rekonstruierbar.

Tabelle: Übersicht über die Einträge zur Arbeit am *Freischütz* in Webers Tagebuch 1817–1821

Datum	Tagebuchnotiz	Nr. der Oper (abschließende Zählung)
2. Juli 1817.	die erste Note von der Jägersbraut	[Nr. 6?]
3. Juli 1817	gearbeitet. Schluß des Duetts in A # notirt.	Nr. 6 Entwurf
12. Juli 1817	gearbeitet. Duett in *A* vollendet skizirt.	Nr. 6 Entwurf
13., 17., 18. Juli 1817	gearbeitet	[Nr. 6?]
6. August 1817	notirt *No.* 2 bis zum $^6/_8$.	Nr. 2 Entwurf
7. August 1817	gearbeitet an *No:* 2.	Nr. 2 Entwurf
10. August 1817	*No:* 2 vollendet Skizzirt.	Nr. 2 Entwurf
25. August 1817	gearbeitet [...] Arie der *Agathe* in E # *Allo:*	Nr. 8 Entwurf
17. April 1818	An der *Aria No:* 3. [Einfügung von Jähns mit Tinte: „Freischütz"] gearbeitet.	Nr. 3 Entwurf
21. April 1818	Abends gearbeitet. *Aria* 3.	Nr. 3 Entwurf
22. April 1818	*Aria No.* 3 vollendet entworfen.	Nr. 3 Entwurf

[77] Passage getilgt in den Göschen-Ausgaben, S. 55, den *Theaterschriften*, S. 272, sowie im *Freischütz-Buch*, S. 29.

3. Einflüsse Webers auf die Textfassung

Datum	Tagebuchnotiz	Nr. der Oper (abschließende Zählung)
13. März 1819	Aria D moll No. 6 [sic] in die Jägersbraut Skizzirt. [...] 1^t Akt der Jägersb: entworfen.	Nr. 5 Entwurf [Nr. 1, 4?] Entwurf
17. September 1819	Terzett No. 10 [sic] in der Jägersbraut vollendet entworfen.	Nr. 9 Entwurf
23. Oktober 1819	Abends gearbeitet. zu instrumentiren angefangen an der Jägersbraut.	Ausarbeitung
14. November 1819	gearbeitet. Finale des 2^t Akts.	Nr. 10 Entwurf
27. November 1819	gearbeitet. Jägersbraut zu instrumentiren angefangen Introduktion vollendet.	Nr. 1 Ausarbeitung
28. November 1819	ganzen Tag gearbeitet. No: 2. vollendet.	Nr. 2 Ausarbeitung
29. November 1819	gearbeitet. Nro. 3 vollendet.	Nr. 3 Ausarbeitung
30. November 1819	No: 4 und 5, und somit den Ersten Act der Jägersbraut vollendet.	Nr. 4-5 Ausarbeitung
1. Dezember 1819	No. 6. Duett vollendet.	Nr. 6 Ausarbeitung
2. Dezember 1819	No: 7. Arietta vollendet.	Nr. 7 [Entwurf? und] Ausarbeitung
9. Dezember 1819	gearbeitet. Nro: 8 Scene der Agathe vollendet.	Nr. 8 Ausarbeitung
13. Dezember 1819	Nro: 9 Terzett. vollendet.	Nr. 9 Ausarbeitung
17. Dezember 1819	No. 10. Finale entworfen.	Nr. 10 Ausarbeitung
20. Dezember 1819	Cavatina No: 12 entworfen und Chor No. 13.	Nr. 12, 14 Entwurf
22. Februar 1820	gearbeitet. Ouverture.	Ouvertüre Entwurf
5. März 1820	gearbeitet. Entre act.	Nr. 11 Entwurf
17. März 1820	Entreact D dur. vollendet.	Nr. 11 Ausarbeitung
21. März 1820	Volkslied No. 13 Jägersb: vollendet.	Nr. 14 Ausarbeitung
24. März 1820	JägerChor No: 14 vollendet.	Nr. 15 [Entwurf? und] Ausarbeitung

Werkentstehung

Datum	Tagebuchnotiz	Nr. der Oper (abschließende Zählung)
26. März 1820	Cavatina As dur No: 12 vollendet.	Nr. 12 Ausarbeitung
29. März 1820	gearbeitet. neues Duett 2ᵗ Finale zwischen Kaspar und Samiel gemacht.	Nr. 10 Entwurf[?]
18. April 1820	Finale des 2ᵗ Aktes gänzlich vollendet.	Nr. 10 Ausarbeitung
22. April 1820	gearbeitet. 3ᵗ Finale notirt.	Nr. 16 Entwurf
23. April 1820	3ᵗ Finale vollendet notirt.	Nr. 16 Entwurf
5. Mai 1820	22 Seiten vom lezten Finale instrumentirt.	Nr. 16 Ausarbeitung
6. Mai 1820	Finale No. 15, vollendet.	Nr. 16 Ausarbeitung
7. Mai 1820	an der *Ouverture* gearb.	Ouvertüre
11. Mai 1820	gearbeitet. *Ouverture*.	Ouvertüre
13. Mai 1820	gearbeitet. *Ouverture* der Jägersbraut vollendet.	Ouvertüre Ausarbeitung
25. März 1821	Romanze des Ännchen von Kind erhalten und sogleich entworfen.	Nr. 13 Entwurf
28. Mai 1821	*Romanze* und *Aria No:* 13 zum Freyschützen vollendet	Nr. 13 Ausarbeitung

Laut TB notierte Weber „die erste Note von der Jägersbraut" am 2. Juli 1817. Allerdings begann die gedankliche Beschäftigung mit dem Werk schon früher, wie Webers Brief an Caroline Brandt vom 11. Juni 1817 bezeugt:[78]

„ich sizze [...] tief in meiner Jägersbraut verlohren. Aber es ist kurios, wie die Vorliebe zu allem was nur in der entferntesten Beziehung auf meine Mukin steht sich so auffallend bewährt. Das Ännchen daß so ganz Deine Rolle wäre, zieht mich vor allem an, und ich muß unwiderstehlich diese Sachen zuerst komponiren, wobei Du mir immer lebhaft vor Augen schwebst.

[78] *D-B*, Mus. ep. C. M. v. Weber 100.

3. Einflüsse Webers auf die Textfassung

Du wirst also einst darin Dein Portrait in einem nekischen spizbübischen Pumpernikel wiederfinden. Wenn ich nur einmal die erste Note niedergeschrieben hätte, damit ein Anfang da wäre, so lange das nicht geschehen ist, graut mir entsezlich vor der ungeheuren Arbeit."

Bereits am 15. Juni spielte Weber „Kind die ersten paar Stükke vor, wovon er sehr erbaut war."[79] Im Juli erarbeitete er erste Entwürfe des Duetts zwischen Agathe und Annchen zu Beginn des II. Aufzuges[80] und Skizzen für weitere Nummern, wie aus einem Brief an Gänsbacher vom 18. Juli hervorgeht:[81]

„An meiner Jägersbraut arbeite ich so fleißig als meine vielen Geschäfte es mir zulaßen 4–5 Nr: sind schon skizzirt. Was gäbe ich drum wenn des Freundes und Bruders Rath und Beyfall mich unterstüzzen und erheben könnte. So muß ich ohne allen Antheil von Außen für mich allein Schreiben."

Im August folgten Entwürfe für das Terzett mit Chor im I. Aufzug und die Arie der Agathe im II. Aufzug. Eine Skizze zur großen Agathen-Arie (laut Partitur und TB vollendete Weber sie am 9. Dezember 1819) ist erhalten geblieben[82]. Danach wurde die Arbeit an der Komposition vermutlich aufgrund der mit Webers Stellung in Dresden verbundenen Verpflichtungen und anderer Kompositionsaufträge mehrfach unterbrochen. Weitere Beschäftigungen sind belegt für Maxens Arie des I. Aufzuges im April 1818 sowie im März 1819 Entwürfe zu Caspars Arie und zu den noch fehlenden Nummern des I. Aufzuges.

Ab September 1819 (hier entstand der Entwurf für das Terzett zwischen Annchen, Agathe und Max im II. Aufzug[83]) arbeitete Weber dann kontinuierlicher an der Komposition, was mit den fortschreitenden Bemühungen um die Aufführung seiner Oper

---

[79] Brief vom 16. Juni an Caroline Brandt; *D-B*, Mus. ep. C. M. v. Weber 101.
[80] Vgl. hierzu und zum folgenden statt Einzelnachweisen die auf S. 138–140 aufgelisteten Einträge aus Webers TB.
[81] *A-Wgm*, Weber an Gänsbacher 45.
[82] *D-B*, Weberiana Cl. I, 24; Abb. bei Schünemann, S. 53.
[83] Datierung von Weber in der Partitur: „vollendet d: 13: X.^{b} 1819. *Dresden*".

im Berliner Schauspielhaus einherging[84]. Im Oktober begann er mit der Instrumentation, am 14. November sind erste Arbeiten am Finale des II. Aufzuges nachweisbar, Ende desselben Monates vollendete Weber das Terzett mit Chor, Maxens Arie, Trinklied und Arie des Caspar, somit den gesamten I. Aufzug seiner Oper[85], dessen Vollendung er stolz auch Kind meldete: „[...] ich bekomme sie ja gar nicht zu sehen. theils bin ich von Freunden belagert theils sizze ich in Arbeit bis über die Ohren. Der <u>Erste Act</u> ist <u>fertig</u>. Die Hälfte des 2.ᵗ <u>auch</u>."[86]

Im Dezember beendete er die Kompositionen von Annchens Ariette und Agathes Arie im II. Aufzug und entwarf das Finale des II. Aufzugs (Wolfsschluchtszene), Agathes Cavatine und den Brautjungfernchor aus dem III. Aufzug. Nach einer nochmaligen Unterbrechung der Komposition arbeitete Weber ab Februar 1820 an der Ouvertüre[87], vollendete im März die Zwischenaktmusik (vor dem III. Aufzug), den Jägerchor und Agathes Cavatine. Am 29. März notierte er im TB: „<u>gearbeitet. neues Duett 2.ᵗ Finale zwischen Kaspar und Samiel gemacht.</u>", wovon der Entwurf erhalten geblieben ist[88] (vgl. w. u., S. 143). Im April und Anfang Mai schloß er dann die Arbeit an der Oper mit der Fertigstellung der Finales des II. und III. Aufzuges ab[89], so daß er am 13. Mai 1820 seinem TB erleichtert anvertrauen konnte: „gearbeitet. <u>Ouverture der Jägersbraut vollendet. und somit die ganze Oper.</u> Gott sei Gelobt. und ihm allein die Ehre."[90]

Anhand dieser Chronologie des Kompositionsprozesses kann man Rückschlüsse auf die zahlreichen Eintragungen Webers in seinem

---

[84] Siehe Kap. III.4, ab S. 150.
[85] Datierung von Weber in der Partitur: „*Erster Act vollendet Dresden d: 30. Nov. 1819. 3/4 auf 12 Uhr Nachts. T[e] D[eum] l[audamus]*".
[86] Brief vom 8. Dezember 1819; D-B, Weberiana Cl. II A b, Nr. 13.
[87] Im TB vom 22. Februar heißt es: „gearbeitet. *Ouverture*"; Jähns (Werke), S. 309, bezieht die Notiz allerdings auf den „(Entre-Act)".
[88] Entwurf D-B, Mus. ms. autogr. C. M. von Weber 3.
[89] Gleichzeitig arbeitete er schon am Klavierauszug, vgl. dazu die Angaben im TB 7. Mai ff.
[90] Den folgenden Tag konnte Weber getrost ausruhen, TB 14. Mai: „<u>Sonntag</u>. gefaulenzt."

3. Einflüsse Webers auf die Textfassung

eigenen Handexemplar des Librettos[91] ziehen, die im einzelnen im Varianten- und Lesartenverzeichnis (siehe ab S. 218) aufgeführt sind und die einzigartige Beispiele für Webers konkrete Arbeit am Text während der musikalischen Erfindung darstellen. Diese Eintragungen lassen sich z. T. mittels der TB-Notizen und Briefauszüge, aber auch anhand der überlieferten Kopien für die Theater in Berlin, Wien und Hamburg[92] datieren. Die Art der Eingriffe Webers in den Text umfaßt die Korrektur einzelner Worte bis hin zur Streichung und Veränderung von ganzen Abschnitten.

Am eindrücklichsten ist wohl die Veränderung des 5. Auftrittes im II. Aufzug, innerhalb der sogenannten Wolfsschluchtszene. Diese von Kind ursprünglich in Prosa gesetzte Passage veränderte Weber grundlegend (Datierung laut TB 29. März 1820, s. o.), indem er sie stark kürzte und in Verse übertrug. Zunächst nahm er im Text einzelne Änderungen in Bleistift vor, dann entschloß er sich jedoch zu einer weitergehenden Korrektur, die er mittels Streichung und Überklebung ausführte. Die Raben und Waldvögel in der Szene zuvor (II/4) ersetzte er kurzerhand durch „Unsichtbare Geisterstimmen", die den beabsichtigten schauerlichen Effekt der Szene besser verdeutlichen.

Ebenso sind die im Handexemplar vorgenommene Textergänzung des Cuno im Terzett mit Chor des I. Aufzuges (Datierung der Komposition laut TB Ende November 1819), die Änderung im Duett von Agathe und Annchen, Szene II/1 (Datierung laut TB Dezember 1819), die Streichung der 3. Strophe von Agathes Cavatine im III. Aufzug (Datierung laut TB März 1820) sowie die Dichtung einer 2. Strophe für den Jägerchor im III. Aufzug (Datierung laut TB Vollendung März 1820) durch die überlieferten Kompositionsdaten näher zu bestimmen. Daß die Textänderungen des Terzetts in I/2 und des Duetts zwischen Agathe und Annchen wirklich erst 1819 und nicht schon in der Entwurfsphase 1817 erfolgten, bestätigt die Berliner Theater-Kopie vom August 1819, in der diese Korrekturen auch erst nachträglich vorgenommen wurden.

Weitere Korrekturen, die sich anhand der erhaltenen Theaterkopien datieren lassen, sind z. B. die Ergänzung in Szene I/2:

---

[91] Das Handexemplar ist die von Weber der Komposition zugrunde gelegte Textbuch-Kopie, die Hauptquelle der vorliegenden Edition, in der Quellenbeschreibung K^A-tx_4.

[92] Vgl. Quellenbeschreibung K-tx_6, K^A-tx_{15} und K^A-tx_{21}.

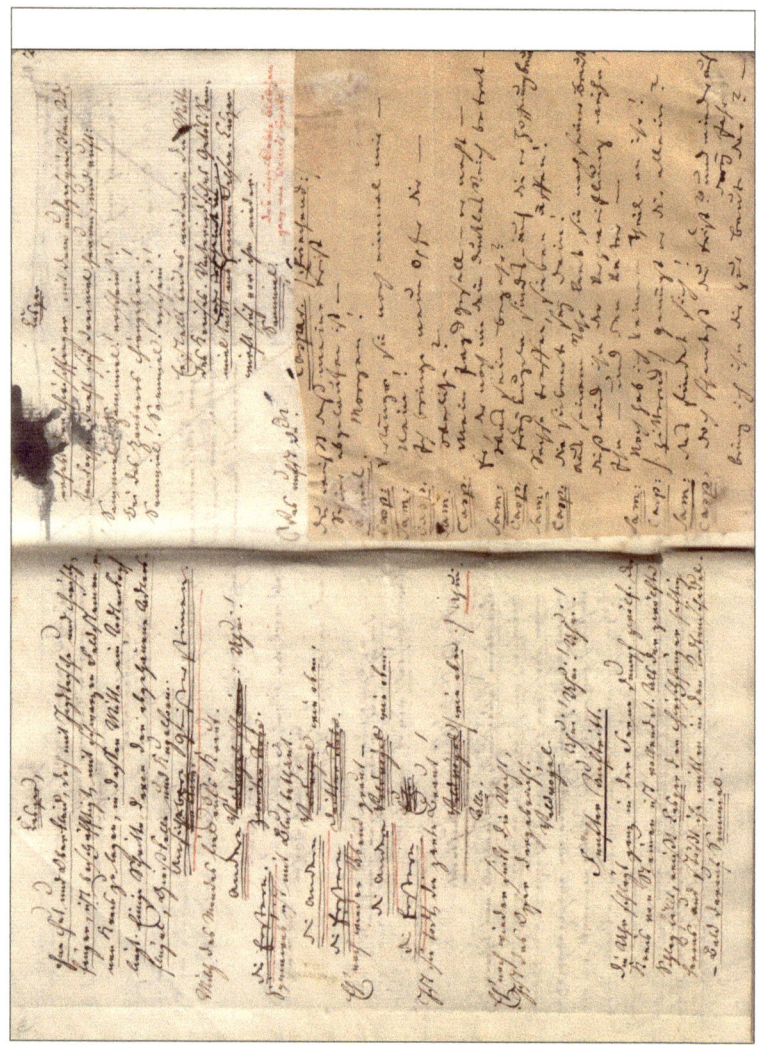

Webers Korrektur der Szene II/4 und II/5 (Dialog Caspar/Sammiel)
innerhalb der Wolfsschluchtszene
im Handexemplar des Textbuchs

3. Einflüsse Webers auf die Textfassung

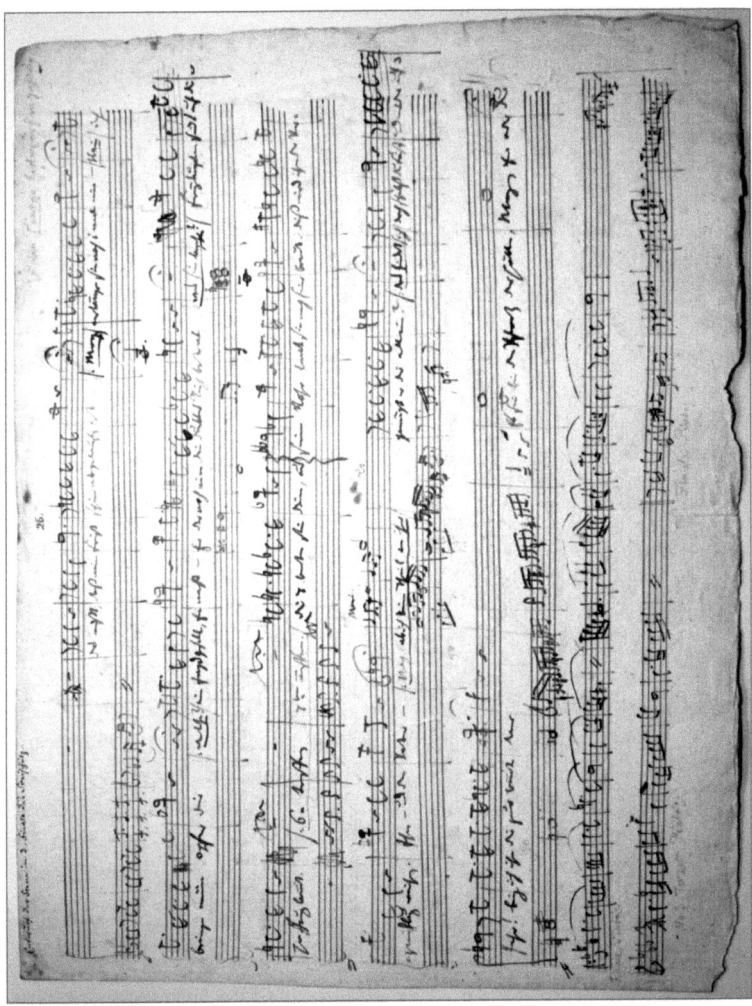

Webers musikalischer Entwurf zur neuen Fassung
der Szene II/5 (Dialog Caspar/Sammiel)
innerhalb der Wolfsschluchtszene vom März 1820 (Akkolade 1–5),
danach Beginn einer Skizze zu den *Drei Pintos*

„Kilian./schaudernd/. [...] dafür nach seinem Willen.", die Weber auch in der Hamburger Textbuchkopie (Oktober 1821) nachtrug, die aber in der Kopie für Wien vom August 1821 noch fehlt und daher erst danach entstanden sein kann, sowie die Szenenanweisung in der 1. Szene des II. Aufzuges: „hat sich während des Liedchens erheitert", die von Weber mehrmals verändert wurde und in den Abschriften für Wien und Hamburg in unterschiedlicher Fassung erscheint[93].

Zwei Fälle von Korrekturen Webers aus dem Handexemplar sind an dieser Stelle noch hervorzuheben, da ihr Zustandekommen bzw. ihre Datierung aufgrund fehlender Nachweise nicht eindeutig geklärt werden kann.

Zum einen ist das die Änderung des Textes der 3. Strophe von Caspars Trinklied im I. Aufzug. Der ursprüngliche Text „Mein Gebetbuch, Catherle, Karte, meine Bibel!" wurde durch den Text: „Würfel, Karte, Katherle[,] Meine Bilder-Fibel!" ersetzt. Die Textänderung dürfte im Hinblick auf die Zensur vorgenommen worden sein, da der anfänglich sehr freizügige Text zur „Dreifaltigkeit" von Wein, Weib und Kartenspiel durch die Veränderung seine Schärfe verlor. Weber schickte das Textbuch zur Oper zweimal nach Berlin, im August 1819 (= das erhaltene Berliner Buch) und im Juni 1820 (Textbuch verschollen). Die inzwischen von Weber vorgenommenen Änderungen am Text wurden im ersten Berliner Buch von einem Kopisten nachgetragen, im Falle des neuen Trinklied-Textes allerdings von dritter Hand. Daher ist sie nicht unstrittig Weber zuzuordnen. Im Handexemplar hatte Weber zuerst beide Textvarianten nebeneinander belassen und durch „oder" gekennzeichnet (so auch noch im Partiturautograph nachweisbar), später strich er den alten Text. In der Hamburger Theaterkopie sind im Gegensatz dazu wieder beide Varianten angegeben, was darauf schließen läßt, daß Weber die Entscheidung freistellte.

Die zweite Änderung am Text, die einige Rätsel aufgibt, ist die Kürzung des Eremitentextes im Finale des III. Aufzuges um zehn Zeilen von „Leicht kann des Frommen Herz" bis „Wer griff in seinen Busen nicht?". Der Entschluß zur Streichung muß, wenn er für diese überhaupt schon zutraf, unmittelbar vor der UA am 18. Juni 1821 in Berlin gefallen sein, da im Erstdruck der Gesangstexte zur

---

[93] Betrifft Szene I/2, Z. 93–96 und Szene II/1, Z. 94, siehe ausführlicher dazu im Variantenverzeichnis S. 226.

3. Einflüsse Webers auf die Textfassung

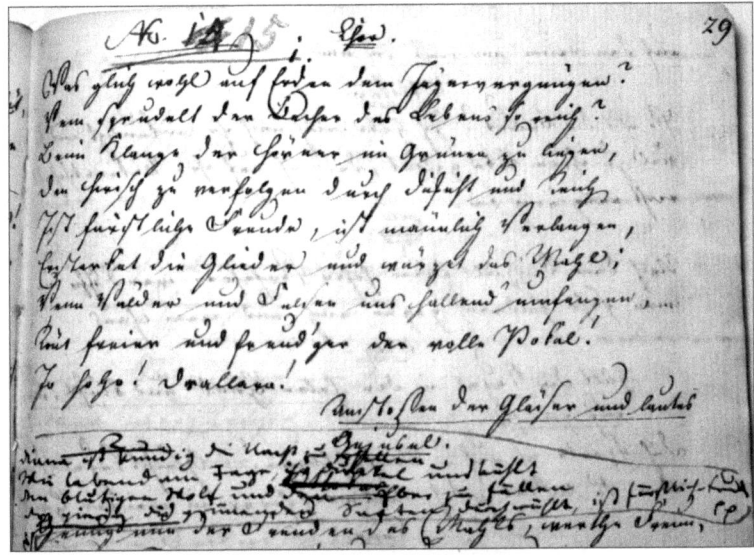

Ergänzung einer 2. Strophe des Jägerchores durch Weber
im Handexemplar des Textbuchs

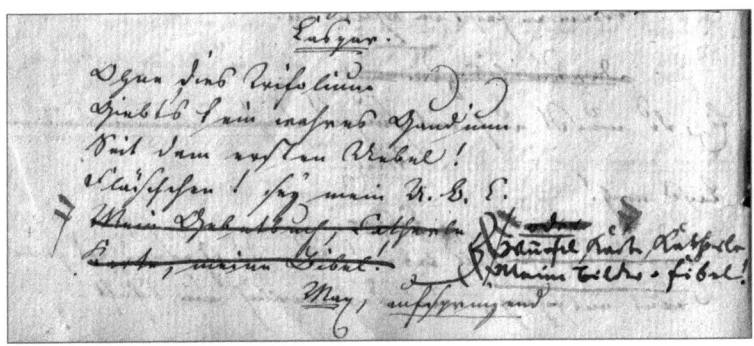

Textänderung innerhalb der 3. Strophe von Caspars Trinklied
in Szene I/5, die vermutlich auf die Zensur zurückgeht,
hier Webers Korrektur im Handexemplar des Textbuchs

Werkentstehung

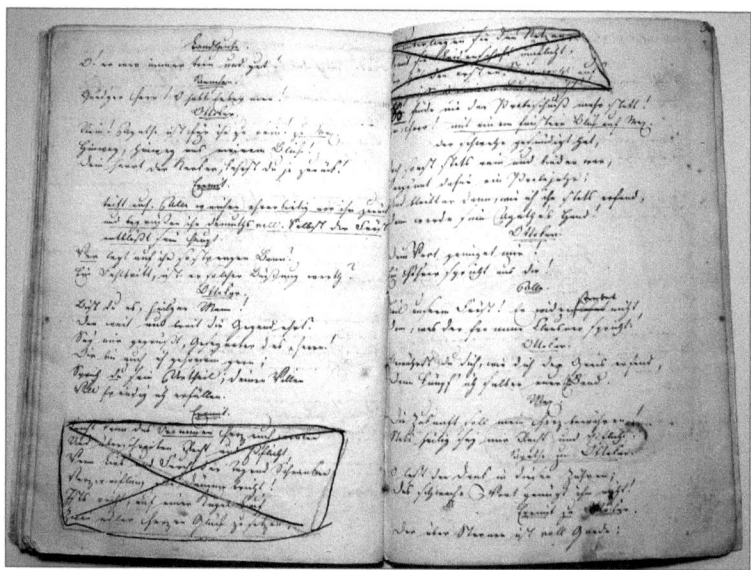

Der von Weber gekürzte Eremitentext
im Finale des III. Aufzuges, hier die Streichung im Handexemplar (ähnlich in
der Wiener Textbuchkopie)

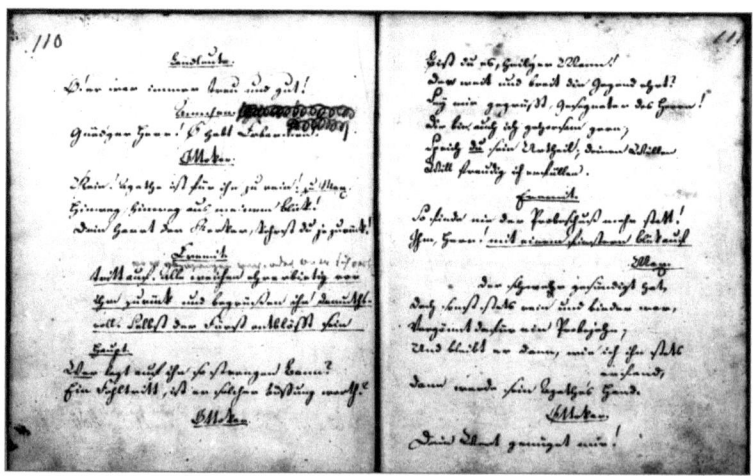

Der von Weber im Handexemplar gekürzte Eremitentext
im Finale des III. Aufzuges, hier von vornherein gekürzt in der Hamburger
Textbuch-Kopie

3. Einflüsse Webers auf die Textfassung

UA der Text noch vollständig abgedruckt erscheint[94]. Es könnte sich aber auch um eine Entscheidung handeln, die aus den Erfahrungen der ersten Berliner Aufführungen des Werkes resultierte, auf jeden Fall aber für Aufführungen andernorts Bedeutung hatte: In der Hamburger Textbuch-Kopie ist der Eremitentext von vornherein gekürzt[95]. Die Kürzung ist zudem für die Aufführungen in Braunschweig[96], Dresden[97], Frankfurt/Main[98], Kopenhagen[99] und Stuttgart[100] durch entsprechende Eintragungen in den Parti-

[94] In seinem *Nachtrag zu C. M. von Weber in seinen Werken*, D-B, Weberiana Cl. IX, Kasten 3, Nr. 2 (darin zum *Freischütz* „Einiges Nachträgliche in Bezug auf das [...] Eremiten-Solo im Finale III [...]", S. 27–37) berichtete Jähns über Webers Kürzungsnotiz („Vi"___ „de"), die 22 Takte des Eremiten betreffend, in der Partitur der Berliner Hofbühne. Diese Kopistenabschrift für die UA ist heute verschollen.

[95] Die schon zuvor übersandte Hamburger Partitur (Kopie Nr. 14 laut Webers Ausgabenbuch) dürfte hingegen noch ohne die Kürzung geschrieben worden sein; vgl. Brief von Weber an Friedrich Ludwig Schmidt vom 24. Oktober 1821: „Hier folgt das Buch, und ein Ihnen noch fehlendes Musikstük [betrifft Nr. 13]; auch Anweisung zu einer Kürzung im lezten *Finale*."; *D-Hs*, Nachlaß Fr. L. Schmidt, Bl. 509.

[96] Auf der Rückseite der nachträglich eingelegten Annchen-Arie (Nr. 13) in der Braunschweiger Partitur (laut Webers Ausgabenbuch Kopie Nr. 1, *D-Wa*, HAB Cod. Guelf. 258c Mus. Hdschr. 1–3) befindet sich eine eigenhändige Bemerkung Webers zur Kürzung des Finales um 22 Takte, aus der hervorgeht, daß nach Ottokar „[...] will freudig ich erfüllen" gleich der Eremit mit „So finde nie der [...]" anschließt. Nachweisbar ist die Kürzung auch anhand der *Gesangstexte zu der romantischen Oper: Der Freischütz*, in drei Acten, Braunschweig 1822; dort ist der Text nicht enthalten. Zu dieser Partitur vgl. auch Ulrich Konrad, „Carl Maria von Weber und das Nationaltheater Braunschweig. Zur Frühgeschichte des ‚Freischütz'", in: *Quaestiones in musica. Festschrift für Franz Krautwurst zum 65. Geburtstag*, hg. von Friedhelm Brusniak und Horst Leuchtmann, Tutzing 1989, S. 303–316.

[97] Die Dresdner Dirigierpartitur (Kopie Nr. 24 laut Webers Ausgabenbuch) ist verschollen, der Befund allerdings gesichert durch Jähns' Nachtrag zum Werkverzeichnis, vgl. Anm 94.

[98] Kopistenabschrift der Partitur mit autographen Eintragungen für die Frankfurter EA 1822 (Kopie Nr. 9 lt. Ausgabenbuch); *D-F*, Mus Hs Opern 607 (1).

[99] Kopistenabschrift für die Kopenhagener EA 1823 (Kopie Nr. 19 lt. Ausgabenbuch) mit Eintragungen von Weber, *DK-Kk*, C I, 342 (Eremitenpartie komplett ausgeschrieben, nachträglich gestrichen).

[100] Von Weber nach Stuttgart gesandte Kopie der Partitur (Nr. 26 im Ausgabenbuch) mit autographen Korrekturen; *D-Sl*, HB XVII 656a–c.

turen gesichert; laut Jähns wurde sie auch in Leipzig, Königsberg, Pest, Kassel, Hannover, Darmstadt, Köln, Weimar, Mannheim, Bremen, Würzburg, Wiesbaden und Brünn übernommen[101]. Auch in zahlreichen gedruckten zeitgenössischen Textbüchern fehlt die Eremitenpassage, u. a. Augsburg (1822), München (1822), Nürnberg (1822), Rudolstadt (1822) und Breslau (1825). Friedrich Kind entschied sich in seinen Druckausgaben des Textes für eine andere Variante der Kürzung, vermutlich auch hier wiederum, um sich von Weber zu distanzieren. Bei ihm fehlen nur die ersten vier Zeilen der ursprünglichen zehn von Weber gestrichenen, die verbliebenen sechs Zeilen sind in den Ausgaben von 1821/1822 (D-tx$_1$ und D-tx$_2$) noch in eckige Klammern gesetzt, in der Ausgabe 1823, den *Theaterschriften* 1827 und im *Freischütz-Buch* von 1843 nicht mehr gekennzeichnet[102].

4. Webers Bemühungen um die Aufführung der Oper in Berlin und Veränderungen am Werk im Zuge der Uraufführung

Weber begann mit den Verhandlungen um die Aufführung seines *Freischütz*, lange bevor er die Oper fertig komponiert hatte[103]. Im August 1819 schickte er eine Kopie des Textbuches[104] mit einem Brief an den Berliner Intendanten Karl Graf von Brühl[105], der sich gerade auf seinem Gut in Seifersdorf bei Dresden aufhielt, und bat um ein Gespräch in dieser Sache, da er den Wunsch habe, daß seine „Oper diesen Winter noch in Berlin in Szene gehen möchte."[106]

---

[101] Vgl. den Briefentwurf von Jähns an Franz Abt (Braunschweig) vom 26. November 1878; *D-B*, Weberiana Cl. X, Nr. 1134.

[102] Vgl. Quellenbeschreibung zu Kinds Ausgaben ab S. 204.

[103] Bereits im Mai 1817 hatte Brühl Weber das Versprechen abgenommen, die Oper in Berlin aufzuführen, vgl. Brief Webers vom 6. Mai 1817 an Caroline Brandt, *D-B*, Mus. ep. C. M. v. Weber 93.

[104] Berliner Textbuch-Kopie (K-tx$_6$).

[105] Karl Friedrich Moritz Paul Graf von Brühl (1772–1837), leitete von 1815 bis 1828 als Generalintendant die Berliner Kgl. Schauspiele.

[106] Brief vom 12. August 1819, *US-NYpm*.

4. Webers Bemühungen um die Aufführung

Karl Graf von Brühl
Punktierstich von Friedrich Wilhelm Bollinger nach Ludwig Buchhorn (1820)

Die Bekanntschaft des Grafen hatte Weber vermutlich bereits 1814 während seines Aufenthaltes in Berlin geschlossen[107]. Brühl, dessen Versuch, den Komponisten 1816 nach Berlin zu engagieren,

[107] Im TB findet sich kein Hinweis auf das erste Treffen mit Brühl; das früheste Briefdokument von Weber an Brühl datiert vom 8. Oktober 1814.

Werkentstehung

Der „Bethstuhl des Einsiedlers" im Seifersdorfer Tal
Stich von Johann Adolph Darnstedt (1792)

Am 3. September 1819 besuchte Weber den Grafen Brühl in Seifersdorf; im Tagebuch notierte er dazu: „Graf Brühl [...] führte uns im Thale herum. mit ihm alles wegen der Jägersbraut besprochen".
Der Spaziergang, auf dem über das Opernprojekt gesprochen wurde, führte durch das Seifersdorfer Tal, eine durch die gräfliche Familie – vor allem durch die Eltern Brühls – als Parklandschaft gestaltete, von der Röder durchflossene Schlucht in der Nähe des Seifersdorfer Schlosses.

4. Webers Bemühungen um die Aufführung

gescheitert war, bemühte sich nun um die Aufführung von Webers neuem Werk, mit dem er das im Bau befindliche Schinkelsche neue Schauspielhaus eröffnen wollte.

In seinem Antwortbrief dankte Brühl Weber für die Übersendung der Oper, „deren Text ich mit großem Vergnügen gelesen habe. Ich zweifle keineswegs, daß derselbe von großer Wirkung sein kann, da Ihre geistvolle Musik gewiß das Nöthige dazu beigetragen haben wird, den Gegenstand noch nach Möglichkeit zu heben. Einige Kleinigkeiten, aber auch nur wirkliche Kleinigkeiten in den scenischen Anordnungen würde ich vielleicht abgeändert wünschen, und darüber mit Ihnen mündlich Rücksprache nehmen."[108]

Kurz danach kam es zu einem persönlichen Treffen, wie aus Webers TB-Notiz vom 3. September 1819 hervorgeht: „früh 7 Uhr nach Dresden gefahren [...] um 9 Uhr mit Bött[i]ger nach Seyffersdorf zu Graf Brühl. [...] mit ihm alles wegen der Jägersbraut besprochen, die im März oder April 1820 drankommen soll." Im Dezember 1819 berichtete Weber Brühl, daß er mit der Komposition seiner Oper weit vorgerückt und höchstwahrscheinlich im Februar 1820 fertig sei – zugleich wiederholte er eindringlich seine Bitte um eine Aufführung im März, „wozu wohl nachgerade die nöthigen Anordnungen, Dekorationen *pp* betreffend zu machen sein möchten", wie Weber weiter schrieb[109].

Doch Webers Erwartungen wurden enttäuscht, er mußte sich in Geduld fassen. Im Brief vom 14. Februar 1820 versicherte Graf Brühl dem Komponisten zwar, daß die *Jägersbraut* als erste Oper im neuen Schauspielhaus gegeben werden solle, doch die Vollendung des Hauses war in weite Ferne gerückt. Wie sich Brühl vorsichtig ausdrückte, hoffe er „mit Zuversicht, das Haus in den ersten Tagen des Augusts einzuweihen"[110]. Der geplanten Aufführung des *Freischütz* aber standen nicht allein die verzögerten Baumaßnahmen im Wege, sondern auch die Ränke und Intrigen zwischen dem Intendanten Brühl und dem im August 1819 nach

---

[108] Brühl an Weber in Dresden [Entwurf-Diktat] vom 23. August 1819; *D-B*, Kgl. Schauspiele Berlin, in Nachl. 230.

[109] Brief vom 6. Dezember 1819; Privatbesitz (1996).

[110] Entwurf *D-Dl*, Mscr. Dresd. App. 514 A, Nr. 628; Antwortbrief vom 19. Februar 1820 von Weber an Brühl: „[...] Chorpartitur und Partie der Jägersbraut sollen im April eintreffen.", in: Kaiser (Brühl), S. 22–23 (Nr. 21).

Werkentstehung

Schloß Seifersdorf, Zustand nach dem Umbau 1818–1823
Während die gräfliche Familie bei ihren Aufenthalten in Seifersdorf im Herrenhaus auf dem Gutshof wohnte, waren im benachbarten Schloß vor allem Diensträume und Gästezimmer untergebracht. Nachdem Karl Graf von Brühl 1816 die Grundherrschaft geerbt hatte, ließ er 1817 Karl Friedrich Schinkel kommen, der Entwürfe zur Neugestaltung der Außenfassaden vorlegte. Der Umbau, in den auch Ideen des Architekten Hans Christian Genelli einflossen, dauerte von 1818 bis 1823 (vgl. Hans von Krosigk, *Karl Graf von Brühl, General-Intendant der Königlichen Schauspiele, später der Museen in Berlin und seine Eltern. Lebensbilder auf Grund der Handschriften des Archivs zu Seifersdorf*, Berlin 1910, S. 75, 337, 356). Als Weber zum erstenmal nach Seifersdorf kam (5. Mai 1817), sah er das Schloß noch vor dem Umbau, bei seinem zweiten und dritten Besuch (3. September 1819, 4. Oktober 1822) als Baustelle, nie aber in der fertiggestellten Form.

4. Webers Bemühungen um die Aufführung

Berlin berufenen Kapellmeister Gasparo Spontini, dessen spektakuläre Opern mit großem Aufwand an personellen und materiellen Kräften einstudiert wurden, so daß kaum Kapazitäten für anderes blieben[111].
Weber konnte allerdings einzelne Teile des *Freischütz* bereits vor der UA präsentieren. Laut TB erklangen am 19. März 1820 in Dresden das Duett zwischen Agathe und Ännchen und das Terzett aus dem II. Aufzug in einer Privatmusik vor dem Prinzen Friedrich, einem Neffen des Königs Friedrich August I. Die *Freischütz*-Ouvertüre wurde mehrfach vorweg aufgeführt, u. a. auf der Konzertreise im Sommer 1820 in Halle, Kopenhagen, Hamburg und Braunschweig[112] und in einem Konzert in Dresden mit dem Klarinettisten Heinrich Baermann am 18. Dezember desselben Jahres, was Weber mit einem knappen „wirkte sehr" im TB kommentierte[113].

Der von Brühl geäußerten Aufforderung, bis zum April Chorstimmen und Chorpartitur zu übersenden, kam Weber am 8. Mai 1820 mit der gleichzeitigen Entschuldigung für die Verspätung aufgrund „überhäufter Dienstgeschäfte" nach[114].
Die Reaktion Brühls auf den Erhalt der Materialien zur Oper ist in zweierlei Hinsicht aufschlußreich. Zum einen geht aus ihr hervor, daß die Eröffnung des Schauspielhauses nochmals hinausgeschoben werden mußte und nicht vor Mitte Oktober des Jahres 1820 zu erwarten war, zum anderen regte Brühl in diesem Schrei-

---

[111] Vgl. dazu ausführlicher Schünemann, S. 56–63. Die ältere Literatur zu diesem Thema ist geprägt durch Ressentiments und oft einseitige Parteinahmen. Eine detaillierte Aufarbeitung dieser Epoche an der Berliner Oper steht nach wie vor aus; vgl. dazu auch Hugo Fetting, *Die Geschichte der deutschen Staatsoper*, Berlin 1955, S. 76–109.

[112] Zu den Aufführungen vgl. Frank Ziegler, „Leyer, Schwert und *Freischütz*-Ouvertüre. Bemerkungen zu Carl Maria von Webers Halle-Besuch 1820", in *Weber-Studien* 8 (in Vorbereitung).

[113] In Dresden wurde die Ouvertüre außerdem am 9. April 1821 voraufgeführt, in einem Konzert zugunsten der Blindenanstalt; vgl. u. a. Dresdner *Abend-Zeitung*, Nr. 93 (18. April 1821) und *Morgenblatt für gebildete Stände*, Jg. 15, Nr. 139 (11. Juni 1821), S. 555–556.

[114] Kaiser (Brühl), S. 23–24 (Nr. 22).

ben die letzten Endes entscheidende Titelgebung der Oper[115], die ja bis dato noch *Die Jägersbraut* hieß, an:[116]

„Der Titel dieser Oper scheint mir und mehreren Kunstverständigen nicht so passend und dem Inhalt entsprechend als der in dem GespensterBuche von *Apel* und *Laun* gebrauchte Titel, *Freyschütz*. Es wäre deshalb ganz außerordentlich wünschenswerth, daß Sie deshalb mit [...] Kind gefällige Rücksprache nähmen und ihn zur Wahl des vorgeschlagenen Titels bestimmen möchten[.] Das Mährchen, aus dem das Sujet genommen, ist ja doch bekannt genug, und eben darum der letztere Titel unstreitig zweckmäßiger und romantischer [...]."

Brühls Vorschlag stieß bei Weber auf offene Ohren. In dem Brief vom 21. Juni, in dem er ankündigte, mit dem nächsten Postwagen Partitur, Orchester-Stimmen und Buch seiner Oper abzuschicken, teilte er mit:[117]

„Nach genommener Rücksprache mit meinem Freunde Kind sind wir übereingekommen, das Mägdlein zu einem Knaben zu erheben und »Der Freischütz« zu nennen. Es hatten uns anfangs mancherlei Gründe abgehalten, diesen eigentlich am nächsten liegenden Titel zu wählen; Ihr Wunsch hat nun den Ausschlag gegeben."

Trotz der verschobenen Uraufführung konnte Weber laut TB schon im Juli 1820 einen Teil des Honorars beziehen: „an Graf Brühl geschrieben[118], nebst *Quittung*[119] über 200 rh: Gold als 1ᵗ Hälfte des *Honorars* für den Freyschützen.", welches er dann am 24. Juli in Form von 40 Friedrichsdor erhielt[120].

---

[115] Siehe dazu auch Kap. III.2, S. 115.

[116] Briefentwurf vom 24. Mai; D-B, Kgl. Schauspiele Berlin, in Nachl. 230.

[117] Kaiser (Brühl), S. 24–25 (Nr. 23).

[118] TB 21. Juli 1820; vgl. Brief von Weber an Brühl, Kaiser (Brühl), S. 26–27 (Nr. 24).

[119] D-B, Königl. Schauspiele Berlin, in Nachl. 230.

[120] Laut TB 24. Juli: „als erste Hälfte des *Honorars* des Freyschützen von [dem Bankier Heinrich Wilhelm] *Bassenge* 40 *Fried. dor.* erhalten, wogegen der Graf Brühl sie an die Haupt*Cassa* in Berlin wieß."

4. Webers Bemühungen um die Aufführung

Schauspielhaus in Berlin
Radierung von Friedrich August Schmidt nach einem Gemälde
von Johann Hubert Anton Forst (um 1820)

Schauspielhaus in Berlin (Seitenansicht)
Zeichnung von Friedrich A. Calau (um 1825)

Erst im November 1820 wagte Weber dann wieder eine zaghafte Anfrage[121] in Sachen *Freischütz*. Da sich der vorgestellte Termin einer Neujahrsaufführung abermals nicht realisieren ließ, geriet er allmählich in Bedrängnis, weil er bereits mit weiteren Theatern in Verhandlungen stand. Am 25. Dezember schrieb er an Brühl, er habe die Oper dem Theaterdirektor Klingemann[122] in Braunschweig überlassen, wo das Werk im Februar in Szene gehen solle; nun drohe jedoch durch die Verschiebung in Berlin die dortige Aufführung zur Erstaufführung zu werden. Weber bat daher Brühl um ein Schreiben, damit er Klingemann von der Aufführung abhalten könne.

Anfang des Jahres 1821 endlich wurde der Termin für die Uraufführung festgelegt, nun zwar nicht mehr als Eröffnungswerk des Schauspielhauses – dazu hatte der König Goethes *Iphigenie* und das Ballett *Die Rosenfee* von Herzog Carl von Mecklenburg auserkoren[123] – aber immerhin als erste O p e r im neuen Haus. Nach einem Brief von Brühl vom 2. Januar zu urteilen, muß die Aufforderung zur Einstudierung Ende April erfolgt sein[124]. Am 16. Januar dankte Weber Brühl überschwenglich für die Festlegung des Termins und teilte mit, daß er hoffe, bereits Mitte April in Berlin einzutreffen, um die Proben von Anfang an selbst leiten zu können[125]. Außerdem ging es schon um Besetzungsfragen, welche im Brief vom 15. März 1821 wieder aufgenommen wurden und bei denen Weber voll und ganz Brühls Kompetenz vertraute:[126]

„Mlle. Reinwald ist mir als Sängerin gänzlich unbekannt, ich weiß also nicht, welches Fach sie singt; ob Ew. Hochgeboren durch sie das Ännchen statt Mlle. Eunicke zu besetzen denken oder gar sie für die Agathe statt Mad. Seidler bestimmen. Ebensowenig bin ich imstande zu beurteilen, ob Hr. Devrient

---

[121] Brief vom 9. November 1820; siehe Kaiser (Brühl), S. 27–28 (Nr. 25).

[122] Ernst August Friedrich Klingemann (1777–1831), Schriftsteller und Theaterdirektor, unter dessen Leitung 1818 das Braunschweiger Nationaltheater eröffnet wurde, dessen Direktion er 1829 niederlegte.

[123] Die Eröffnung des Schauspielhauses fand am 26. Mai 1821 statt.

[124] Brief an Weber, laut Schünemann, S. 58.

[125] Nach Kaiser (Brühl), S. 29; Brief heute in Privatbesitz.

[126] Brief von Weber an Brühl; nach Kaiser (Brühl), S. 30.

4. Webers Bemühungen um die Aufführung

Innenansichten des Theatersaals im Berliner Schauspielhaus
a) Blick in den Zuschauerraum, b) Blick zum Vorhang
Radierungen nach Karl Friedrich Schinkel (1823)

Werkentstehung

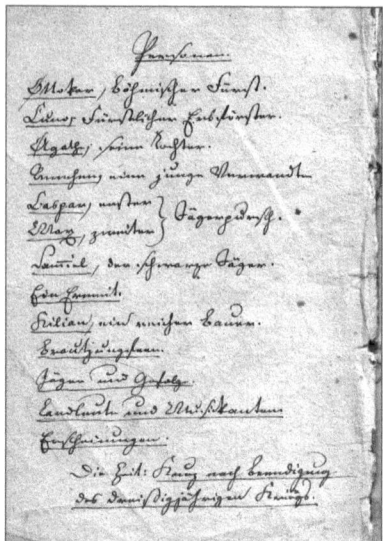

Personenverzeichnis des Erstdrucks zur UA im Vergleich zum
Personenverzeichnis von Webers Handexemplar zur Verdeutlichung
der für die UA vorgenommenen personellen Änderungen

> der Rolle des Kaspar, die mehr gespielt als gesungen sein will, gewachsen ist, oder ob er wegen Vorzügen seiner Stimme den Eremiten würdig darstellen kann. Was kann ich also besseres tun, als ruhig der Einsicht, Erfahrung und Sachkenntnis desjenigen zu vertrauen, der von jeher mit so vieler wahrer Teilnahme und sorgender Güte für mein Bestes wirkte und dachte. Wenn ich also die Verteilung der Rollen – wie es sich ohnedies von selbst versteht – gänzlich in Ew. Hochgeboren Hände lege, so weiß ich, daß sie in väterlich schützenden Händen liegen und bin um ihr Schicksal unbekümmert."

In seinem Brief vom 22. März 1821, in dem der Aufführungstermin mit dem 21. oder 22. Mai festgesetzt wurde, legte Graf Brühl Weber dann eine Besetzungsliste für den *Freischütz* vor, welche bis auf eine Ausnahme – Ottokar wurde letzten Endes nicht von Jonas Friedrich Beschort, sondern von Lebrecht Gottlieb Rebenstein verkörpert – die Besetzung der Uraufführung darstellt[127]. Laut Schünemann regte Brühl des Weiteren an, den böhmischen Fürsten Ottokar in einen regierenden Grafen umzuwandeln, der auf einem jetzt verfallenen Schloß *Schreckenstein* wohne, mit der Begründung, daß man seit Beendigung des 30jährigen Krieges die Namen der einzelnen böhmischen Fürstenhäuser gut kenne.

Neben dieser kleineren Änderung, die nur für die Berliner UA zutraf, in späteren Aufführungen jedoch wieder rückgängig gemacht wurde, ist dem Einfluß des Grafen noch ein gravierender Eingriff in die ursprüngliche Gestalt der Oper zu verdanken, der bis in die heutige Zeit akzeptiert wird. Da Brühl die Rolle des Ännchens, wie sie Weber komponiert hatte, für die Sängerin Johanna Eunicke[128] als nicht bedeutend genug ansah, bat er den Komponisten, noch eine Arie nachzukomponieren:[129]

„Eine Arie oder eine Cavatine müßten Sie, mein werther Herr von Weber, doch noch hinzukomponiren, und wenn Sie mich fragen sollten, aber wo, [...] so mache ich Sie auf die dritte Scene des III. Aktes aufmerksam. Ehe in der 4. Scene die Brautjungfern kommen, müßte Ännchen in einem heiteren Liede sich bemühen, die traurige Stimmung zu verscheuchen, die sich Agathens bemeistert hat. – Nur wenn Ännchen-Eunicke mit der Agathe-Seidler gleichmäßig viel zu singen hat, bin ich [mit] großem Nachdruck im Stande, ihr das Ännchen zuzuschreiben."

Weber, von diesem Vorschlag zwar nicht begeistert, im Grunde aber einsichtig, reagierte in seinem Antwortbrief:[130]

---

[127] Brieferwähnung und Zitate bei Schünemann, S. 59. Die Besetzung war demnach: Ottokar – Jonas Friedrich Beschort; Cuno – Karl Wauer; Agathe – Caroline Seidler; Ännchen – Johanna Eunicke; Caspar – Heinrich Blume; Max – Johann Daniel Heinrich Stümer; Samiel – Joseph Hillebrand; Eremit – Johann Georg Gern; Kilian – August Wiedemann.

[128] Johanna Eunicke (1798–1835), Tochter der Sängerin Therese Eunicke, Sopranistin und Schauspielerin, von 1813–1825 Soubrette an der kgl. Oper in Berlin.

[129] Zitat nach Schünemann, S. 59.

[130] Brief vom 25. März 1821; *D-B*, Mus. ep. C. M. v. Weber 250.

Die von Weber auf Wunsch des Grafen Brühl nachkomponierte Romanze und Arie des Ännchen in Szene III/3; hier in der Wiener Textbuch-Kopie vom August 1821, nach der diese Passage im Text ediert wurde

„Verehrtes Schreiben vom 22^t *huj*. hatte ich kaum erhalten, als ich auch schon zu Freund Kind eilte, ihm Ihren Wunsch wegen des Ännchens mitzutheilen. Es konnte uns zwar nicht ganz angenehm sein, etwas eigentlich unnothwendiges da einzuschieben, wo wir auf eine Steigerung und Abwechslung der Empfindung durch die *Cavatine* der *Agathe* und des darauf folgenden Brautliedes – gerechnet hatten. Das Verlangen aber Ihrem Wunsche Genüge zu leisten, und die Ueberzeugung daß es aus richtiger Kenntniß der Theaterleute hervor gehe, ließ uns einen hoffentlich glüklichen Ausweg, und eine Mitteltinte zwischen beide Empfindungen finden. Natürlich kann das immer keine große <u>Arie</u> werden, aber Gelegenheit zur Erhöhung der Bedeutenheit des Ännchens in Spiel und Gesang soll es bieten. Kind hat mir heute schon die Worte geschikt, und diese mich so angesprochen, daß sie so gut als fertig *componirt* sind. Doch habe ich Lust das Ganze erst in Berlin zu vollenden, um Mlle: *Eunike* vielleicht hin und wieder etwas recht Kehlgerecht zu machen."

4. Webers Bemühungen um die Aufführung

Den Entwurf der Romanze und Arie „Einst träumte meiner sel'gen Base", die zum unverzichtbaren Bestandteil des *Freischütz* geworden ist, vollendete Weber wie beabsichtigt während seines Aufenthaltes in Berlin vor der UA, am 28. Mai 1821. Daß Weber den Einschub des Stückes jedoch nicht als unumstößlich ansah, bezeugt eine Stelle aus einem Brief-Fragment vom 13. Juli 1821 nach Kopenhagen[131]. In diesem äußerte er nicht nur, daß die Arie auch wegbleiben könne, sondern ergänzte zugleich den alternativen Dialogtext, wie er in der Textfassung vor Entstehung der Arie lautete:

„[...] Um die Rolle des Annchen bedeutender zu machen, ist erst später im 3^t Akt noch die Romanze und Arie *No:* 13 hinzugekomen. Sollte diese Rolle jemand erhalten, der nicht genug Sängerin wäre, kann sie füglich wegbleiben, und der Dialog sich dann so gestalten
<u>Annchen</u> – – – bin ich nicht eine geschikte Traumdeuterin?
<u>Agathe</u> deine Liebe zu mir macht dich dazu liebes, fröhliges Kind.
<u>Annchen</u> Nun muß ich aber auch geschwind den Kranz holen, [...]"

Im Erstdruck der Gesangstexte zur UA, in den überlieferten Abschriften für die Theater Wien (K^A-tx$_{15}$) und Hamburg (K^A-tx$_{21}$) sowie in Kinds Textbuch-Ausgaben bis 1823 ist die Arie allerdings regulär enthalten. Im Gegensatz dazu wurde sie in der Ausgabe der *Theaterschriften* 1827 und im *Freischütz-Buch* 1843 wieder eliminiert.

Am 2. Mai 1821 reisten die Webers gemeinsam nach Berlin, wo sie zwei Tage später eintrafen und im Hause von Heinrich Beer, dem Bruder Giacomo Meyerbeers, in der Behrenstraße 34, wohnten[132]. Die erste Probe zum *Freischütz* fand laut TB am 9. Mai statt. Aufgrund der Premiere von Spontinis Oper *Olympia* am 14. Mai kam es allerdings zur Unterbrechung der Probenarbeit, die erst am 21. Mai fortgesetzt werden konnte[133]. Darauf folgten fast täglich

---

[131] Heute New York, Juillard School, Lila Acheson Wallace Library.
[132] Vgl. TB 2.–4.Mai 1821.
[133] Webers TB-Notiz von diesem Tag lautete: „<u>um 9 Uhr mit Eunike die Chöre durchgegangen.</u> [...] <u>von 11 ½ 2 Uhr Probe.</u> Textbuch geordnet".

Solo-, Quartett- und Chorproben, ab 29. Mai studierte Weber die Partitur mit dem Orchester.

Über die Ereignisse in Berlin berichtete Weber seinem Librettisten Friedrich Kind:[134]

„Wenn auch nur in Eile, doch wenigstens einige Zeilen, die Sie über das Schiksal unsers Kindes beruhigen sollen. ich fand im Ganzen gar wenig vorgearbeitet. die ungeheuren Anstrengungen jeder Art die die Oper *Olimpie* von *Spontini* erforderte, und die von dem 4ᵗ auf d: 14ᵗ verzögerte Aufführung derselben, hat auch mich um so viel weiter hinausgeschoben. 1000 andre Konfusionen abgerechnet. Gestern d: 26⁽ᵗ⁾ ist endlich zum 1ᵗ male im neuen Hause gespielt worden. der Prolog von Göthe war herrlich. Iphigenia wurde trefflich gegeben, und das beschließende Ballet, die Rosenfee, von Erfindung des Herzogs *Carl*, bezauberte durch die schöne Maschinerie. dem Könige wurde Vivat gebracht. und der Baumeister Schinkel hervorgerufen. Nun sollen auf S: Majestät ausdrüklichen Befehl, alte Sachen gegeben werden, bis meine Oper in Szene gehen kann. dieß wird schwerlich vor dem 8 – 10 – *Juny* geschehen können, da die Wolfsschlucht gar zu viel Szenischen Apparat fodert."

Unter der Ausstattungsleitung des Grafen Brühl entwarf der königliche Dekorationsmaler Carl Gropius die Bühnenbilder[135], die Weber im selben Brief als „herrlich und phantasiereich" und „wohl in seiner Art einzig dargestellt" lobte, die jedoch nach Meinung von Webers Sohn nicht recht der Charakteristik des Stückes entsprachen:[136]

„Der romantische Hauch, die deutsche Heimlichkeit und Traulichkeit, die Weber im Decorationsbilde des Schänkhübels im böhmischen Walde verlangte, wollte Gropius' streng geschultem Pinsel nicht recht gelingen, die Waldfreiung, auf der der Probeschuß stattfindet, erhielt immer zu sehr den Charakter einer edel angelegten Parkpartie, die altväterisch schaurigen Gemächer des alten Jägerhauses, die nur durch das Mobiliar

---

[134] Brief vom 27. Mai 1821; D-B, Weberiana Cl. II A. b, Nr. 15.
[135] Abbildungen siehe S. 92–98.
[136] MMW II, S. 299.

4. Webers Bemühungen um die Aufführung

und das Arbeitsgeräth der Mädchen einen Ton von jungfräulicher Traulichkeit erhalten sollten, wurden stets zu Sälen in fürstlichen Jagdschlössern."

Dies mag seine Ursache nicht allein im Stil von Gropius gehabt haben, sondern auch den damaligen Anforderungen an Dekorationen geschuldet sein: „Decorationen so charakteristisch als möglich zu erfinden, und dieselben der nöthigen Ersparnisse wegen doch zugleich auch möglichst gemeinnützig zu machen, muß Hauptzweck des Decorateurs seyn", formulierte Graf Brühl in einer Veröffentlichung der königlichen Theater[137].

Wegen der berühmten Wolfsschluchtszene muß es Differenzen gegeben haben, bei denen sich Weber aber zugunsten der von ihm angestrebten Schaueratmosphäre mit Hokuspokus gegen eine eher psychologisch gedeutete Interpretation Gropius' durchsetzen konnte. Er empfahl die Berliner Umsetzung sogar für die Dresdner Inszenierung als vorbildlich. Im Bestand der Berliner Staatsbibliothek sind Notizen von der Hand Webers mit dem Titel „Einige Bemerkungen die szenischen Anordnungen des Freischütz betreffend" überliefert, die wesentliche Merkmale der Einrichtung der UA behandeln[138]. Die (vermutlich) von Brühl entworfenen und von Johann Heinrich Stürmer gezeichneten Kostüme[139] fanden angeblich bei Weber aufgrund ihrer „weitaus zu elegant, zu zierlich, zu wenig wald- und waidgemäß für die Zeit und den Charakter des Stückes" umgesetzten Erscheinung noch weniger Anklang, wie Max Maria von Weber wiederum zu berichten weiß[140].

Nachdem es zur nochmaligen Verzögerung der Premiere durch weitere Olympia-Aufführungen kam, was es Weber ermöglichte, drei Generalproben (am 12., 14. und 17. Juni[141]) durchzuführen,

---

[137] Decorationen auf den beiden Königl. Theatern in Berlin unter der General-Intendantur des Herrn Grafen von Brühl. Nach Zeichnungen des königlichen Decorateurs Carl Gropius, 1. Heft, Berlin 1827 (Einleitung).

[138] D-B, Weberiana Cl. II A. g, Nr. 2; siehe auch S. 243.

[139] Neue Kostüme auf den beiden Königlichen Theatern in Berlin, unter der General-Intendantur des Herrn Gr. v. Brühl, 13. Heft, Berlin 1822; D-B, Weberiana Cl. VIII, H. 2, Nr. 38–45; Abbildungen siehe S. 99–101.

[140] MMW II, S. 300.

[141] Vgl. TB-Eintrag von diesen Tagen.

Werkentstehung

Die Besetzung der Uraufführung und deren Regisseur
(alle Porträts aus: *Album des Königlichen Schauspiels und der Königlichen Oper zu Berlin*, Berlin 1858)

Johann Georg Gern – Eremit

Caroline Seidler – Agathe

Heinrich Blume – Caspar

Karl Wauer – Cuno

4. Webers Bemühungen um die Aufführung

Johanna Eunicke – Ännchen

Lebrecht Gottlieb
Rebenstein – Ottokar

Johann Daniel Heinrich
Stümer – Max

Jonas Friedrich Beschort – Regisseur

Theaterzettel zur Uraufführung des *Freischütz* am 18. Juni 1821 im Berliner Schauspielhaus

4. Webers Bemühungen um die Aufführung

erlebte seine Oper endlich am 18. Juni 1821 ihre sensationelle Uraufführung, über die Weber in seinem Tagebuch befriedigt resümierte:

„Abends als erste Oper im neuen Schauspielhause. <u>der Freyschüz</u>. wurde mit dem unglaublichsten Enthusiasmus aufgenommen. *Ouverture* und Volklied [sic!] *da Capo* verlangt. überhaupt von 17 Musikstükken 14 lärmend aplaudirt. alles gieng aber auch vortrefflich und sang mit Liebe. ich wurde herausgerufen. und nahm Mad. Seidler und Mlle. Eunike mit heraus da ich der anderen nicht habhaft werden konnte. Gedichte und Kränze flogen. <u>Soli Deo Gloria</u>."

Zu den vielseitigen Reaktionen des Publikums und der Kritik, welche die Uraufführung hervorrief, muß auf die einschlägige Literatur zu Weber und zum *Freischütz* verwiesen werden, da dieses Thema den Rahmen dieser Einführung zur Edition sprengen würde[142].

An dieser Stelle sei lediglich ein Zitat aus dem Brief Webers an Friedrich Kind vom 21. Juni 1821 herausgegriffen, das den außerordentlichen Erfolg der UA und Webers Freude darüber eindrücklich beschreibt:[143]

„Mein vielgeliebter Freund und MitVater! Viktoria können wir schießen. der Freyschütze hat ins Schwarze getroffen. hoffentlich hat Freund Hellwig als Augenzeuge Ihnen schon beßer berichtet als ich es kann, deßen Zeit ganz und gar gestohlen wird. auch werde ich ja bald mündlich alles vollständig thun können. die Gestrige 2^t Vorstellung gieng eben so trefflich wie die erste und der Enthusiasmus war abermals groß; zu Morgen, der 3^t ist schon kein Billet mehr zu haben. Kein Mensch errinnert sich eine Oper <u>so</u> aufgenommen zu sehen. und nach der *Olimpia*, für die <u>Alles</u> gethan wurde, ist es wirklich der vollständigste Triumph den man erleben kann. Sie glauben aber auch nicht welches Intereße das Ganze einflößt, und wie vortrefflich alle Theile spielten und sangen. Was hätte ich darum gegeben wenn Sie zugegen gewesen wären.

[142] Ausführlich dazu MMW II, ab S. 312, Jähns (Werke), S. 311, Schünemann, S. 60 und 68–72, Schnoor, ab S. 180.

[143] *D-B*, Mus. ep. C. M. v. Weber 21.

[...] die öffentlichen Blätter werden nun wohl losbrechen [...]. Welchen Dank mein theurer Kind bin ich Ihnen für diese herrliche Dichtung schuldig. zu welcher Mannigfaltigkeit gaben Sie mir Anlaß, und wie freudig konnte sich meine Seele über Ihre herrlichen tiefempfundenen Verse ergießen. Ich umarme Sie wahrhaft gerührt in Gedanken, und bringe Ihnen einen der schönen Kränze mit, deren Empfang ich nur Ihrer Muse verdanke, und den Sie, zu denen früher schon in so großer Zahl errungenen hängen müßen."

5. Erstaufführungen zu Webers Lebzeiten

Eine umfassende Geschichte der *Freischütz*-Rezeption ist bisher nicht geschrieben worden. Um wenigstens die unmittelbare Wirkung noch zu Webers Lebzeiten zu illustrieren, wurden nachfolgend die bisher ermittelten Erstaufführungen bis Juni 1826 aufgelistet. Die Angaben basieren auf Alfred Loewenberg, *Annals of Opera 1597–1940*, 3. revid. und korr. Ausgabe, London 1978, Sp. 674–680, wurden jedoch korrigiert und ergänzt.

1821

Berlin	18. Juni
Wien	3. November (im Kärntnertor-Theater; im Theater an der Wien erstmals am 5. Juni 1822; im Theater in der Josefstadt erstmals am 20. August 1825)
Breslau/Wrocław	20. November
Leipzig	23. Dezember
Karlsruhe	26. Dezember
Prag	29. Dezember (in tschechischer Übersetzung von J. N. Stěpánek erstmals am 6. Mai 1824)

1822

Braunschweig	17. Januar
Dresden	26. Januar
Hamburg	5. Februar
Königsberg	24. Februar
Kassel	1. März
Hannover	13. März
Brünn/Brno	29. März
Danzig/Gdansk	31. März
Frankfurt a. M.	31. März
Stuttgart	12. April
München	15. April
Kopenhagen	26. April (in dänischer Übersetzung von A. Oehlenschläger: *Jægerbruden*)
Lübeck	29. April (mit Abstechern nach Oldesloe: 2. August 1822 konzertant, nach Travemünde: 7. August 1822 konzertant)

[Fortsetzung 1822:]
Preßburg/Bratislava	1. Mai
Weimar	4. Mai
Mannheim	5. Mai
Pest/Budapest	13. Mai (in Ofen erstmals am 2. Dezember 1825; in ungarischer Übersetzung von E. Pály erstmals am 21. Dezember 1827)
Kgl. Theater Hinterpommern	vor Juni (Stargard, Köslin, Stolp, Kolberg, Swinemünde)
Graz	24. Juni
Halle/Saale	Sommer (Walthersche Gesellschaft aus Magdeburg; eventuell auch schon in Lauchstädt)
Elbing/Elblag	25. Juni (Danziger Ensemble)
Lemberg/Lvov	vor Juli
Darmstadt	4. August
[Bad] Doberan	9. August (Schweriner Ensemble unter Direktion F. Burmeister)
Neustrelitz	12. August
Freiberg/Sachsen	21. August (Gesellschaft von F. Nitzschke)
Würzburg	21. August
Nürnberg	26. August
Augsburg	30. August
Bremen	26. September
Bayreuth	27. September (Gesellschaft Klühne)
Elberfeld [Wuppertal]	27. September (Gesellschaft J. Derossi)
Amsterdam	2. Oktober
Magdeburg	6. Oktober
Riga	25. September [=7. Oktober]
Rudolstadt	13. Oktober
Güstrow	23. Oktober (Schweriner Ensemble unter Direktion F. Lyser)
Straßburg/Strasbourg	zwischen 7. September und 30. Oktober (Gesellschaft W. Becht)
Düsseldorf	14. November (Gesellschaft J. Derossi)
Köln	14. November (Gesellschaft F. S. Ringelhardt)
Mainz	16. November
Rostock	19. November (Schweriner Ensemble unter Direktion F. Burmeister)

5. Erstaufführungen zu Webers Lebzeiten

Wilhelmine Schröder(-Devrient) als Agathe
Aquarell von Bernhard von Schrötter (1822)
Wilhelmine Schröder sang die Agathe erstmals bei der Wiener
Freischütz-Aufführung am 3. November 1821

Theaterzettel zur Dresdner Erstaufführung des *Freischütz* am 26. Januar 1822

5. Erstaufführungen zu Webers Lebzeiten

[Fortsetzung 1822:]
Bamberg	22. November
Sondershausen	25. November
Bautzen	28. November
Regensburg	29. November
Freiburg/Breisgau	3. Dezember (Gesellschaft J. Herzog)
Ballenstedt	20. Dezember
Gotha	22. Dezember (oder früher?, Liebhabergesellschaft auf der Steinmühle)
Reval/Tallinn	1822
Teplitz/Teplice	und Reichenberg/Liberec in der Saison 1822/23

1823

Schwerin	23. Januar
Linz	31. Januar
Dessau	19. Februar
Stralsund	20. Februar
Trier	20. Februar (Direktion W. Kloß)
Bern	14. März
Görlitz	März (Schimmelsche Gesellschaft)
Nordhausen	vor Ostern (Gesellschaft Ulbrich)
Ulm	4. April (Direktion W. Kniep)
Stockholm	23. April (schwedische Übersetzung von A. Lindeberg)
Coburg	24. April
Münster	vor Mai (Gesellschaft A. Pichler)
Aachen	5. Juni (Gesellschaft F. S. Ringelhardt)
Salzburg	11. Juni
Helmstedt	Juni (Anhalt-Köthensche Gesellschaft)
Mietau/Jelgava	zwischen 1. [=13.] Juni und Mitte Juli (Rigaer Ensemble)
Frankfurt/Oder	Juli
Pyrmont	Juli/August (Gesellschaft von A. Pichler)
Zürich	November (konzertant)
Klagenfurt	6. Dezember
Innsbruck	1823
Neisse/Nysa	1823
Saarbrücken	1823
Wiesbaden	1823

Werkentstehung

1824	
St. Petersburg	7.[=19.] Januar (außerdem ab 12. Mai 1824 in russischer Übersetzung von R. M. Zotov)
St. Gallen	28. Januar (Ensemble des Theater Konstanz)
Schleswig	10. März
London	22. Juli im English Opera House, Lyceum Theatre (englische Übersetzung von W. McGregor Logan/W. Hawes *Der Freischutz, or The seventh Bullet*; weitere Bearb. von J. H. Amherst 30. August 1824 im Royal Amphitheatre, von E. Fitzball 6. September 1824 im Surrey Theatre, von J. R. Planché/B. Livius 14. Oktober 1824 in Covent Garden, von G. Soane/H. R. Bishop 10. November 1824 in Drury Lane)
Wismar	24. September (Schweriner Ensemble unter Direktion Krampe)
Winterthur	1. November
Paris	7. Dezember (im Odéon; französische Bearbeitung von Castil-Blaze *Robin des Bois*)
Edinburgh	29. Dezember (englische Fassung von W. McGregor Logan/W. Hawes)
St. Pölten	in der Saison 1824/25 (Gesellschaft J. Bratsch)
Wilna/Vilnius	in der Saison 1824/25 (Gesellschaft J. G. Heckert)
1825	
Detmold	24. Januar (Gesellschaft A. Conradi)
Laibach/Ljubljana	27. Januar
Dublin	17. Februar (englische Übersetzung)
Ansbach	26. Februar (in Auszügen)
New York	2. März (englische Übersetzung, vermutlich Fassung von J. R. Planché/B. Livius; ab 13. August 1827 in französischer Castil-Blaze-Fassung; ab 8. November 1827 in englischer Fassung von G. Soane/H. R. Bishop)

Brüssel	9. März (französische Castil-Blaze-Fassung)
Philadelphia	18. März (englische Fassung J. R. Planché/B. Livius mit zusätzlicher Musik von H. W. Darley)
Klausenburg/Cluj	19. März (ungarische Übersetzung von E. Pály)
Hildburghausen	20. März (Gesellschaft K. Gerlach)
Baltimore	Frühjahr (englische Übersetzung)
Bordeaux	30. Juni (französische Castil-Blaze-Fassung)
Moskau	18. Juli (russische Übersetzung von R. M. Zotov)
Marseilles	20. Juli (französische Castil-Blaze-Fassung)
Rouen	19. August (französische Castil-Blaze-Fassung)
Nantes	29. September (französische Castil-Blaze-Fassung)
Lyon	17. Oktober (französische Castil-Blaze-Fassung)
Lille	27. Oktober (französische Castil-Blaze-Fassung)
Luxemburg	27. Oktober (Gesellschaft F. Hansen)
Stendal	1825 (Gesellschaft von M. Beyer)

1826
Mindelheim	26. Februar (Gesellschaft A. Krambs)
Merseburg	vor Juli

Illustration zu Webers *Der Freischütz*, Szene III/2 mit Agathe
„Und ob die Wolke sie verhülle. Die Sonne bleibt am Himmelszelt!"
Kupferstich von Friedrich Wilhelm Meyer nach Johann Heinrich Ramberg

IV. QUELLENBESCHREIBUNG

1. Autographe bzw. autorisierte handschriftliche Quellen in chronologischer Folge
(verlorene in eckigen Klammern und Grausatz)

[L-tx₁] Manuskript des Librettisten Friedrich Kind
DATIERUNG: 1. März 1817
Bei diesem verschollenen Textuch handelt es sich um die erste Fassung des Textes der Oper, die spätestens am 1. März 1817 fertiggestellt war. Diese Fassung weicht in ihrer Gestalt von der späteren vom Mai 1817 (L-tx₂) ab und enthielt zum einen die anfänglichen Eremitenszenen sowie ein umfangreicheres Finale. Änderungen sind für April und Mai 1817 belegt, wie aus Briefen Webers an Caroline Brandt vom 18. April und vom 11. Mai hervorgeht (vgl. Kap. III.3, S. 134). Außerdem muß diese Fassung die von Kind ursprünglich geplante Romanze mit Chor für Cunos Erzählung vom Wilddieb enthalten haben (vgl. wiederum Kap. III.3, S. 133). Ein Abdruck dieses Textes findet sich ausschließlich in Friedrich Kinds *Theaterschriften*, 4. Bd. (Grimma: C. F. Göschen-Beyer, 1827), S. 321 = D⁺-tx₂; vgl. auch Anhang zum Edierten Text S. 87.

[K-tx₁] Abschrift von Friederike Kind für Weber
DATIERUNG: 3. März 1817
Hierbei dürfte es sich um eine Abschrift vom Kindschen Manuskript L-tx₁ handeln, wofür Weber Friedrich Kind am 3. März 1817 ein Honorar zahlte; vgl. TB 3. März 1817: „an Kind das Honorar auf 5 Jahre Eigenthum der Oper die Jägersbraut für mich, geschikt mit 20 # in Gold"; vgl. außerdem Brief von Weber an Kind vom 3. März, in dem er Kind für das geschickte Buch dankt und Honorar mitschickt; siehe auch MMW II, S. 69. Nach Kinds Angaben wurde die Abschrift von seiner Gattin, Friederike Kind, angefertigt; vgl. *Freischütz-Buch*, S. 122: „[...] ich war fertig! Friederike, wenn ich Eile hatte, meine Geheimschreiberin, ward es auch schnell mit der Abschrift. Es waren noch einige Tage bis zu meinem Geburtstage [4. März]; ich sandte die Abschrift an Weber [...]".

Quellenbeschreibung

[K-tx₂] Exemplar für Caroline Brandt
DATIERUNG: März 1817
Zu dieser Quelle vgl. Webers Brief an seine Braut vom 3. März 1817: „[...] muß Dirs wohl schikken wenn es doppelt abgeschrieben ist, damit Muks schnuffeln kann." Die Existenz einer eigenen Abschrift für Webers Braut ist nicht gänzlich gesichert, zumal im TB keine entsprechenden Ausgaben bezeugt sind. Entweder schickte Weber tatsächlich eine Kopie (wie MMW II, S. 69, behauptet: „Wenige Tage darauf ging auch die versprochene Abschrift des Textes an Caroline ab.") oder Caroline las Webers Exemplar (K-tx₁) während dessen Prager Aufenthalt vom 23. März bis 1. April, wo dann auch die Änderungen besprochen wurden.

L-tx₂ (D-B) **Autograph der überarbeiteten Fassung des Librettisten Friedrich Kind;** Staatsbibliothek zu Berlin – Preußischer Kulturbesitz, Musikabteilung; Weberiana Cl. II A. g, Nr. 12
PROVENIENZ: von Caroline von Weber am 24. Juli 1841 an Jähns verschenkt; als Bestandteil der Sammlung Jähns seit 1881 in der Bibliothek
DATIERUNG: vermutlich nach dem 21. Mai 1817
TITEL: „*Die Jägersbraut.* | Oper in 3. Aufzügen. | [späterer Zusatz:] Daß dieß meine Handschrift ist, | bezeuge ich hiemit. Dresden, | am 24. *Julius* 1841. | Friedrich Kind."

Das Manuskript ist die früheste erhaltene Textquelle zum *Freischütz* und stammt ausschließlich von der Hand des Dichters Friedrich Kind. An dem Manuskript im Hochformat (21,5 x 7 cm) sind noch Reste des ursprünglichen blauen Papiereinbands sichtbar. Es wurde nachträglich von dem Weber-Forscher Friedrich Wilhelm Jähns mit zwei angehefteten Doppelblättern anstelle eines Einbands versehen. Auf dem neuen Einband steht von Jähns geschrieben: „*Die | Dichtung | von Carl Maria von Weber's Oper | zuerst genannt:* | »Der Probeschuss«, | *dann:* [»]Die Jägersbraut« | *zuletzt:* | »Der Freischütz«. | *In der | Original=Handschrift | des Dichters | Friedrich Kind. | 82 | beschriebene Seiten.* | 1817."
Das vorliegende Manuskript stellt die zweite Fassung des Tex-

Handschriften

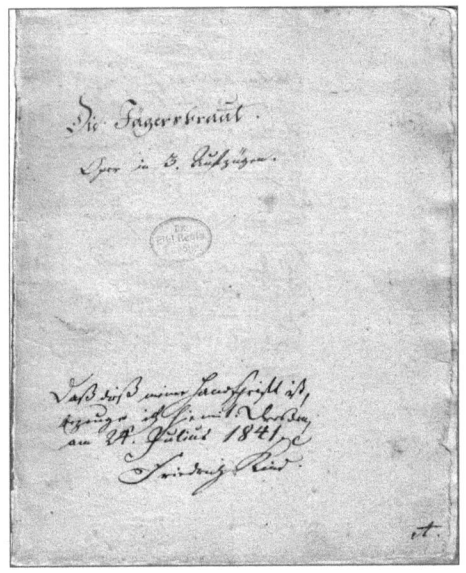

tes der Oper dar und ist vermutlich zwischen dem 21. und 28. Mai 1817 entstanden, wie auch Jähns in seinen vorangehenden Erläuterungen schlußfolgert; siehe Kap. III.3, S. 134f. Die in der ersten Fassung enthaltenen eröffnenden Eremitenszenen fehlen; das Stück beginnt mit dem Platz vor einer Waldschenke, hier nun regulär als Erster Aufzug/Erster Auftritt. Spätestens ist die Handschrift vor dem 5. Juni 1817 zu datieren, da sich der Text in der hier vorliegenden Form im Handexemplar (allerdings ohne die dortigen Korrekturen Webers; siehe Quellenbeschreibung von K^A-tx_4) wiederfindet.

Bei dem Kindschen Manuskript handelt es sich um ein Arbeitsexemplar, was die zahlreichen Korrekturen (Striche, Ergänzungen am Rand, Blätterbeschnitte und Überklebungen) nahelegen. Es ist anzunehmen, daß Kind die erste Fassung des Textes vom März 1817 (siehe Kap. III.2, S. 114f.) als Vorlage benutzte, jedoch während der erneuten Niederschrift den gesamten Text einer grundlegenden Überarbeitung unterzog.

Das Manuskript enthält die Wolfsschluchtszene, die Weber später maßgebend veränderte (siehe Quellenbeschreibung von K^A-tx_4), noch in alter Fassung, vgl. Anhang des Edierten Textes S. 88–90; es fehlt die Romanze und Arie des Ännchen, die erst im März/Mai 1821 entstand, vgl. Kap. III.4, S. 161–163.

Das Textbuch umfaßt (ohne die Jähns-Zusätze) insgesamt 40 Blatt mit 80 beschriebenen Seiten, außerdem zwei kleinformatigere, eingeheftete, aber nicht gezählte Blätter (jeweils nur recto beschrieben). Die Seiten sind nicht paginiert.

Das Schriftbild ist mit einem breiten Korrektur-Rand (3–5 cm) für die zahlreichen Ergänzungen versehen. Auf Bl. 6v befindet sich eine eingeklebte Ergänzung am linken Rand, bei der aber kein Text überklebt wurde, auf Bl. 15v eine Überklebung, die vier Zeilen vom früheren Text der Agathe ersetzt.

[K-tx$_3$] **Textbuch-Kopie; weiteres Exemplar für Caroline Brandt**
DATIERUNG: Mai/Juni 1817
Auch die neue Textfassung wollte Weber seiner Braut zukommen lassen, wie er in einem Brief vom 28. Mai 1817 schrieb: „Die Oper ist wirklich trefflich geworden durch die neue Bearbeitung [...]. Wenn ich kann so schikke ich dir das Buch durch Grünbaums, damit du siehst was sie jezt für einen Rott anhat." (Grünbaums reisten am 20. Juni 1817 nach Prag.) Ansonsten finden sich allerdings wie bei K-tx$_2$ keinerlei Hinweise (Abrechnungen der Kopie o. ä.) auf die Existenz einer solchen Abschrift.

K^A-tx$_4$ *(D-B)* **Textbuch-Kopie mit autographen Korrekturen Webers; Handexemplar zur Komposition;** Staatsbibliothek zu Berlin – Preußischer Kulturbesitz, Musikabteilung; Weberiana Cl. II A. g, Nr. 1
PROVENIENZ: von Caroline von Weber am 24. Juli 1841 an Jähns verschenkt; als Bestandteil der Sammlung Jähns seit 1881 in der Bibliothek
SCHREIBER: zwei Dresdner Kopisten; Schreiber 1: Bl. 2–33; Schreiber 2: Bl. 1 sowie Einlage und Korrekturen
DATIERUNG: vor 5. Juni 1817
TITEL: „<u>Der Freyschütze.</u> | romantische | Oper in drey Aufzügen. | Dichtung von Friedrich Kind. | Musik von | Karl Maria von Weber. | Zunächst zu Eröffnung des neuen | Königl: Schauspielhauses in Berlin | 1821. geschrieben."
Es ist zu vermuten, daß es sich bei der vorliegenden Kopistenabschrift um jene handelt, die Weber laut TB am 5. Juni 1817 bezahlte. Sie bildete Webers Handexemplar während des Kompositionsprozesses, wovon die zahlreichen Eintragungen aus seiner Feder Zeugnis ablegen. Sie diente vermutlich als Vorlage für die von ihm autorisierten Kopistenabschriften des Werkes, die er dann an diverse Theater und Privatpersonen verschickte.

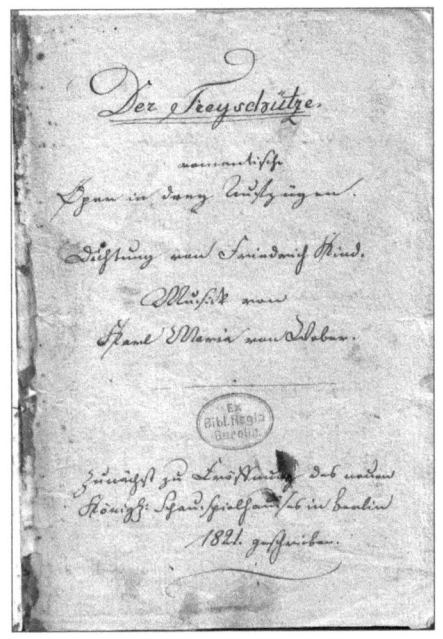

Vorlage für das Handexemplar war höchstwahrscheinlich das Manuskript von Friedrich Kind (siehe L-tx$_2$), da sein Text mit diesem grundlegend übereinstimmt (ausgenommen Webers nachträgliche Korrekturen). An der hochformatigen Abschrift (18,8 x 12,8 cm) war einst ein blauer Papiereinband angebracht, von welchem am Heftrand noch Reste sichtbar sind. Außerdem stammt das jetzige Titelblatt nicht aus der Zeit, in der die Abschrift entstand, sondern ist erst nach Mai 1820 zu datieren, da die Oper 1817 noch *Die Jägersbraut* hieß (vgl. dazu Kap. III.4, S. 156). Das spätere Titelblatt stammt von einem anderen Dresdner Schreiber, von dem sich in der Abschrift (neben den Weberschen) ebenfalls Korrekturen finden. Im Zuge der Anfertigung des neuen Titelblattes mußte das rückseitige Personenverzeichnis vom selben Kopisten erneuert werden, was offenbar bis spätestens März 1821 geschah, da das Verzeichnis noch nicht die vom Grafen Brühl gewünschte Änderung enthält, d.h. Ottokar noch als böhmischer Fürst aufgeführt ist (vgl. Kap. III.4, S. 160f.).

Die Handschrift ist nicht paginiert, ab dem II. Aufzug erscheinen aber Foliierungen (13–33) in Tinte in der rechten oberen Ecke der Rectoseiten.

Vor die Abschrift wurden von Jähns zwei Blatt geklebt (die nicht in der Blattzählung enthalten sind); auf der ersten Seite gestaltete er ein neues Titelblatt: „<u>Der Freischütz</u>. | Abschrift | nach Fr. Kind's Autograph seiner Dichtung | Für | <u>Carl Maria von Weber</u> | angefertigt im J. 1817 und danach versehen | <u>mit vielen eigenhänd. Bemerkungen</u> | Desselben. | Aus dessen Nach-

laß | durch dessen Wittwe *Carolina v. Weber*/zum Geschenk erhalten. | in *Dresden* 1841. | *F. W. Jähns.* | Alles roth unter= oder an=Gestrichene ist | von *C. M. v. Weber's* Hand." Auf der Rückseite des Titelblattes und der Rectoseite des folgenden Blatts (Versoseite leer) finden sich Erläuterungen von Jähns zum Manuskript mit Unterschrift und Datierung: „*Berlin* 11. *Sept.* 1878."
 Webers Handexemplar umfaßt 34 Blatt mit 66 beschriebenen Seiten (Bl. 34 ist leer) zuzüglich 1 Bl. (1 b. S., s. u.). Szenenanweisungen erscheinen einfach unterstrichen, Personen zweifach unterstrichen, die Aufzugsüberschriften in lateinischer Schreibweise.

In der Abschrift befindet sich ein lose eingelegtes, nur einseitig beschriebenes Blatt, das zwischen Blatt 4 und 5 gehört. Es stammt vermutlich vom Kopisten, der das Titelblatt und Personenverzeichnis hinzufügte, und enthält eine Ergänzung zum gesprochenen Text von Caspar, Kilian und Cuno in Szene I/2, im Text durch ein Einschubzeichen markiert. Sie stimmt wörtlich mit dem Text überein, den an dieser Stelle Friedrich Kinds gedruckte Textbuchausgaben überliefern; vgl. Varianten- und Lesartenverzeichnis S. 220. Die einzige Abweichung besteht darin, daß auf dem Einlageblatt innerhalb von Cunos Worten „Aus diesem Grunde machte der Fürst den Zusatz" die Worte „bei der Stiftung" fehlen, was aber auf einen Kopistenfehler zurückzuführen sein kann. In der rechten oberen Ecke des Blattes vermerkte Jähns mit Bleistift: „zum 1. *Auftritt* gehörig." Unter

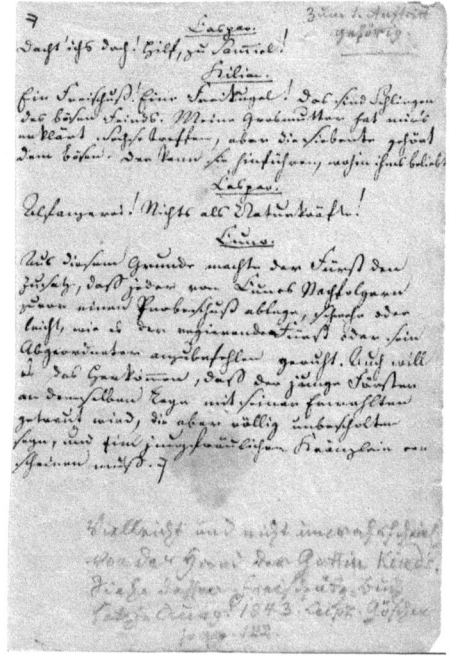

dem Einschubtext mutmaßte er, ebenfalls mit Blei geschrieben: „Vielleicht und nicht unwahrscheinl. | von der Hand der *Gattin Kind's*. | Siehe dessen Freischütz=Buch | letzte Ausg. 1843. *Leipz.* Göschen pag. 122."

Dort bezeichnete Kind seine Frau Friederike als seine „Geheimschreiberin" und behauptete, die verschollene Abschrift der ersten Fassung der Oper, die Kind an Weber verkaufte, stamme von ihr; siehe Quellenbeschreibung K-tx$_1$. Da sich neben der Ergänzung auf dem Einlageblatt noch weitere Eintragungen von derselben Hand im Handexemplar befinden, die eine auffällige Ähnlichkeit zu dem Schriftzug des Kopisten des Titelblattes und Personenverzeichnisses aufweisen, ist zu vermuten, daß auch das Einlageblatt von diesem stammt. Das allerdings würde Jähns' Annahme widerlegen, denn der Schreiber des Titelblattes war noch mehrfach für Weber als Kopist tätig – er schrieb auch die Textbuch-Kopien für Wien (K^A-tx$_{15}$) und Hamburg (K^A-tx$_{21}$), war also wohl ein professioneller Kopist. Bei den Eintragungen handelt es sich im wesentlichen um Korrekturen und Ergänzungen nach dem Text der Kindschen Druckausgaben, die im Nachhinein (also nach der Uraufführung, frühestens Dezember 1821) von Weber autorisiert, von dessen Kopisten übertragen worden sein könnten; zur Beurteilung der verschiedenen Handschriften im Manuskript siehe auch Quellenbewertung S. 213–216.

Die Eintragungen von Weber, die im einzelnen im Varianten- und Lesartenverzeichnis verzeichnet sind, spiegeln auf einzigartige Weise den Schaffensprozeß an der Oper im Zeitraum von der Entstehung der Abschrift bis zur Uraufführung wider. Sie sind sogar aufgrund der überlieferten Abschriften für Berlin, Wien und Hamburg und der im TB notierten Kompositionsdaten näher zu datieren. Die Art der Eingriffe umfaßt die Korrektur einzelner Worte bis hin zur Streichung und Veränderung von ganzen Abschnitten (vgl. auch Kap. III.3, ab S. 133).

Außer den Änderungen fügte Weber Hinweise auf die musikalischen Nummern an den entsprechenden Textstellen ein, wobei er allerdings die Nummern ab Nr. 8 korrigieren mußte, da er diese versehentlich mit Nr. 9 bezeichnet hatte und demzufolge alle nachfolgenden Nummern falsch lauteten; Nr. 13–15 wurden später durch den Einschub der Ännchen-Arie (neue Nr. 13) wieder zu Nr. 14–16 rückgeändert.

Quellenbeschreibung

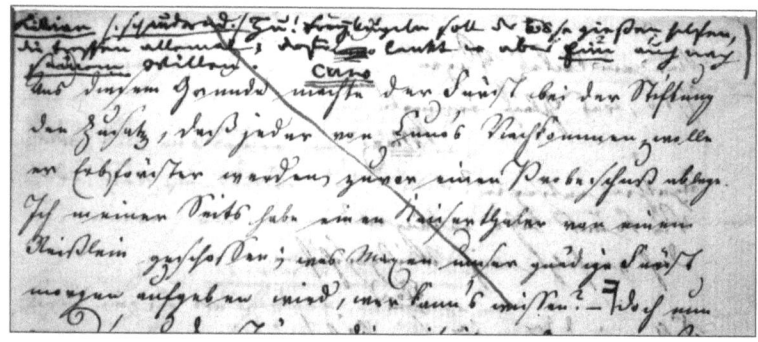

Ausschnitt aus Szene I/2 (Cuno);
am oberen Rand findet sich eine Textergänzung von Webers Hand, die von Jähns rot markiert wurde (von ihm stammt auch die zweite, rote Unterstreichung des Personennamens „Cuno"). Die nachträgliche Streichung steht in Zusammenhang mit dem Text auf dem lose eingelegten Blatt (vgl. S. 184f. und Verzeichnis der Varianten, S. 220).

Jähns markierte die Weberschen Korrekturen durchgängig mit roter Tinte; auf Bl. 2r in der oberen linken Ecke vermerkte er dazu mit Bleistift: „49 Bemerkungen von C. M. v. Webers Hand".

Auf Bl. 20r, über der Überklebung (Format 12,2×11,5 cm) notierte er mit roter Tinte: „Das eingeklebte Blättchen | ganz von Weber's Hand." Diese Überklebung (im Zuge der Neufassung der Wolfsschluchtszene) wurde freundlicherweise im Vorfeld der Edition in der Restaurierungswerkstatt der Staatsbibliothek durch Frau Gertrud Schenck abgelöst und so montiert, daß nunmehr beide Textschichten lesbar sind.

[K-tx$_5$] Textbuch-Kopie; Abschrift im Auftrag von Weber für Friedrich Kind
  DATIERUNG: 21. Juni 1817

Weber ließ laut TB vom 21. Juni 1817 eine Abschrift für Friedrich Kind anfertigen, vermutlich da er (laut TB) am 16. Juni bei Kind war und mit diesem Verse geändert hatte. Ein zusätzlicher Hinweis auf die Kopie findet sich in einem Brief von Weber an Kind vom 30. Juli 1817 (vgl. *Freischütz-Buch*, S. 142): „Lieber Kind! hierbei unser Kind [...]."

K-tx₆ (D-B) Textbuch-Kopie für das Theater in Berlin; Staatsbibliothek zu Berlin – Preußischer Kulturbesitz, Musikabteilung; Mus. ms. TO 235
PROVENIENZ: Kgl. Theaterbibliothek Berlin, seit 1866 in der Staatsbibliothek
SCHREIBER: Dresdner Kopist (identisch mit dem Schreiber von K-tx₇); spätere Korrekturen, Eintragungen und drei Überklebungen von einem Berliner Kopisten
DATIERUNG: 12. August 1819
TITEL: „[Nachtrag im Zuge der nachfolgenden Streichung:] Der Freyschütz | ~~Die Braut des Jägers~~. | Oper in drei Aufzügen, (zum | Theil nach dem Volksmärchen: | der Freischütze.) | Dichtung von F. Kind. | Musik von C. M. v. Weber."

Diese Kopistenabschrift des Freischütz (zur Vorlage vgl. K-tx₇) war für das Berliner Theater bestimmt. Im TB vermerkte Weber unter dem 12. August 1819 eine „Abschrift der Jägersbraut für Brühl", die er in einem Brief vom selben Tag versandte. Mit diesem Schreiben begannen die Verhandlungen Webers mit dem Berliner Intendanten Graf Brühl um die geplante Uraufführung des Werkes (vgl. Kap. III.4, ab S. 150).

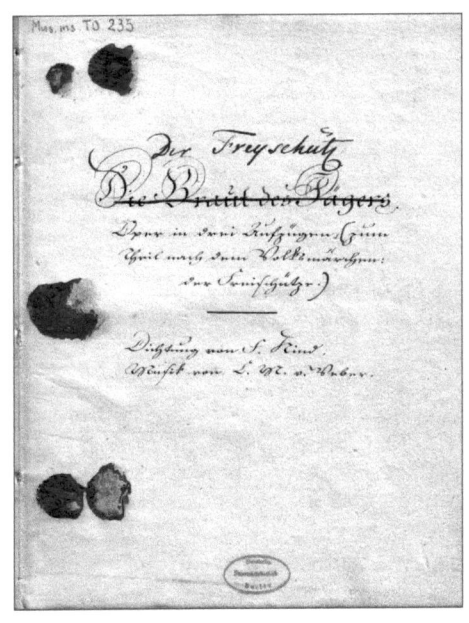

Die Abschrift in Hochformat hat einen blau bezogenen Pappeinband. Ihr ursprünglicher Titel „Die Braut des Jägers" auf Bl. 1r wurde nach Juni 1820 vermutlich von einem Berliner Kopisten in „Der Freischütz" geändert, wodurch sich der erklärende Titelzusatz „zum Theil nach dem Volksmärchen: der Freischütze." erübrigte und in Klammern gesetzt wurde (vgl. dazu Kap. III.4, S. 156).

Quellenbeschreibung

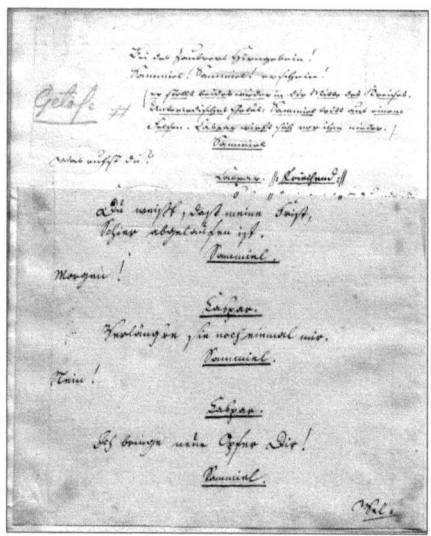
Überklebung in der Wolfsschluchtszene
(Beginn Szene II/5)

Am 21. Juni 1820 kündigte Weber in einem Brief an Brühl nochmals eine (leider verschollene) Textkopie (siehe unter K-tx$_9$) an, da sich während des Kompositionsprozesses zahlreiche Änderungen am Text ergeben hatten, und bat, diese in das schon vorhandene Berliner Buch zu übertragen. Die zahlreichen nachträglichen Korrekturen in Tinte mittels Streichungen, Ergänzungen und (ebenfalls in der Restaurierungswerkstatt der Staatsbibliothek abgelösten und dadurch nun in beiden Textschichten lesbar gemachten) Überklebungen (Wolfsschluchtszene) stimmen daher mit den Weberschen Korrekturen im Handexemplar überein, wobei nur die Korrekturen in den musikalischen Nummern übernommen, die Änderungen im Sprechtext bzw. Szenenanweisungen aber vernachlässigt wurden. Die folgenden im Handexemplar fehlenden, jedoch in K-tx$_6$ enthaltenen Eintragungen sind vermutlich nach der von Weber mit dem Textbuch verschickten Partitur-Kopie (heute verschollen) vorgenommen worden:

- Szene I/2 Terzett und Chor, Ergänzung der Worte Cunos: „Dann mußt du entsagen, Leid oder Wonne, Beides ruht in deinem Rohr!" (Bl. 6v)
- Szene II/2 Terzett Agathe, Annchen und Max, Ergänzung der Worte Annchens: „Ihr ist so bang! o bleibe! O eile, eile nicht so schnell!" (Bl. 23r)

Daß die Kürzung des Eremitentextes im Finale des III. Aufzuges (10 Zeilen von „Leicht kann des Frommen Herz [...]" bis „[...] in seinen Busen nicht?") in dieser Abschrift nicht auftaucht, deutet darauf hin, daß es sich bei dieser Korrektur um eine unmittelbar mit der Uraufführung zusammenhängende Änderung handelt, die vermutlich nur im nicht mehr erhaltenen Berliner Regiebuch (siehe Quellenbeschreibung K-rb) bzw. dem späteren Berliner Buch (K-tx$_9$) vermerkt worden war.

Außerdem wurde wie in Webers Handexemplar die Zählung der musikalischen Nummern an den entsprechenden Stellen eingefügt, wobei die ursprünglichen Nummern 13–15 trotz des nachträglichen Einschubs der Ännchen-Arie (ohne Nummer) unkorrigiert blieben. Die Ergänzung der Arie ist lediglich durch den Bleistift-Zusatz *Aria* am rechten Rand der Seite (Bl. 34r) markiert, der folgende Anschlußtext wurde gestrichen.

Neben den Eintragungen in Tinte finden sich in der Kopie noch Eintragungen mit Bleistift, die erst nach März 1821 und im Zuge der Uraufführung hinzugekommen sind, wie z. B. die Änderung des böhmischen Fürsten in einen regierenden Grafen von Schreckenstein oder die Besetzungsangaben im Personenverzeichnis.

Es ist zu vermuten, daß die Änderung im Trinklied von Caspar in Szene I/5, 3. Strophe (ursprünglicher Text „Mein Gebetbuch, Catherle, Karte, meine Bibel!" durch den Text: „Würfel, Karte, Katherle[,] Meine Bilder=fibel!" ersetzt) auf die Berliner Zensur zurückgeht. In der Abschrift wurde die Korrektur mit Tinte an dieser Stelle von fremder Hand ausgeführt. Zu allen genannten Ausführungen vgl. Quellenbeschreibung K^A-tx$_4$ S. 182–186 und Varianten- und Lesartenverzeichnis ab S. 218.

Die Abschrift umfaßt 42 Bl. mit 82 b. S. (Bl. 1v und 2v sind leer) und ist nicht paginiert. Auf dem Titelblatt (Bl. 1r) befinden sich am linken Rand fünf rote Sigelreste, die vermutlich von einer (nicht mehr vorhandenen) Überklebung wegen des geänderten Titels herrühren.

K-tx$_7$ *(D-GOl)* **Textbuch-Kopie für Gotha**; Gotha, Forschungsbibliothek; Chart. B. 1490
PROVENIENZ: Stempel auf Bl. 1v „E. L. A. | Bibl" [Emil Leopold August von Sachsen-Gotha-Altenburg] | ebd. Stempel „BIBLIOTHECA | DUCALIS | GOTHANA."
SCHREIBER: Dresdner Kopist (identisch mit dem Schreiber von K-tx$_6$)
TITEL: „*Die Braut des Jägers.* | Oper in drei Aufzügen, zum | Theil nach dem Volksmärchen: | der Freischütze. | Dichtung von F. Kind. | Musik von C. M. v. Weber."

Quellenbeschreibung

Es ist ungeklärt, wann genau die in Gotha befindliche Textbuch-Kopie entstand und wie sie nach Gotha kam. Durch ihre (bis auf wenige Ausnahmen) vollkommene Übereinstimmung mit der ersten Berliner Abschrift des Textbuches von August 1819 (siehe K-tx$_6$) ist sie in deren zeitliche Nähe zu datieren. 1819 entstand nachweislich nur noch eine weitere Kopie, für die Weber laut TB am 29. Oktober bezahlte. Zu dieser Kopie fehlen aber jegliche nähere Bestimmungen, so daß eine Identität mit K-tx$_7$ denkbar wäre (siehe K-tx$_8$).

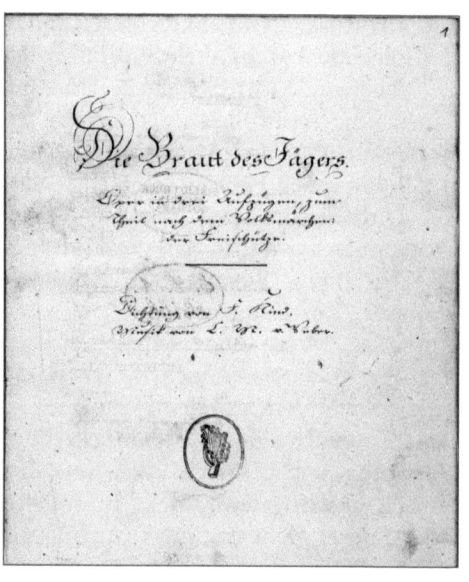

Aufgrund der weitgehenden Übereinstimmung mit K-tx$_6$, vor allem den identischen Abweichungen gegenüber dem Handexemplar Webers (vgl. K^A-tx$_4$ und Varianten- und Lesartenverzeichnis), ist nicht sicher, ob das Handexemplar als Vorlage für K-tx$_6$ und K-tx$_7$ diente. Zwei Möglichkeiten sind denkbar: Entweder wurde eine der beiden Abschriften nach dem Handexemplar kopiert und diente dann wiederum als Vorlage für das andere Exemplar, oder aber beide wurden von einer dritten, nicht mehr erhaltenen Quelle abgeschrieben. Sollte das Gothaer Buch mit der im Oktober bezahlten Abschrift K-tx$_8$ identisch sein, so spräche dies für die zweite Vermutung, denn das Berliner Buch war bereits lange vorher verschickt worden, konnte also im Herbst nicht mehr als Vorlage dienen. Denkbar wäre freilich auch, daß Weber im Oktober lediglich eine zu einem früheren Zeitpunkt angefertigte Abschrift nachträglich bezahlte.

Es ist anzunehmen, daß die Kopie K-tx$_7$ direkt für den Herzog Emil Leopold August von Sachsen-Gotha und Altenburg zu dessen privatem Studium bestimmt war. Weber stand seit 1812 in engem Kontakt zum Herzog. Im September 1818 erbat er für Friedrich

Kind einen Hofratstitel, der diesem am 17. November zuerkannt wurde. Es wäre denkbar, daß die Textbuch-Kopie im Zusammenhang mit dieser Titelverleihung stand und Kind selbst dem Herzog ein Textbuch als Dank übersandte. Dagegen spräche allerdings angesichts der großen Ähnlichkeit der Berliner Textbuch-Kopie (gleicher Kopist, gleiche Abweichungen vom Handexemplar), die eine enge Verbindung zwischen beiden Manuskripten bezeugt, die zeitliche Distanz zwischen diesem Ereignis und der Entstehung der Abschrift von vermutlich fast einem Jahr.

Die hochformatige Abschrift in grün bezogenem Pappeinband ist nicht nur ihrem Textgehalt nach der Berliner Kopie ähnlich, sondern auch im äußeren Erscheinungsbild. Sie umfaßt 44 Bl. mit 82 b. S. (Bl. 1v und 2v sowie Bl. 42 bis 44v sind leer) und ist nicht paginiert. Da der Text der Kopie den Stand des Werkes vom Herbst 1819 widerspiegelt und im Gegensatz zu K-tx$_6$ sich hier keinerlei nachträgliche Eintragungen oder Korrekturen finden, ist es verständlich, daß die später vorgenommenen Veränderungen Webers fehlen.

[K-tx$_8$] Textbuch-Kopie (1819)
DATIERUNG: vor 29. Oktober 1819
Laut TB bezahlte Weber am 29. Oktober 1819 für eine „Kopie der Jägersbraut, Buch 1.6–" ohne weitere Bestimmungsangaben. Hierbei könnte es sich möglicherweise um die noch erhaltene Textbuch-Kopie für Gotha (siehe K-tx$_7$) handeln, aber auch eine zusätzliche weitere Kopie ist nicht mit Sicherheit auszuschließen; vgl. Quellenbewertung für K-tx$_7$, S. 215.

A-pt *(D-B)* **Partitur-Autograph**; Staatsbibliothek zu Berlin – Preußischer Kulturbesitz, Musikabteilung; Mus. ms. autogr. C. M. v. Weber 7
PROVENIENZ: von Caroline von Weber am 28. Oktober 1851 dem preußischen König Friedrich Wilhelm IV. übereignet, von diesem der Kgl. Bibliothek übergeben; ursprünglich separate Annchen-Arie Nr. 13 zu unbestimmter Zeit im Besitz von F. W. Jähns, von diesem nachträglich in die Partitur eingefügt
DATIERUNG: 1819–1820, Nachtrag 1821

TITEL: „*Der Freÿschütze | Romantische Oper in dreÿ Aufzügen. | Gedicht von Fried. Kind. | Music, von Carl Maria von Weber. | Dresden.* vollendet d. 13. May | 1820."

Die Partitur stammt von der Hand Webers und ist seine über einen längeren Zeitraum entstandene Arbeitspartitur, siehe Datierung und Kap. III.3, S. 138–140. In den Niederschriften der einzelnen Kompositionen der Oper erscheinen auch ausgewählte Regieanweisungen und Auszüge aus dem Dialog(sprech)text, die in einigen Fällen im Satzbau jedoch vom Text in Webers Handexemplar (K^A-tx$_4$) abweichen. Vermutlich kam es Weber hierbei nur auf inhaltliche, nicht wortgetreue Übereinstimmung der Texte an. Im Variantenverzeichnis wurden alle sinntragenden Abweichungen zwischen Handexemplar und Partitur verzeichnet, die Unterschiede innerhalb der musikalischen Nummern außerdem im Edierten Text verdeutlicht.

Da die Partitur verhältnismäßig wenige Korrekturen aufweist, besitzt sie quasi Reinschrift-Charakter. Sie ist datiert mit Dresden, den 13. Mai 1820, und stellt das Endprodukt des 1817 begonnenen Kompositionsprozesses der Oper dar, von welchem kaum Entwürfe, Skizzen oder andere Aufzeichnungen erhalten sind. Sie bildete die Kopier-Vorlage für die von Weber in Auftrag gegebenen Partitur-Abschriften, die dann an die Theater verschickt wurden.

Die Partitur umfaßt 134 Bll. mit 263 b. S. (S. 24, 92, 108, 237, 252, 292 leer) im Querformat: 23,5 x 32 cm; davon S. 214–237 (Annchen-Arie, 12 Bll., 23 b. S.) in Kleinformat (12,5 x 18 cm quer) und ist in einen grünen Leder-Einband mit Goldprägung gebunden.

Da der Vorschlag des Grafen Brühl zum endgültigen Titel der Oper erst im Brief vom 24. Mai 1820 erfolgte, besaß das Titelblatt der Partitur (S. 1) noch den alten Titel „*Die Jägerbraut*", der im Nachhinein von Weber ausradiert und mit „*Der Freyschüt-*

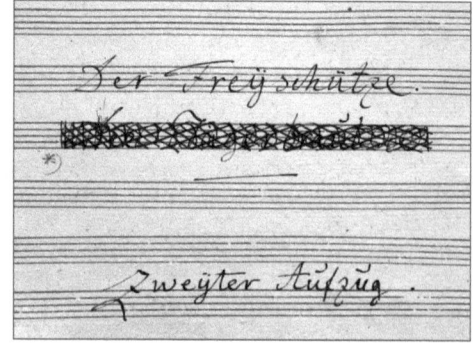

ze" überschrieben wurde. Im Buchstaben F ist noch das einstige J erkennbar. Dagegen steht auf den Titelblättern des II. und III. Aufzuges (S. 93 und S. 201) der neue Titel über dem ehemaligen, bis fast zur Unkenntlichkeit gestrichenen „Die Jägerbraut". Am unteren Rand dieser Seiten befinden sich Erläuterungen von Jähns zu den Titelkorrekturen; vgl. dazu auch Kap. III.4, S. 156. Auf S. 290 markierte der Komponist vertikal am rechten Rand: „Ende der Oper. Soli Deo gloria. CMvWeber".

[K-rb] Regiebuch der UA 1821
SCHREIBER: Berliner Kopist
DATIERUNG: nach August 1819, aber vor Juni 1820
TITEL: „Der Freischütz. | D̶i̶e̶ ̶B̶r̶a̶u̶t̶ ̶d̶e̶s̶ ̶J̶ä̶g̶e̶r̶s̶. | Romantische Oper in drei Aufzügen. | z̶u̶m̶ ̶T̶h̶e̶i̶l̶ ̶n̶a̶c̶h̶ ̶d̶e̶m̶ ̶V̶o̶l̶k̶s̶m̶ä̶r̶c̶h̶e̶n̶:̶ ̶|̶ ̶d̶e̶r̶ ̶F̶r̶e̶i̶s̶c̶h̶ü̶t̶z̶e̶. | Dichtung von F. Kind. | Musik von C. M. v. Weber." (darunter Stempel: „KŒNIGL / THEATER / BIBLIOTHEK")

Von dem heute verschollenen Regiebuch zur Uraufführung des Freischütz zeugen zwei Abbildungen in der Einleitung zum Schünemann-Faksimile 1942. Auf S. 44 ist das Titelblatt und auf S. 66 das Personenverzeichnis abgebildet.

Anhand dieser Abbildungen läßt sich feststellen, daß das Regiebuch vom selben Kopisten stammt, der in der ersten Berliner Textbuch-Kopie (K-tx$_6$) die nachträglichen Tinten-Korrekturen und Überklebungen ausführte. Das Regiebuch muß höchstwahrscheinlich vor Juni 1820 entstanden sein; als Vorlage kommt nur K-tx$_6$ (bzw. eine evtl. noch vorhandene weitere Abschrift von diesem Buch) in Frage, da das Titelblatt, ebenso wie das von K-tx$_6$, noch den Titel „Die Braut des Jägers" aufweist und erst im Nachhinein zu „Der Freischütz" verbessert wurde

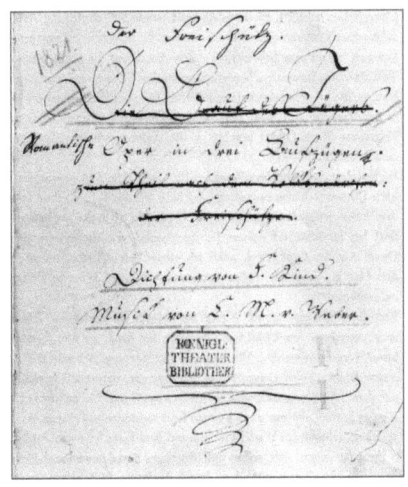

(vgl. Kap. III.4, S. 156.) Außerdem stimmen die beiden Personenverzeichnisse in ihrer ursprünglichen Anlage, d. h. ohne nachträgliche Korrekturen und Besetzungsergänzungen, völlig überein. Man kann davon ausgehen, daß die zweite verschollene Textbuch-Kopie, die Weber am 21. Juni 1820 nach Berlin schickte (siehe unter K-tx$_9$), bereits den endgültigen Titel der Oper aufwies, da Weber im selben Brief seine Zustimmung zur Titeländerung äußerte.

Im Gegensatz zu K-tx$_6$ wurde im Regiebuch der Zusatz „zum Theil nach dem Volksmärchen: der Freischütze" nicht in Klammern gesetzt, sondern gestrichen und vor „Oper in drei Aufzügen" von fremder Hand das Wort „Romantische" ergänzt, was vermutlich nach dem Vorbild der nach Berlin geschickten Partitur-Kopie geschah. Die in der linken oberen Ecke stehende Jahreszahl „1821." scheint noch von einer dritten Hand hinzugefügt worden zu sein.

Schünemann (S. 66) bringt eine Beschreibung des Regiebuches, die wesentliche Merkmale der für uns verlorenen Quelle festhält. Er schreibt, daß das Buch „interessante Einblicke" in die Arbeit des Schauspielers [Jonas Friedrich] Beschort, der Regie führte, liefere. Offenbar sind einige der vielen „Striche mit Bleistift, Blaustift und Tinte, Bemerkungen der verschiedensten Art" von ihm. Die von Schünemann aufgeführten Beispiele dieser Korrekturen, z. B. Änderung des „Böhmischen Fürsten" in den „Grafen von Schrekkenstein, sind ebenso in K-tx$_6$ zu finden. Des weiteren beschreibt Schünemann etliche hinzugefügte Regiebemerkungen, die wiederum nur hier und nicht in K-tx$_6$ auftauchen und die wichtige Informationen über die Inszenierung liefern, wie z. B. die Ausstattung der Aufführung, Anlage einzelner Szenen, Anzahl von Sängern und Statisten, Charakterisierung von einzelnen Auftritten und Requisiten sowie Skizzen von Bühnenbildern.

[K-tx$_9$] zweite Textbuch-Kopie für Berlin
DATIERUNG: vor 21. Juni 1820

Neben der ersten, heute noch erhaltenen Textbuch-Kopie für Berlin vom August 1819 (K-tx$_6$) sandte Weber laut Inhalt seines Briefes vom 21. Juni 1820 an den Grafen Brühl am selben Tag ein zweites Textbuch nach Berlin mit der Bemerkung: „Nach dem letzteren bitte ich das schon in Ihrem Besitz befindliche abändern zu lassen in einzelnen scheinbar kleinen Verbesserungen." Webers Aufforderung wurde Folge geleistet, was die in K-tx$_6$ vorgenommenen Korrekturen beweisen.

Außerdem findet sich im TB unter dem 18. Juni der Vermerk: „Partitur des Freyschützen nochmals durchgesehen, nebst Buch. *corrigiert.*" Damit könnte durchaus das drei Tage später nach Berlin verschickte Buch gemeint sein, möglicherweise aber auch Webers Handexemplar. Leider enthält das TB keinerlei Hinweis über die Anfertigung der Kopie.

[K-tx$_{10-14}$] fünf Textbuch-Kopien (1820)

Webers TB weist im 2. Halbjahr 1820 Zahlungen für fünf Textbuchkopien auf: 21. Juli 1820 zwei Exemplare, 11. Dezember 1820 ein Exemplar, 23. Dezember 1820 zwei Exemplare (hier Kopist: Riedel). Diese Bücher sind möglicherweise mit folgenden Versand-Daten aus Webers TB in Verbindung zu bringen: Buch an Ernst August Friedrich Klingemann nach Braunschweig (24. November 1820), Buch an Ferdinand Leopold Karl Freiherr von Biedenfeldt (Exemplar für das Theater an der Wien, 23. Januar 1821), Exemplar für Kopenhagen (Buch „geordnet" am 12. Juli, versendet am 13. Juli 1821), Kopie für Prag (21. August 1821). Ausschließlich im Ausgabenbuch ist gemeinsam mit dem Buch für das Theater an der Wien noch eine Textbuch-Kopie für Prinz Friedrich von Sachsen eingetragen (ohne Datierung). Vermutlich hatte der Prinz nach den privaten Aufführungen von zwei *Freischütz*-Nummern im März 1820 (vgl. Kap. III.4, S. 155) Interesse an der Oper bekundet, so daß Weber ihm das Libretto übereignete. Die Preisangaben für die genannten fünf Bücher im Ausgabenbuch stimmen allerdings (übrigens auch in anderen Fällen) nicht genau mit Webers Tagebuch-Notizen überein, so daß eine genaue Zuordnung nicht möglich ist.

K^A-tx$_{15}$ (*A-Wn*) **Textbuch-Kopie für Wien mit autographen Eintragungen von Weber** (von der Zensur bearbeitetes Original von 1821); Wien, Österreichische Nationalbibliothek, Musiksammlung; Mus. Hs. 32.154
PROVENIENZ: Kgl. Hofoper
TITELBLATT: fehlt
DATIERUNG: vor 27. August 1821
SCHREIBER: Dresdner Kopist (identisch mit dem Schreiber von K^A-tx$_{21}$ sowie des 1. Blattes von K^A-tx$_4$)

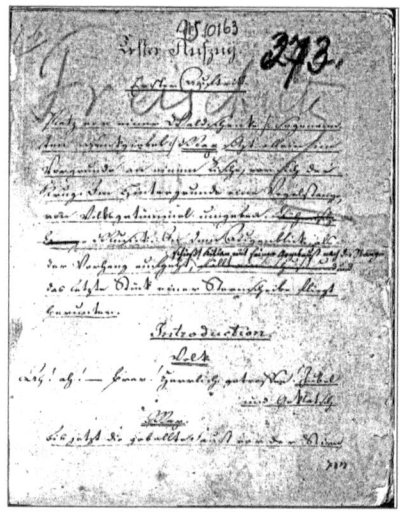

Bei dieser Textbuch-Kopie handelt es sich um das Wiener Originaltextbuch mit Eintragungen von Webers Hand. Weber zahlte und versandte laut TB am 27. August 1821 eine Kopie des Textbuches nach Wien, vermutlich an Ignaz von Mosel, Vizedirektor des Hoftheaters, da die Ankündigung im Brief an diesen vom 24. August erfolgte. Wie im Fall der Hamburger Textbuch-Kopie (K^A-tx$_{21}$), die vom selben Kopisten stammt, hat der Komponist das Textbuch selbst überarbeitet, bevor er es versandte.
Als Vorlage für die Wiener Textbuch-Kopie diente höchstwahrscheinlich Webers Handexemplar (K^A-tx$_4$), da der Text bis auf einige Abweichungen, die als Kopisteneigenheiten zu deuten sind, mit dessen Text einschließlich der Weberschen Korrekturen übereinstimmt. Die Überschriften zu den musikalischen Nummern, die Weber im Handexemplar hinzufügte, wurden hier vom Kopisten im Gegensatz zu den nur vereinzelten Eintragungen im Hamburger Textbuch, nicht nur alle übernommen, sondern teilweise auch nach den Angaben im

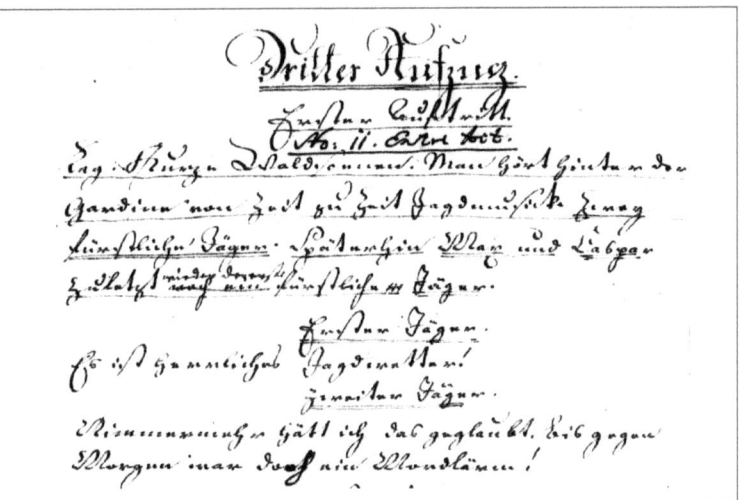

Weberschen Partitur-Autograph (A-pt) näher bezeichnet. Ausnahme bildet die Angabe „No: 11. *Entre Act.*", die Weber selbst ergänzte.

Bei den mit schwarzer Tinte ausgeführten Korrekturen Webers handelt es sich um kleinere Verbesserungen, im wesentlichen die Streichung einzelner Worte und Sätze bzw. deren Ergänzung und Einfügung, vgl. dazu im Variantenverzeichnis ab S. 218.

Die in der Hamburger Textbuchkopie von Weber nachgetragene Ergänzung in Szene I/2 („Kilian./schaudernd/. [...] dafür nach seinem Willen.") fehlt hier noch, vgl. Kap. III.3, S. 143 u. 146 und Quellenbeschreibung von K^A-tx$_{21}$.

In der Textbuch-Kopie für Wien ist die Romanze und Arie des Annchens Nr. 13 erstmals als regulärer Bestandteil enthalten. Da hier im Gegensatz zur Partitur (A-pt), in welche die Arie nachträglich eingeheftet wurde, auch der dazugehörige Anschlußsprechtext vorhanden ist, wurde der nach dem Handexemplar (K^A-tx$_4$) edierte Text durch diesen Abschnitt aus K^A-tx$_{15}$ ergänzt.

Der im Handexemplar gestrichene Eremitentext in Szene III/6 (10 Zeilen von „Leicht kann des Frommen Herz [...]" bis „[...] in seinen Busen nicht?") ist hier zwar noch enthalten, aber im Nachhinein von Weber ebenfalls gestrichen worden. Daraus resultierte die gleiche Korrektur des Anschlußtextes, d. h. die Änderung des Wortes „Drum" in „So", die Weber auch im Handexemplar vornahm; vgl. Kap. III.3, S. 146–150 u. S. 182.

Weitere Korrekturen in der Kopie gehen auf Mosel und auf die Wiener Zensur zurück, wobei hier eine erste Korrekturschicht durchscheint. Wie sich das Werk bis zur von der Wiener Zensur völlig verstümmelten EA am 3. November 1821 veränderte, ist durch weitere überlieferte Wiener Quellen dokumentiert; vgl. dazu Joachim Reiber, *Bewahrung und Bewährung. Das Libretto zu Carl Maria von Webers „Freischütz" im literarischen Horizont seiner Zeit*, München 1990, S. 113–130.

[$K^{(A)}$-tx$_{16-20}$]   fünf Textbuchkopien (September 1821)

Lediglich durch Webers TB sind fünf im September 1821 entstandene Textbuch-Kopien bezeugt. Zwei davon bezahlte Weber am 4. September, vermutlich jene an Gottlob Benedikt Bierey für Breslau (Übergabe 14. September) und die für Karlsruhe (Versand 7. September). Die Textbuch-Kopie für Gräfin Clam (Zahlung und Übergabe 14. September) erhielt Weber am 20. November d. J. zurück (im Ausgabenbuch notierte er dazu: „Ein Buch für mich", ohne Datierung aber mit übereinstimmendem Preis). Es folgten eine Textbuch-Kopie für Leipzig (Zahlung 30. September, Versand 18. Oktober); sowie eine für Mannheim (Zahlung 8. Oktober, verschickt am 6. November an Peter von Ritter).

Die Titelblätter des Breslauer sowie des Mannheimer Buches mit Nachträgen von Weber waren mehrfach im Auktionshandel – der Rest der Kopien war zu diesem Zeitpunkt wohl schon makuliert worden. Die letzten Angebots-Nachweise sind für die Breslauer Kopie die Henrici-Auktion Nr. 125 (24./25. November 1927, Nr. 541) bzw. für die Mannheimer Kopie die Henrici-Auktion 73 (17./18. Oktober 1921, Nr. 187).

K^A-tx$_{21}$ *(D-Hs)* Textbuch-Kopie für das Theater in Hamburg, mit autographen Eintragungen von Weber; Staats- und Universitätsbibliothek Hamburg Carl von Ossietzky; Cod. 118c in scrin.

PROVENIENZ: 1873 vom Hamburger Theater an die Bibliothek abgegeben

SCHREIBER: Dresdner Kopist (identisch mit dem Schreiber von K^A-tx$_{15}$ sowie des 1. Blattes von K^A-tx$_4$)

DATIERUNG: vor 24. Oktober 1821

TITEL: „*Der Freÿschütz*. | Romantische Oper in 3. Aufzügen. | Dichtung von Friedrich Kind. | Musik von | Karl Maria von Weber. | [Nachtrag von Weber:] Zunächst zu Eröffnung des neuen Königl: | Schauspielhaußes in Berlin 1821. geschrieben. | Zur Darstellung auf dem NationalTheater | zu Hamburg. *Carl Maria von Weber*."

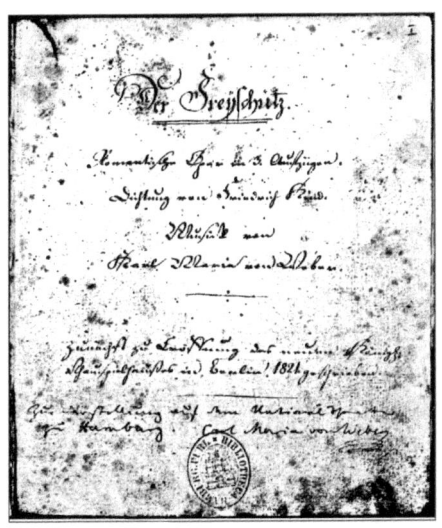

Unter dem 24. Oktober 1821 findet sich in Webers TB der Vermerk über die Bezahlung von zwei Textbüchern des *Freyschützen*, wovon ein Exemplar für Hamburg bestimmt war. Am selben Tag noch schickte er die Kopie nebst der nachkomponierten Annchen-Arie an den Hamburger Theaterdirektor und Regisseur Friedrich Ludwig Schmidt. Verhandlungen um die Erstaufführung des Werkes begannen bereits im März 1821, was Webers Brief an Schmidt vom 4. März des Jahres (*D-Hs*, Nachl. Fr. L. Schmidt, Bl. 507) belegt.

Als Vorlage für die Hamburger Textbuch-Kopie diente höchstwahrscheinlich direkt Webers Handexemplar (K^A-tx_4), da der Text bis auf wenige unbedeutende Abweichungen mit diesem übereinstimmt, einschließlich der dort nachgetragenen Weberschen Korrekturen. (Die Abweichungen zwischen den Texten sind vermutlich auf Eigenheiten bzw. Lesefehler des Kopisten zurückzuführen.) Außerdem enthält die Abschrift zwei autographe Eintragungen von Webers Hand, zum einen den Zusatz auf dem Titelblatt (s. o.) und zum anderen auf S. 10 die Ergänzung in Szene I/2: „Kilian./schaudernd/. Hu! Freykugeln soll der Böse gießen helfen! Sie treffen allemal, aber Eine lenkt er dafür nach seinem Willen." Darüberhinaus finden sich zahlreiche Eintragungen, Streichungen und Korrekturen von fremder Hand (u. a. von Schmidt) in der Kopie, die vermutlich in Zusammenhang mit der Erstaufführung des Werkes in Hamburg am 5. Februar 1822 stehen. Änderungen, die speziell die Berliner UA betrafen (siehe K-tx$_6$ und K-rb), wurden entweder, wie z. B. die geänderten Personenbezeichnungen, nicht in die Hamburger Textbuch-Kopie übernommen oder es wird, wie im Falle der 3. Strophe von Caspars Trinklied, in dem beide Texte als Ossia-Varianten vorkommen, deren Übernahme freigestellt, was zeigt, daß Weber diese Änderungen nicht als allgemeingültig betrachtete.

Die Hamburger Abschrift ist neben der Wiener Textbuchkopie (K^A-tx$_{15}$) die einzige noch erhaltene handschriftliche Librettoquelle, in der der Text der im Frühjahr 1821 nachkomponierten Ännchen-Arie in Szene III/3 erscheint; vgl. Kap. III.4, S. 161–163.

Daß der im Handexemplar gestrichene Eremitentext in Szene III/6 (10 Zeilen von „Leicht kann des Frommen Herz [...]" bis „[...] in seinen Busen nicht?") in der hier vorliegenden, von Weber autorisierten Abschrift gar nicht mehr auftaucht, bestätigt die Kürzung als Webersche Korrektur; vgl. Kap. III.3, S. 146–150 und Varianten- und Lesartenverzeichnis S. 239.

Im Anschluß an die Abschrift finden sich mehrere Seiten mit Ausführungen zur szenischen Umsetzung des Werkes (S. 114–138) von der Hand verschiedener Schreiber, darunter vermutlich F. L. Schmidt. Es handelt sich um drei unterschiedliche Fassungen von Regieanweisungen, möglicherweise verschiedene Aufführungsstadien betreffend.

[K-tx$_{22-28}$] sieben Textbuchkopien (Oktober bis Dezember 1821)

Bis zum Erscheinen des gedruckten *Freischütz*-Librettos um den Jahreswechsel 1821/22 versandte Weber seinen Tagebuch-Eintragungen zufolge noch mehrere Textbuch-Kopien: nach München (Zahlung gemeinsam mit K^A-tx$_{21}$ 24. Oktober, Versand 30. Oktober an Joseph Stich), nach Dresden (Zahlung 13. November), nach Königsberg (Zahlung ebenfalls 13. November, Versand an Gebr. Bornträger 23. November), nach Danzig (Zahlung 26. November, Versand an Edmund von Weber 30. November), nach Pest (Zahlung 8. Dezember, Versand 10. Dezember), nach Frankfurt am Main (Zahlung 17. Dezember, Versand 18. Dezember) sowie nach Kassel (Zahlungsbeleg fehlt im TB, Preis aber im Ausgabenbuch notiert; Versand 27. Dezember).

2. Autorisierte gedruckte Quellen

VD$_1$ nicht vertontes Duett aus der gestrichenen 2. Szene
TITELBLATT: „Penelope. | Taschenbuch | für das Jahr 1820 | der | Häuslichkeit und Eintracht | gewidmet. | Herausgegeben | von | Theodor Hell. | Mit Kupfern. | Leipzig, | J. C. Hinrichssche Buchhandlung."
DATIERUNG: Herbst 1819; s. Anzeige im *Morgenblatt für gebildete Stände*, Jg. 13, Intelligenzblatt Nr. 43 (November 1819), S. 172
BENUTZTES EXEMPLAR: *D-B*, Yf 406 R [1820]

Auf S. 380–381 dieses Oktavbandes findet sich der Abdruck des Duettes zwischen Agathe und dem Eremiten, welches bei der ersten Fassung des Librettos vom März 1817 Bestandteil des 2. Auftrittes im I. Aufzug war. Da die ersten beiden Auftritte der Oper (die sogenannten Eremitenszenen) für die zweite Fassung (Mai 1817) gestrichen wurden, entfiel auch dieses Duett und wurde daher von Weber nicht vertont, vgl. Kap. III.3, S. 134–138. Das Duett steht hier unter dem Titel: „Die geweihten Rosen", der Name Agathe ist durch die unpersönlichere Form „Mädchen" ersetzt. In Friedrich Kinds Textbuch-Veröffentlichungen wurden die Szenen wieder aufgenommen, vgl. Quellenbeschreibung D-tx$_{1-3}$ sowie D$^+$-tx$_{2,3}$.

VD$_2$ Nr. 14 Volkslied
TITELBLATT: „W. G. BECKER'S | TASCHENBUCH | zum geselligen Vergnügen | Herausgegeben | von | Friedrich Kind. | Auf das Jahr 1821. | Mit Königl. Sächsischem allergnädigstem Privilegio. | LEIPZIG, | bei Georg Joachim Göschen. | Wien in der Carl Geroldschen Buchhandlung."
DATIERUNG: September 1820; s. Anzeige in der *Wiener-Zeitung* vom 13. September 1820
BENUTZTES EXEMPLAR: *D-B*, Yf 131 R [1821]

In diesem Oktavband findet sich auf S. 396–397 der reine Liedtext (ohne Personenangaben) der Nr. 14 aus dem *Freischütz*, überschrieben mit „Volkslied. aus der Oper: Der Freischütz. Musik von Carl Maria von Weber.", unterzeichnet mit „Kind".

ED-tx   Erstdruck der Gesangstexte zur UA; Berlin 1821
TITELBLATT: „Arien und Gesänge | der | romantischen Oper: | Der Freischütz. | In drei Abtheilungen. | Dichtung von F. Kind. | Musik von C. M. v. Weber. | Berlin, 1821."
DATIERUNG: nach dem 28. Mai, vor 18. Juni 1821
BENUTZTES EXEMPLAR: *D-B*, Weberiana Cl. VI, Kasten 2, Nr. 9

Am 21. Juni 1821 vermerkte Weber in seinem TB die Bezahlung für „12 Exemplare Textbücher vom Freyschützen" zu 2. – – [Thaler], bei denen es sich aufgrund des Preises um Exemplare des Erstdruckes der Arien und Gesänge zum *Freischütz* handeln müßte.

Der Erstdruck des Textes der musikalischen Nummern der Oper im Oktav-Hochformat (9 x 15,5 cm) umfaßt 39 S. (S. 40 leer).

Die Numerierung der musikalischen Nummern stimmt nicht mit der von Weber in seiner Partitur und im Handexemplar vorgenommenen überein, da sie in jedem Aufzug mit der Zählung von neuem beginnt. Daraus ergibt sich folgende Numerierung:

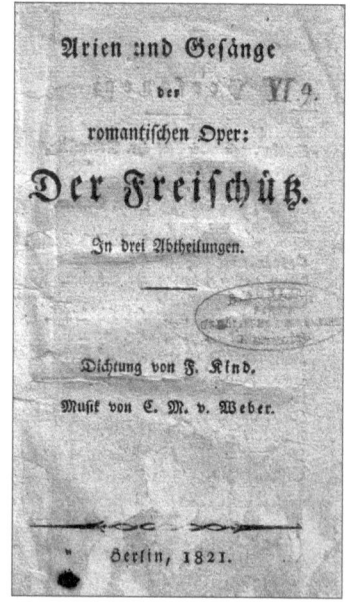

I. Aufzug: 1. Chor der Landleute; 2. Lied (Kilian); 3. Terzett und Chor; 4. Rezitativ und Arie (Max); 5. Lied (Caspar); 6. Arie (Caspar)
II. Aufzug: 1. Duett; 2. Ariette (Annchen); 3. Scene und Arie (Agathe); 4. Terzett; 5. Finale
III. Aufzug: 1. Cavatine (Agathe); 2. Romanze, Arie (Annchen); 3. Volkslied; 4. Chor; 5. Finale.

Im Erstdruck der Gesangstexte wurden die von Graf Brühl vorgeschlagenen Änderungen der Personen umgesetzt: Ottokar ist regierender Graf, Cuno gräflicher Erbförster, Sammiel wird zu Samiel. Im Personenverzeichnis erscheint die Besetzung der UA, wie zwischen Weber und Brühl vereinbart; vgl. Kap. III.4, S. 160f.

Welche Quelle als Vorlage für den Erstdruck diente, ist schwer zu bestimmen. Der Text von ED-tx ähnelt der durch die Berliner Theater-Kopie überlieferten Textform (K-tx$_6$), bis auf einige Abweichungen, die als Lesefehler bzw. Lesarten angesehen werden können, sowie weitere Abweichungen, bei denen der Druck mit dem Text in A-pt übereinstimmt. Höchstwahrscheinlich wurde nach mehreren Quellen ediert: nach der in Berlin vorhandenen Partitur-Kopie (heute verschollen) und einem der Textbücher, entweder K-tx$_6$, K-rb oder K-tx$_9$.

In Caspars Trinklied „Hier im ird'schen Jammerthal" erscheint die Zensurvariante; vgl. Kap. III.3, S. 146. Da die erst am 28. Mai 1821 von Weber nachkomponierte Romanze und Arie des Ännchen (Nr. 13) regulärer Bestandteil des Erstdruck-Textes ist, kann dieser erst danach entstanden sein; vermutlich kurz vor der UA am 18. Juni. Daß der Eremitentext im Finale des III. Aufzugs hier ungekürzt abgedruckt ist, legt den Schluß nahe, daß es sich bei der von Weber vorgenommenen Streichung um eine unmittelbar vor der UA gemachte oder aus den Erfahrungen der UA resultierende

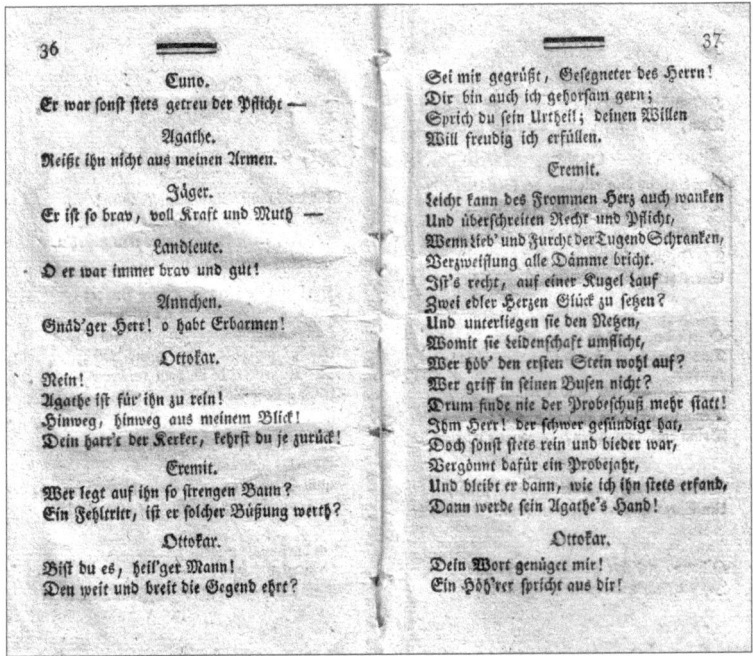

Änderung handelte, die in ED-tx nicht mehr umgesetzt werden konnte. Die Streichung wurde von Weber für darauffolgende Aufführungen als gültig angesehen, was die Hamburger Textbuch-Kopie (K^A-tx$_{21}$), in der der Text nicht mehr enthalten ist, beweist; vgl. ebd. S. 146–150.

D-tx$_1$ **1. Auflage des kompletten Textbuchs**, Leipzig: Göschen, 1821
TITELBLATT: „Der Freischütz. | Von | Friedrich Kind. | Leipzig, | bei Georg Joachim Göschen, 1822."
INNENTITEL: „Der Freischütz. | Oper in drei Aufzügen. | In Musik gesetzt | von | Carl Maria von Weber."
DATIERUNG: Ende Dezember 1821; s. Anzeige in der Dresdner *Abend-Zeitung*, Jg. 6, Beilage *Wegweiser im Gebiete der Künste und Wissenschaften*, Nr. 2 (5. Januar 1822), S. 7, datiert: 24. Dezember 1821
BENUTZTES EXEMPLAR: A-Wn, 3.797-A M. S.

Mit dem Kauf des Textbuches von Kind am 3. März 1817 erwarb Weber das alleinige Eigentumsrecht für fünf Jahre; vgl. dazu Kap. III.2, S. 115–118. Die von Friedrich Kind herausgegebene gedruckte Ausgabe erschien kurz vor Ablauf dieser Frist, bereits im Dezember 1821. Ab dieser Zeit verschickte Weber an die Theater nicht mehr handschriftliche Textbuchkopien, sondern gedruckte Ausgaben.

Bei dem Textbuch handelt es sich um einen Oktavband mit 123 S. (S. 2 und S. 124 leer).

Auf S. 119–123 befindet sich das Nachwort des Verfassers, datiert mit dem 30. November 1821.

Die mit der UA zusammenhängenden Änderungen im Personenverzeichnis machte Kind teilweise wieder rückgängig, Ottokar ist wieder böhmischer Fürst und Cuno fürstlicher Erbförster. Nur Samiel bleibt bestehen, vgl. ED-tx.

Im Text enthalten sind zwei Anmerkungen von Friedrich Kind:
– S. 13 am Ende des II. Auftrittes: „Diese zwei Einleitungsscenen sind hier f ü r d i e L e s e r aus der ersten Handschrift hergestellt und nicht mit componirt. Die A u f f ü h r u n g beginnt mit der folgenden Scene."
Trotz der Einigung mit Weber über die Streichung der ursprünglich geplanten Anfangsszenen beschloß Kind bei Herausgabe des Textbuches, diese wieder aufzunehmen, obwohl sie, wie er selbst hinzufügt, keinerlei aufführungspraktische Relevanz besitzen.

Daß Weber das gedruckte Buch trotz dieses nachträglichen Kindschen Eingriffes und weiterer Veränderungen als vollgültige Fassung akzeptierte, geht daraus hervor, daß er dieses an die Theater versandte und im Nachhinein sogar Ergänzungen bzw. Korrekturen in sein Handexemplar (siehe K^A-tx_4) in Anlehnung an die Kindsche Ausgabe übertragen ließ.

Durch die Ergänzung der beiden Szenen hat der I. Aufzug hier acht Auftritte. Außerdem folgte daraus eine Kürzung von Agathes Text in Szene II/1 (S. 55); vgl. dazu Kap. III.3, S. 137f.

– S. 115 in Szene III/6: „Das Eingeschlossene bleibt bei der Aufführung weg."
Die Anmerkung bezieht sich auf sechs Zeilen des Eremitentextes im Finale des III. Aufzugs, die Kind in eckige Klammern setzte: „War's recht, auf einer Kugel Lauf [...] in seinen Busen nicht?". Laut Handexemplar (K^A-tx_4) kürzte Weber den Text des Eremiten aber um zehn Zeilen. Kind setzte sich hier wiederum von Weber ab, indem er aus unersichtlichem Grunde nur die ersten vier Zeilen des vom Komponisten gestrichenen Textes wegließ.

Außerdem nahm er zahlreiche kleinere Veränderungen am Text vor, die keine inhaltlichen Abweichungen hervorrufen, sondern nur Formulierungen betreffen; vgl. Varianten- und Lesartenverzeichnis.

D-tx₂   **2. Auflage des kompletten Textbuches**; Leipzig: Göschen, 1822
TITELBLATT: „Der Freischütz. | Von | Friedrich Kind. | Zweite Auflage. | Leipzig, | bei Georg Joachim Göschen, 1822."
INNENTITEL: „Der Freischütz. | Oper in drei Aufzügen. | In Musik gesetzt | von | Carl Maria von Weber."
DATIERUNG: Frühjahr 1822; s. Anzeige in der Dresdner *Abend-Zeitung*, Jg. 6, Beilage *Wegweiser im Gebiete der Künste und Wissenschaften*, Nr. 39 (15. Mai 1822), S. 156
BENUTZTES EXEMPLAR: *D-B*, Mus. T 1575

Der Oktavband umfaßt 124 S. (S. 2 leer). Auf S. 119–124 befindet sich das gleiche Nachwort des Verfassers wie zur ersten gedruckten Textausgabe (D-tx₁), welches im Gegensatz dazu aber undatiert ist.

Der Text stimmt grundlegend mit dem Text in D-tx₁ überein, einschließlich derselben Anmerkungen, vgl. Quellenbeschreibung D-tx₁.

D-tx₃   **3. Auflage des kompletten Textbuches**; Leipzig: Göschen, 1823
TITELBLATT: „Der Freischütz. | Von | Friedrich Kind. | Dritte Auflage. | Leipzig, | bei Georg Joachim Göschen, 1823."
INNENTITEL: „Der Freischütz. | Oper in drei Aufzügen. | In Musik gesetzt | von | Carl Maria von Weber."
DATIERUNG: Sommer 1823; s. Anzeige in der Dresdner *Abend-Zeitung*, Jg. 7, Beilage *Wegweiser im Gebiete der Künste und Wissenschaften*, Nr. 48 (14. Juni 1823), S. 192
BENUTZTES EXEMPLAR: *D-B*, Weberiana Cl. VII, Bd. 19

Der Oktavband umfaßt 124 S. (S. 2 leer). Auf S. 119–124 befindet sich das gleiche Nachwort des Verfassers wie in den beiden vorausgegangenen Ausgaben, das im Gegensatz zur ersten gedruckten Textausgabe (D-tx₁) jedoch undatiert ist und zwei neue Anmerkungen enthält, die auf diverse Publikationen verweisen: Kinds Veröffentlichungen in der Dresdner *Abend-Zeitung*, Jg. 1822,

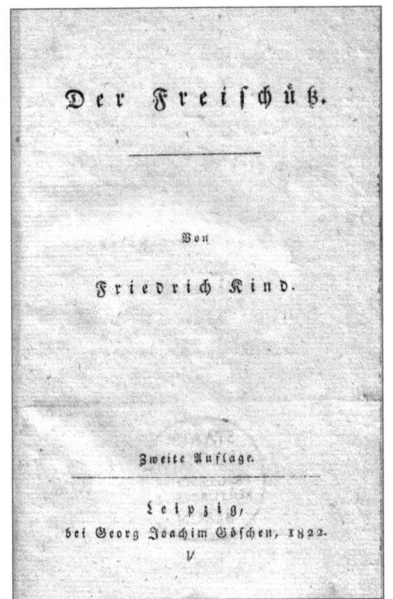 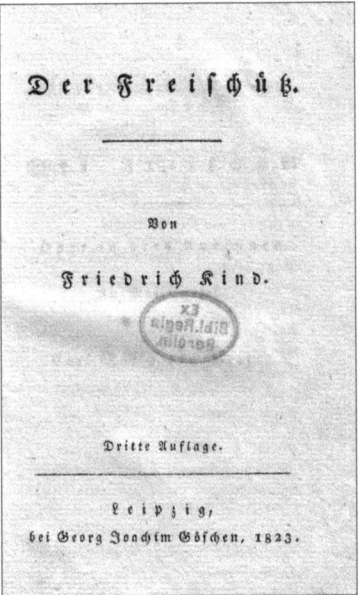

2. Auflage (D-tx$_2$) und 3. Auflage des kompletten Textbuchs (D-tx$_3$)

Nr. 46 und Nr. 168 sowie in der *Muse*, Mai 1822, S. 85, Brühls Abhandlung *Neue Kostüme auf den beiden Kgl. Theatern zu Berlin* [...], 13. Heft, 1822 sowie Friedrich de la Motte Fouqués Aufsatz „Auch ein Gespräch über den Freischützen" in der *Zeitung für die elegante Welt*, 1822, Nr. 183 u. 185.

Der Libretto-Text stimmt im wesentlichen mit dem Text der beiden Göschen-Ausgaben von 1821/1822 (D-tx$_1$ und D-tx$_2$) überein, die ursprünglichen Anmerkungen (S. 13 und 115) fehlen allerdings, im Falle der Eremitentextkürzung im Finale des III. Aufzugs wurde auf die Klammer verzichtet.

D$^+$-tx$_1$ postume Nachauflage des kompletten Textes, Leipzig: Göschen, 1827
TITELBLATT: „Der Freischütz. | Von | Friedrich Kind. | Dritte [sic] Auflage. | Leipzig, 1827. | bei Georg Joachim Göschen."
BENUTZTES EXEMPLAR: *D-B*, Mus. Tw 225/24

Quellenbeschreibung

Die Ausgabe mit kleinerem Satzspiegel und anderer Seitenaufteilung als die übrigen Göschen-Ausgaben umfaßt 107 S. (S. 108 ist leer, S. 102 ist fälschlich als S. 192 bezeichnet). Außerdem sind die Szenenanweisungen nur außerhalb des Dialogtextes kleiner gedruckt, innerhalb des Textes erscheinen sie in gleicher Schriftgröße, aber in runde Klammern gesetzt (Ausnahmen S. 40 und 52).

In dieser Ausgabe fehlt die erste Anmerkung im Text nach den Eremitenszenen, allerdings sind die zweite Anmerkung zum Eremitentext in Szene III/6 und auch die Klammer im Text im Gegensatz zur regulären 3. Auflage (D-tx$_3$) enthalten; vgl. dazu Quellenbeschreibung D-tx$_1$. Das spricht eher dafür, daß diese Neuausgabe nach der zweiten Auflage von 1822 (D-tx$_2$) erfolgte, was auch die falsche Auflagenzählung erklären würde. Denkbar wäre, daß diese Ausgabe ohne Kinds Ermächtigung entstand und die Veränderungen eigenmächtig vom Verleger vorgenommen wurden.

Das würde auch erklären, warum der Band im Gegensatz zu den beiden anderen, von Kind autorisierten postumen Ausgaben (D⁺-tx$_2$ und D⁺-tx$_3$) die Annchen-Arie Nr. 13 noch enthält, was besonders im Fall von D⁺-tx$_2$ (Textabdruck in Kinds *Theaterschriften*, Bd. 4) verwundert, der ebenso 1827 erschien; vgl. auch Kap. III.4, S. 163.

D⁺-tx$_2$ Abdruck des Textes in Friedrich Kinds *Theaterschriften*, 4. Band, Grimma: Göschen-Beyer, 1827
TITELBLATT: „Friedrich Kind's | Theaterschriften. | Vierter Band. | Grimma | bei C. F. Göschen=Beyer 1827."
INNENTITEL (S. 233): „III. | Der Freischütz. | Volks=Oper in drei Aufzügen. | 1817. | In Musik gesetzt | von | Carl Maria von Weber."

DATIERUNG: Sommer 1827; s. Anzeige in der Dresdner *Abend-Zeitung*, Jg. 11, Beilage *Wegweiser im Gebiete der Künste und Wissenschaften*, Nr. 56 (14. Juli 1827), S. 222f.

BENUTZTES EXEMPLAR: *D-B*, Ys 4309 [Bd. 4]

Bereits in einem Brief vom 25. Dezember 1820, so berichtet Schünemann in der Einleitung seines Partitur-Faksimiles, S. 58, teilte Friedrich Kind dem Berliner Intendanten Graf Brühl mit, „daß er seinen vor vier Jahren gedichteten Text in eine Sammlung seiner Theater-Schriften aufnehmen" wolle. Dieses Vorhaben realisierte er erst nach Webers Tod 1827. Innerhalb dieses Oktav-Sammelbandes erscheint das Libretto auf S. 233–332.

Für diese Ausgabe unterzog Kind seinen Text nicht nur einer gründlichen Überarbeitung, was die Veränderungen gegenüber den drei vorhergehenden Göschen-Ausgaben (D-tx$_1$, D-tx$_2$ und D-tx$_3$) verdeutlichen, sondern versah den edierten Text zusätzlich mit neuen Anmerkungen, die interessante Aufschlüsse zur Werkgenese erbringen, etwa am Beginn der Ausgabe auf S. VII und im Anschluß an den Textabdruck S. 317–332; vgl. Kap. III.2, S. 118f. So bringt er hier im Vergleich zu den vorherigen Göschen-Ausgaben in Anmerkung 3 (S. 319f.) eine ausführliche Erläuterung seiner Wiederaufnahme der einleitenden Eremitenszenen; vgl. Kap. III.3, S. 135–137.

Erst- und einmalig innerhalb seiner gedruckten Textausgaben verweist Kind (S. 321) auf die ursprüngliche Fassung der Erzählung des Erbförsters Cuno über den gleichnamigen Urältervater in Szene I/2 (hier 4. Auftritt) in Form einer Romanze, die Weber komponieren sollte; vgl. dazu Kap. III.3, S. 133.

Der Eremitentext im III. Finale ist ohne Klammer und Anmerkung abgedruckt (ebenso in D$^+$-tx$_3$); vgl. dazu die Quellenbeschrei-

Quellenbeschreibung

bung zu D-tx$_1$. Den gravierendsten Eingriff stellt die Weglassung der Annchen-Arie in Szene III/3 dar (ebenso in D$^+$-tx$_3$), zu deren Begründung Kind keinerlei Anmerkung macht, noch nicht einmal einen Vermerk, daß an dieser Stelle zur UA eine Arie enthalten war. Vielleicht erinnerte er sich an die einstigen Argumente gegen den von Brühl gewünschten Einschub der Arie, wie sie Weber in einem Brief an diesen vom 25. März 1821 geäußert hatte. So stimmt der Dialogtext anstelle der Arie hier wieder mit dem Text im Handexemplar (K^A-tx$_4$; ebenso L-tx$_2$, K-tx$_6$ und K-tx$_7$) überein, den Weber in dieser Form auch für die Aufführung in Kopenhagen vorschlug, wie aus dem Brieffragment vom 13. Juli 1821 hervorgeht; vgl. dazu Kap. III.4, S. 163.

D$^+$-tx$_3$ **Ausgabe letzter Hand** von Friedrich Kind; Leipzig: Göschen, 1843
TITELBLATT: „Der Freischütz. | Volks=Oper in drei Aufzügen. | Ausgabe letzter Hand | mit August Apels Schattenrisse, siebenunddreißig Original= | Briefen und einem Facsimile von Carl Maria von Weber, | einer biographischen Novelle, Gedichten | und andern Beilagen. | Von | Friedrich Kind. | Leipzig. | G. J. Göschen'sche Verlagshandlung. | 1843."
INNENTITEL: „I. | Der Freischütz. | Volks=Oper in drei Aufzügen."
DATIERUNG: Frühjahr 1843; s. Rezension in *AmZ*, Jg. 45, Nr. 15 (12. April 1843), Sp. 277–281
BENUTZTES EXEMPLAR: *D-B*, Mus. Dw 1899
Der Oktavband umfaßt 272 S. Das zweite der Vorsatzblätter ziert Apels Schattenriß. Der Abdruck des Operntextes befindet sich auf S. 1–62, einschl. Anmerkungen. Es folgen in einzelnen Kapiteln: „Schöpfungsgeschichte des Freischützen. Biographische Novelle"; Briefe; Gedichte; „Erläuterungen. (Aus Sprache und Geschichte.)" und „Miscellen".
Nach S. 272 ist ein Faksimile eines Briefes von Weber an Kind vom 19. November 1825 eingefügt (Dankesbrief Webers für Kinds Geburtstags-Gabe).
Ab S. 116 berichtet Kind über die Zusammenarbeit mit Weber am *Freischütz*, darüberhinaus über ihre Beziehung und deren Abkühlung in sehr subjektiv gefärbter Weise. Der ganze Band scheint

dem Zweck zu dienen, Kinds Anteil am Erfolg des Werkes, welcher ihm von der Mitwelt vermeintlich streitig gemacht wurde, in mitunter wenig bescheidener Art herauszustellen.

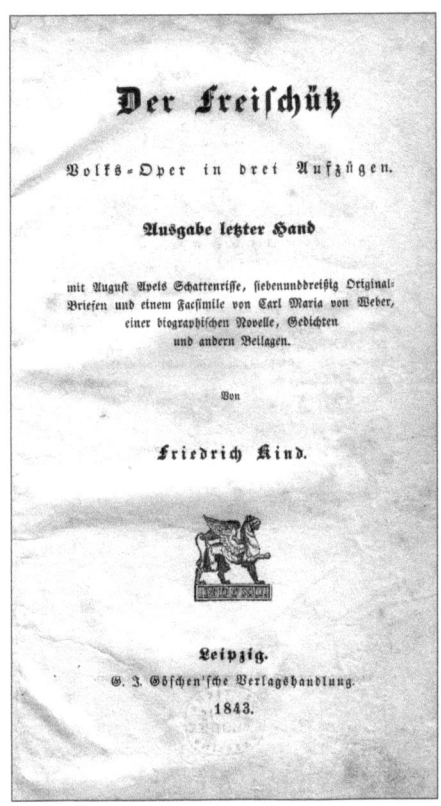

Eine ausführliche Erläuterung der Vorgänge, wie es zur Streichung der einleitenden Eremitenszenen kam, findet sich auf S. 120f., woraus klar hervorgeht, daß Kind im Nachhinein die auf Drängen Webers zustandegekommene Entscheidung bereute; vgl. Kap. III.3, S. 134–138. Wie schon in D⁺-tx$_2$ fehlt auch hier die nachgedichtete bzw. -komponierte Arie des Ännchen Nr. 13 ohne Anmerkung im Text, auf S. 130 vermerkt Kind allerdings in bezug auf die UA: „Ich fügte auf des Hrn. Gr. Brühl und Webers Bitte das »Einst träumte meiner alten Base etc.« noch ein, weil Dem. Eunike, als auch erste Sängerin, ansonst nicht singen wollte."; vgl. Kap. III.4, S. 161–163.

Illustration zu Webers *Der Freischütz*, Szene II/5 mit Caspar und Sammiel
„Was rufst du mich?"
Kupferstich von Carl August Schwerdgeburth nach Johann Heinrich Ramberg

V. Bewertung der für die Edition massgeblichen Quellen

Dem Anliegen der Edition gemäß, den Text der Uraufführung so weit wie möglich zu rekonstruieren, fiel die Wahl der Hauptquelle auf Webers Handexemplar (K^A-tx_4). Der Erstdruck der Gesangstexte (ED-tx) gibt nur die Texte der musikalischen Nummern wieder und kommt somit als Editionsgrundlage des gesamten Textbuches nicht in Frage; das unmittelbar mit der Berliner UA zusammenhängende Aufführungsmaterial (K-rb, K-tx_9) ist verschollen. Webers Handexemplar hat als Kompositionsgrundlage und als Vorlage sämtlicher von Weber verbreiteten Textbuch-Kopien eine herausragende Bedeutung innerhalb der überlieferten Quellen zum Libretto.

Das Handexemplar ist zwar eine früh angefertigte Textbuch-Kopie, deren Vorlage das erhaltene Libretto-Manuskript Friedrich Kinds (L-tx_2) bildete, umfaßt jedoch verschiedene Textschichten, die quasi sämtliche Veränderungen des Werkes von seiner Niederschrift (Mai 1817) bis zur UA (Juni 1821) und sogar darüberhinaus belegen:

Erste Schicht ist der reine Kopistentext, der die Fassung aus Kinds Autograph wiedergibt (Text des 1. Dresdner Schreibers, vgl. Variantenverzeichnis). Die zweite Schicht bilden die autographen Korrekturen Webers; diese reichen von der Streichung und Veränderung einzelner Worte bis hin zu ganzen Abschnitten (teilweise durch Überklebung ausgeführt) und wurden von Weber während des gesamten Kompositionsprozesses bis zur UA der Oper eingetragen. Eine dritte Schicht stellen die Korrekturen des Dresdner Kopisten (2. Dresdner Schreiber, von dem auch das erhaltene spätere Titelblatt des Handexemplares und das eingelegte Blatt stammen) dar, die vermutlich auf Kinds Textbuchveröffentlichungen basieren. Diese Eingriffe in den Text, ebenso wie vereinzelte Bleistiftkorrekturen von fremder Hand sowie die Eintragungen und Markierungen von Jähns, wurden, mit Ausnahme von Titel und Personenverzeichnis, für diese Edition vom Hg. jedoch vernachlässigt.

Für den Edierten Text der vorliegenden Neuausgabe des *Freischütz*-Textes waren die erste und zweite Textschicht im Handexemplar maßgeblich, wobei besonders Webers Veränderungen bzw. Korrekturen in der Edition deutlich gemacht werden sollen.

Im Fall der im Handexemplar nicht enthaltenen Arie des Ännchen (Nr. 13) samt Anschlußtext wurde der Text der Textbuch-Kopie für das Wiener Theater (K^A-tx_{15}) herangezogen, die zeitlich (August 1821) der UA am nächsten steht. Das für die Erstaufführung am Wiener Hoftheater von Weber autorisierte Textbuch enthält – ebenso wie seine Vorlage, das Handexemplar – Eintragungen von der Hand des Komponisten, die auf eine grundsätzliche Überarbeitung des Buches seinerseits vor dem Versand hindeuten. Der Text der Wiener Textbuch-Kopie stimmt bis auf wenige als Kopisteneigenheiten zu wertende Abweichungen mit dem Text des Handexemplares einschließlich der Weberschen Korrekturen überein und kann somit neben seiner Funktion als Vergleichsquelle an dieser Stelle gerechtfertigt als Ersatzquelle eintreten.

Lediglich Vergleichsquellen für die Edition – neben den bereits erwähnten Quellen (Kinds Manuskript und dem Erstdruck der Gesangstexte) – waren die Textbuch-Kopien für das Berliner (K-tx_6) und das Hamburger Theater (K^A-tx_{21}) sowie das Gothaer Textbuch (K-tx_7), Webers Partiturautograph (A-pt) und Kinds gedruckte Ausgaben des Librettos (D-tx_{1-3} und D^+-tx_{2-3}). Die marginalen Abweichungen der nicht eindeutig autorisierten (fälschlich nochmals als dritte Auflage gezählten) Kind-Ausgabe (D^+-tx_1) wurden im Variantenverzeichnis nicht berücksichtigt. Die Varianten der beiden Vorabdrucke von Einzelnummern (VD_{1-2}) sind im Variantenverzeichnis erläutert.

Webers Partiturautograph wurde einbezogen, um die sinntragenden Abweichungen zwischen der Textfassung im Handexemplar und der Partitur zu kennzeichnen, jedoch betrifft dies nur den Text der musikalischen Nummern und Auszüge des Dialogsprechtextes, da letzterer nicht vollständig, und teilweise auch in abgewandelter Form, in der Partitur enthalten ist.

Die Berliner und Gothaer Textbuch-Kopie stammen aus der Zeit vor dem hauptsächlichen Kompositionsprozeß (August, Oktober 1819, vgl. Kap. III.3, S. 138–142) vom selben Dresdner Schreiber und geben im reinen Kopistentext die Fassung des Librettos wieder, bevor Weber den Text grundsätzlich überarbeitete. Im Falle des Berliner Buches wurden die Änderungen Webers nachträglich eingetragen, nachdem Weber ein zweites Buch nach Berlin geschickt hatte (K-tx$_9$, Juni 1820). In beiden Quellen ist die Ursprungsform der Szene II/5 innerhalb der Wolfsschluchtszene enthalten – im Berliner Textbuch später durch Überklebung getilgt, im Gothaer Textbuch unkorrigiert. Der Edierte Text im Anhang gibt die Urfassung der Wolfsschluchtszene allerdings nach der frühesten überlieferten Handschrift, dem Kindschen Manuskript vom Mai 1817, wieder. Alle weiteren Textzeugen dieser Fassung (Handexemplar und Berliner Kopie K-tx$_6$ vor den Überklebungen sowie Gothaer Buch) sind als davon abhängige Quellen einzuordnen.

Im Gegensatz zu den beiden frühen Textbüchern für Berlin und Gotha repräsentiert die Hamburger Textbuch-Kopie die Fassung des Textes nach der UA (Oktober 1821) einschließlich sämtlicher bis dahin vorgenommenen Eingriffe ins Werk, wie z. B. der gekürzten Eremiten-Passage im Finale des III. Aufzuges. Aufführungsgeschichtlich interessant, aber in der Edition zu vernachlässigen, sind die dieser Kopie hinzugefügten Regieanweisungen.

Friedrich Kinds Textbuch-Ausgaben bis 1826 (D-tx$_{1-3}$) und seine nach Webers Tod publizierten Ausgaben (D$^+$-tx$_{2-3}$) sind als vom Textautor autorisierte Textzeugen beachtenswert; sie verdeutlichen die eigenmächtige, d. h. ohne Rücksprache mit dem zweiten Werk-Autor, dem Komponisten, fortgeführte Beschäftigung des Librettisten mit dem Text der Oper nach der UA, die sich durch zahlreiche Abweichungen vom Text des Handexemplares manifestiert, die überwiegend im Variantenverzeichnis dokumentiert sind. Den gravierendsten Eingriff stellt dabei die Wiederaufnahme der einleitenden Eremitenszenen dar. Editionsquelle für die Eremitenszenen im Anhang ist die 1. Göschen-Ausgabe von 1821 (D-tx$_1$), für die Romanze des Cuno (Szene I/2) die Ausgabe in den *Theaterschriften* 1827 (D$^+$-tx$_2$) als einzige authentische Überlieferung dieser Textpassage. Die Abweichungen innerhalb der Kind-Ausgaben, die ursprünglichen Eremitenszenen betreffend, finden sich ebenfalls im Variantenverzeichnis aufgelistet.

Textfehler in Szene III/2:
(Agathe:) „und ob die Wolke sich verhülle" statt: „sie verhülle",
hier im Autograph (oben) und im Erstdruck (unten links),
dagegen korrigiert im Wiener handschriftlichen Textbuch (Mitte)
sowie in in Kinds Ausgabe 1 (unten rechts)

VI. Varianten, Lesarten und Anmerkungen

Vorbemerkung

Das nachfolgende Verzeichnis dient dazu, die Text-Unterschiede zwischen den von Weber und Kind autorisierten Quellen zu dokumentieren bzw. auf notwendige Entscheidungen des Herausgebers bei der Erstellung des Edierten Textes hinzuweisen. Verzichtet wurde dabei auf eine Verzeichnung nicht sinntragender Abweichungen der Quellen in Orthographie, Grammatik und Interpunktion.

Nach der Angabe der jeweiligen Zeilennummer(n) des Edierten Textes folgen jene Textabschnitte in Anführungszeichen, die in den bezeichneten Quellen signifikante Unterschiede aufweisen. Beim Vergleich von Ediertem und variantem Text werden Auslassungen durch Grausatz, Zusätze bzw. Abweichungen durch **Fettdruck** hervorgehoben.

Die grau unterlegten Zeilenzählungen markieren Hinweise zur Hauptquelle der Edition, dem Handexemplar, d. h. Eintragungen und Korrekturen Webers, Fehler, Korrekturen und Ergänzungen der beiden Kopisten sowie Herausgeberkorrekturen als Abweichung von dieser Vorlage.

Zu den verschiedenen Textschichten innerhalb der Quellen sei nochmals auf die Quellenbeschreibung und -bewertung verwiesen.

Varianten, Lesarten und Anmerkungen

Verzeichnis

I. Aufzug, 1. Auftritt

Zeile	Bemerkungen
2	in Kinds Ausgaben (1–4) statt „Platz vor einer Waldschenke/: sogenanntem Schenkgiebel:/": „Platz vor einer Waldschenke, die geräumig, doch blos mit Schoben gedeckt ist.", in Kinds Ausgabe (5): „Platz vor einer Waldschenke."
5–6	in Kinds Ausgaben (1–5) „als die Gardine aufgeht" und „fliegt in Splittern herunter."
7	im Handexemplar „*Introduktion*" von Weber ergänzt; Weber trug sämtliche im Edierten Text enthaltene Angaben zu musikalischen Nummern im Handexemplar nach; sie sind im folgenden nicht mehr einzeln aufgeführt
11	in den Kopien Berlin und Gotha „an der Stirn" und „hastig auf den Tisch"
11	in Kinds Ausgaben (1–5) statt „schlägt damit heftig": „schlägt heftig"
20	im Handexemplar Kopistenfehler: „stampt"; vom Hg. in Übereinstimmung mit allen anderen Quellen korrigiert
21	im Partiturautograph „und lehnt sie an einen Baum"
21	in den Kopien Berlin und Gotha „Sind die Senen", in Kinds Ausgabe (5) „Sind die Sehnen"
23	in Kinds Ausgaben (1–5) statt „sich unterdeßen ein Zug": „sich ein Zug"
23	im Handexemplar und der Kopie Hamburg „ein Zug geordnet?", in der Kopie Wien durch enge Bindung nicht erkennbar; vom Hg. korrigiert
25	in Kinds Ausgaben (1–5) statt „einem alten Degen": „einem Degen"
25	in den Kopien Berlin und Gotha, dem Partiturautograph sowie Kinds Ausgaben (1–5) „mancherlei neues Zinngeräth"
26	in Kinds Ausgaben (1–5) statt „mit gewaltigem Strauß": „mit Blumenstrauß"
29	in Kinds Ausgaben (1–5) statt „geht im Kreise herum": „geht herum"
39	in Kinds Ausgaben (1–5) „Straus trag' ich"
40	in der Kopie Berlin, im Partiturautograph und im Erstdruck statt „Sopherl": „Sepherl", in Kinds Ausgaben ebenfalls, jedoch gesperrt
45	in Kinds Ausgaben (4–5) „Darf vielleicht ich Eure Gnaden"

I. Aufzug, 2. Auftritt

5	in den Kopien Berlin und Gotha sowie Kinds Ausgaben (1–5) statt „meinen Jägerpurschen": „meinen Purschen"

I. Aufzug

8	in Kinds Autograph, den Kopien Berlin und Gotha sowie Kinds Ausgaben (1–5) statt „nicht so böse": „**Gar nicht böse**"
17	in Kinds Ausgaben (1–5) statt „aber da, fragt ihn": „aber fragt ihn"
29	in Kinds Ausgaben (1–5) statt „wie ich dir gesagt": „wie ich gesagt"
35	in Kinds Ausgabe (5) statt „ist leicht gemacht.": „ist leicht."
36–37	in Kinds Ausgaben (1–5) „mit dem Ladestocke **oder einem blutigen Degen** einen Kreis"
37–39	in Kinds Ausgaben (1–5) „rufe dreimal den **großen Jäger** – – KILIAN. **Gott bewahr' uns! Einen von des Teufels Heerschaaren!** CUNO, zu CASPAR. Schweig"
37	im Handexemplar nach dem Text von Z. 33 vom 2. Kopisten ergänzt: „KILIAN. Gott bewahr uns! Das sind böse Künste.–"
43–44	in Kinds Ausgaben (1–5) „siehe dich vor! **Ich bin dir wie ein Vater gewogen; es freut mich, daß** der Herr"
43	im Handexemplar vom 2. Kopisten ergänzt zu: „So väterlich gewogen"
44	im Handexemplar von fremder Hand korrigiert von „Fürst" zu „Graf"; in der Kopie Hamburg „Graf"
45–47	in Kinds Ausgaben (1–5) „übertragen will – **aber** – **wenn du morgen beim Probeschusse fehltest, müßt' ich dir doch das Mädchen versagen. Wollt Ihr in der Irre herumlaufen?** MAX"
45–46	im Handexemplar vom 2. Kopisten korrigiert aus „ist dennoch Mädchen und Dienst für dich verloren." zu „muß ich dir das Mädchen versagen."; außerdem vom selben Kopisten ergänzt „Wollt Ihr in der Irre herum laufen?"
58–59	in Kinds Ausgaben (1–5) „genug. Setzt sich. Mein"
60–61	in Kinds Ausgaben (1–5) statt „Einst bei einer Jagd trieben": „Einst trieben"
61	in Kinds Ausgaben (1–5) „auf **den** ein Mensch"
62	in den Kopien Berlin und Gotha sowie Kinds Ausgaben (1–5) statt „war. So grausam bestrafte man in jenen Zeiten": „war; so bestrafte man in **alten** Zeiten"
64	im Handexemplar ursprünglich „Fürstens"; nachträglich korrigiert
65	in Kinds Ausgaben (1–5) „Erbförsterei, und **zur Wohnung** das nah"
68	in Kinds Ausgaben (1–5) „Er legte an **und befahl die Kugel den heiligen Engeln. Der**"
78–79	in Kinds Ausgaben (1–5) „gewesen seyn! **Starrt zu Boden und versinkt in sich selbst.** CUNO."
78	im Handexemplar nach Z. 78 vom 2. Kopisten ergänzt „starrt zu Boden und versinkt in sich selbst."
80	in Kinds Ausgaben (1–5) „freute sich **sehr** über"

Varianten, Lesarten und Anmerkungen

89–91	in Kinds Ausgaben (1–5) „Cuno habe **nicht gezielt, sondern eine Freikugel geladen. C**ASPAR."
89–90	in den Kopien Berlin und Gotha statt „einen sogenannten Freischuß": „einen Freischuß"
91–102	im Handexemplar Text von Z. 93–102 gestrichen und ersetzt durch folgenden neuen Text von der Hand des 2. Kopisten auf einem Zusatzblatt: „CASPAR. Dacht' ichs doch! Hilf, zu Sammiel! KILIAN. Ein Freischuß! Eine Freikugel! Das sind Schlingen des bösen Feinds. Meine Großmutter hat mir's erklärt. Sechse treffen, aber die siebente gehört dem Bösen. Der kann sie hinführen, wohin ihms beliebt. CASPAR. Alfanzerei! Nichts als Naturkräfte! CUNO. Aus diesem Grunde machte der Fürst den Zusatz, daß jeder von Cunos Nachfolgern zuvor einen Probeschuß ablege, schwehr oder leicht, wie es der regierende Fürst oder sein Abgeordneter anzubefehlen geruht. Auch will es das Herkommen, daß der junge Förster an demselben Tage mit seiner Erwahlten [sic] getraut wird, die aber völlig unbescholten seyn, und eim jungfräulichen Kränzlein erscheinen muß."
93–97	in Kinds Ausgaben (1–5) „KILIAN, zu einigen Bauern. Eine Freikugel! – das sind Schlingen des bösen Feinds; meine Großmutter hat mir's einmal erklärt. Sechse treffen, aber die siebente gehört dem Bösen; der kann sie hinführen, wohin ihm's beliebt. CASPAR. Alfanzerei! Nichts als Naturkräfte! CUNO."
93–96	im Handexemplar von Weber ergänzt, fehlt in Kinds Autograph sowie den Kopien Berlin, Gotha und Wien; in der Kopie Hamburg statt „dafür lenkt er aber <u>Eine</u> auch nach <u>seinem</u> Willen!": „aber <u>Eine</u> lenkt er dafür nach <u>seinem</u> Willen."
99–103	in Kinds Ausgaben (1–4) „Cuno's **Nachfolgern zuvor einen Probeschuß ablege, schwer oder leicht, wie es der regierende Fürst oder sein Abgeordneter anzubefehlen geruht. Auch will es das Herkommen, daß der junge Förster an demselben Tage mit seiner Erwählten getraut wird, die aber völlig unbescholten seyn und im jungfräulichen Ehrenkränzlein erscheinen muß. Doch genug nun!**"; in Kinds Ausgabe (5) identisch, aber ohne den letzten Satz
101–102	in der Kopie Hamburg „was morgen unser gnädiger Fürst Maxen aufgeben wird"
106–107	im Handexemplar Passage „Du solltest mich dauern, guter Pursch!" von fremder Hand gestrichen
105–106	in Kinds Ausgaben (1–5) verkürzt zu „angelangt sind. – Nimm"
108	in Kinds Ausgaben (1–5) statt „ist die Liebe.": „mag die Liebe seyn."
111	im Handexemplar nach Z. 111 Szenenanweisung vom 2. Kopisten ergänzt „der erst bei Cuno's Anrede aus seiner Zerstreuung zurück gekommen ist."; ebenso in Kinds Ausgaben (1–5)

120–121	in den Kopien Berlin und Gotha ursprünglich nicht notiert, in der Kopie Berlin nachgetragen mit Wiederholung von Z. 115–116
121	im Handexemplar vom 1. Kopisten fälschlich notiert „Den mußt du entsagen!"; vom Hg. korrigiert in Übereinstimmung mit Kinds Autograph, dem Partiturautograph, den Kopien Berlin (dort Nachtrag), Wien und Hamburg (in letzterer: „Dan") sowie dem Erstdruck
129	im Partiturautograph „Doch mich verfolget Mißgeschik"
147–148	fehlen in den Kopien Berlin und Gotha, im Erstdruck sowie in Kinds Ausgaben (1–5)
151–154	im Handexemplar von Weber ergänzt (in Zusammenhang damit ursprüngliche Personenangabe vor Z. 155 gestrichen); ebenso ergänzt in Kinds Autograph und der Kopie Berlin; übernommen in den Erstdruck, die Kopien Wien und Hamburg sowie Kinds Ausgaben (1–4)

I. Aufzug, 3. Auftritt

4	in Kinds Ausgaben (1–5) statt „Ein recht braver Mann": „Ein braver Mann"
5	in den Kopien Berlin und Gotha sowie Kinds Ausgaben (1–5) „wird hier schon": „wird schon"
13	in Kinds Ausgaben (1–5) „die Andern eben so."
13–14	in Kinds Autograph sowie den Kopien Berlin und Gotha Einschub „Böhmischer Walzer"; fehlt im Handexemplar und in den Kopien Wien und Hamburg
14–15	in den Kopien Berlin und Gotha sowie Kinds Ausgaben (1–5) gekürzt zu „die übrigen zerstreuen sich. Es ist ganz düster geworden"

I. Aufzug, 4. Auftritt

2	in der Kopie Wien ist die Musikanweisung vor Z. 6 („No: 3. Recitativ.") sowie vor Z. 12 („Aria.") notiert
3	in Kinds Ausgaben (1–3) „von beinah übermenschlicher Größe"
3	in Kinds Ausgaben (4–5) „von riesiger Größe"
5	in Kinds Ausgaben (1–5) „das ganze schwarzgelbe Gesicht."
7	in der Kopie Wien und in Kinds Ausgaben (1–5) fehlt „singt"
13	in Kinds Ausgaben (1–5) „leichten Muths dahin"
17	in Kinds Ausgaben (1–5) „Und als über eignes Glück"
21	in Kinds Ausgaben (1–5) „SAMMIEL (fast ganz unbeweglich) tritt"
25	in der Kopie Berlin nach Z. 25 Szenenanweisung von fremder Hand ergänzt „/: verschwindet wieder:/"; in der Kopie Hamburg ebenso „Samiel tritt zurück"
27	im Partiturautograph „auf meinen Tritt"

Varianten, Lesarten und Anmerkungen

33	in Kinds Ausgaben (4–5) statt „Laub – den Liebesgruß.": „Laube – Liebesgruß."

I. Aufzug, 5. Auftritt

2–3	in Kinds Ausgaben (1–5) „unsichtbar. EIN SCHENKMÄDCHEN. CASPAR,"
7	in Kinds Ausgaben (1–3) „Horchst du schon wieder herum?"
7	in Kinds Ausgaben (4–5) „Horchst du schon wieder?"
11	in Kinds Ausgaben (1–5) „Ich kann's, **kann's** nicht verschmerzen"
12–13	in den Kopien Berlin und Gotha „gelacht haben! **Hahaha! Aber**"
13	im Handexemplar Fehler vom 1. Kopisten „Slag dir's"; vom Hg. korrigiert
13–14	in Kinds Ausgaben (1–5) „aus den Gedanken, **Bruderherz!**
16	in Kinds Ausgaben (1–5) anstatt „Sieh, Camerad!": „Camerad!"
18–20	in Kinds Ausgabe (2) „worden. Laß du ankreiden! – MAX."
18–20	in Kinds Ausgaben (3–5) „worden. **Laß ankreiden! Mädchen mit unwilligem Blick ab.** MAX."
42	in der Kopie Wien Angabe der Musiknummer erst vor Z. 45 („No: 4./Lied.")
44	in Kinds Ausgaben (1–3) nach Z. 44 ergänzt „– »Semper fröhlich, nur halb selig, immerhin!« – MAX bezeigt seinen Unwillen. Das gefällt dir nicht? Nun denn, ein andres!"
44	in Kinds Ausgabe (4–5) nach Z. 44 ergänzt „– »Semper fröhlich, nunquam selig, immerhin!«"; weiter wie in Kinds Ausgaben (1–3)
45	im Handexemplar (vom 1. Kopisten) sowie in der Kopie Wien fälschlich notiert „im irrd'schen Jammerthal"; vom Hg. korrgiert
47	im Handexemplar fälschlich vom 1. Kopisten notiert „Reben"; von Weber korrigiert zu „Trauben"; in Kinds Autograph von Kind „Trauben" ergänzt, „Reben" aber nicht gestrichen
50	im Handexemplar ursprünglich nach Z. 50 Wiederholung der Textzeile „Darum bis zum –"; vermutlich von Weber gestrichen, da im Partiturautograph ebenso; in Kinds Autograph sowie den Kopien Berlin und Gotha nicht gestrichen
51	im Handexemplar ursprüngliche Szenenanweisung nach Z. 51 „singt es allein aus u. trinkt." vermutlich von Weber gestrichen, da im Partiturautograph ebenso; in Kinds Autograph und den Kopien Berlin und Gotha nicht gestrichen
51–52	in Kinds Ausgaben (1–5) „mitsingen! **Trinkt.** MAX."
63–64	im Handexemplar vom 2. Kopisten korrigiert zu „Würfellust und Kartenspiel, Und ein Kind das uns gefiel"
65	im Handexemplar ursprünglich nach Z. 65 Wiederholung der Textzeile „Und ein Kind mit –" vermutlich von Weber gestrichen, da im Partiturautograph ebenso; in Kinds Autograph und den Kopien Berlin und Gotha nicht gestrichen

I. Aufzug

68	in den Kopien Berlin und Gotha sowie Kinds Ausgaben (1–5) statt „etwas mit einzustimmen?": „etwas einzustimmen?"
70	in Kinds Ausgaben (4–5) „Wer nicht dabei ist, **wär'** ein Judas!"
74	in Kinds Autograph, den Kopien Berlin und Gotha sowie Kinds Ausgaben (1–5) „heiß **sey**."
80–81	im Handexemplar von Weber vermutlich aufgrund der Theaterzensur korrgiert zu „Würfel, Karte, Katherle, Meine Bilder-Fibel!"; in der Kopie Berlin von fremder Hand korrigiert; im Erstdruck nur Zensurtext enthalten; im Partiturautograph und in den Kopien Wien und Hamburg beide Textvarianten zur Auswahl gestellt; vom Hg. entgegen der Bühnentradition ursprüngliche Textvariante ediert
84	in Kinds Ausgaben (1–5) „**Bube!** Agathe hat"
87–88	in Kinds Ausgaben (4–5) „CASPAR, **vor sich. Wart Jüngferchen! Laut.** Wie kannst du"
89	in Kinds Ausgaben (1–5) „diente noch als **Milchbart** unter"
91	im Handexemplar nach „Die Dorfuhr schlägt." von 2. Kopisten ergänzt „Max steht auf."
91–92	in Kinds Ausgaben (1–5) „Die Dorfuhr schlägt; **Max steht auf.** Willst du schon nach Hause?"
102–103	in Kinds Ausgaben (1–5) statt „Deshalb bleib' noch […] aufsuchte": „Bleib' noch und laß dir raten! [in (4–5) und **hör' mich an!**] Deshalb hab' ich dich **eigentlich aufgesucht.**"
103	in den Kopien Berlin und Gotha sowie Kinds Ausgaben (1–5) statt „wohl noch geholfen": „wohl geholfen"
111–112	in Kinds Ausgaben (1–5) „geheime **Mächte** der Natur"
114	in Kinds Ausgaben (1–5) statt „hat mir vor Zeiten einmal –": „hat mir einmal vertraut –"
114	im Handexemplar nach Z. 99 vom 2. Kopisten ergänzt „**vertraut –**"
118	in Kinds Ausgaben (1–5) „Du **missest** mir"
121–122	in den Kopien Berlin und Gotha „und **auch** zugleich"
124	in Kinds Ausgaben (1–5) statt „wunderbar; wie ist das möglich?": „wunderbar. Ist das möglich?"
126	in Kinds Ausgaben (1–5) statt „Nur Muth! Muth!": „Muth! Muth!"
135	in Kinds Ausgaben (4–5) „glaubst du, ich **sey's?** Es ist"
135–136	in Kinds Ausgaben (1–5) statt „Es ist schon ganz düster,": „Es ist ganz düster,"
139	in der Kopie Berlin „Schellobers" von fremder Hand zu „Henkers" korrigiert
149	in Kinds Ausgaben (1–5) statt „Sieh! der größte Steinadler,": „Der größte Steinadler,"
149	im Handexemplar „Klauen!" vom 2. Kopisten zu: „Fänge!" korrigiert

149–150	in Kinds Ausgaben (1–5) statt „Klauen! Und dazu, wie herrlich": „Fänge! Und wie herrlich"
158	in Kinds Autograph sowie den Kopien Berlin und Gotha „einige der **größten** Federn"
172	im Handexemplar fälschlich vom 1. Kopisten notiert „Bis du verwirrt"; ebenso in Kinds Autograph; vom Hg. korrigiert
172	in Kinds Ausgaben (1–5) statt „Bist du verwirrt, Freundchen, vor Freuden?": „Bist du verwirrt vor Freuden?"
173	in Kinds Ausgaben (1–5) „Nicht, **Freundchen!** das war ein Schuß?"
179	in Kinds Ausgaben (1–5) „b i s t du, oder s t e l l s t d u d i c h nur so ganz unerfahren?"
187–188	bei einem „Koller von Elendshaut" handelt es sich um ein Wams aus Elchleder
187	im Handexemplar ursprünglich „Kollers" vom 1. Kopisten zu „Gollers" korrigiert, in Kinds Ausgaben (1–5) ebenfalls „Gollers"; in Übereinstimmung mit Kinds Autograph, den Kopien Berlin, Gotha, Wien und Hamburg rückgängig gemacht
188	im Handexemplar „Zu so etwas" gestrichen, vom 2. Kopisten ergänzt: „zwei silberne Kugeln, hieß es. Ja, der Gescheidte kennt das. Doch dazu"
188	in den Kopien Berlin und Gotha „gefallen sey? **Mit zwei silbernen Kugeln, hieß es. Ja, ja, man kennt das!** Doch zu so etwas"
188	in Kinds Ausgaben (1–5) „gefallen **ist? Zwei silberne Kugeln hieß es. Ja, ja,** (zweites „ja" nur Ausgaben 1–3) **der Gescheidte kennt das!** Doch zu so etwas"
213	im Handexemplar wurde vom 1. Kopisten zu „eine **totale** Mondenfinsterniß" ergänzt, ebenso in Kinds Autograph
218	in Kinds Ausgaben (1–5) statt „**sich selbst** zu deinem Dienst an!": „selbst sich zu deinem Dienste!"
222	in Kinds Ausgaben (1–5) „**Mehr, als du brauchst**"
225	im Handexemplar Fehler vom Kopisten „Wie **verlangt** man sie?"; vom Hg. korrigiert; ebenso in der Kopie Hamburg, dort von fremder Hand korrigiert
227	in den Kopien Berlin und Gotha sowie Kinds Ausgaben (1–5) „Das will ich **Dich lehren.**"
227	im Handexemplar, in Kinds Autograph, in den Kopien Berlin, Gotha, Wien und Hamburg „eilf Uhr". Da diese Zeitangabe im Gegensatz zum nachfolgenden „Um Mitternacht" und zur Regieanweisung im II. Aufzug, 4. Auftritt: „Die Uhr schlägt ganz in der Ferne dumpf zwölf." steht, wurde vom Hg. in Übereinstimmung mit Kinds Ausgaben (1–5) zu „zwölf Uhr" korrigiert.
241	im Handexemplar Fehler vom Kopisten, anstelle von „aber": „eber"; vom Hg. korrigiert
247	in den Kopien Berlin und Gotha statt „mögtest du dein Glück"

	II. Aufzug

255–259	in Kinds Ausgaben (1–5) „fragst! – **Doch Undank ist der Welt Lohn.** Ich will mir hier einen Flederwisch abhauen, daß ich wenigstens etwas davon trage. **Haut einen Flügel ab.** Drollig! um Agathen **zu trösten,** wagtest du den Schuß; sie zu erwerben, **fehlt es** dir an Herzhaftigkeit!"
255	in der Kopie Wien statt „fragst! – Hm! Undank": „fragst! – Undank"
259–261	in Kinds Autograph, im Handexemplar, in den Kopien Berlin und Gotha an dieser Stelle ursprünglich nur: „Das würde sich das Wachspüppchen schwerlich einbilden!"; von Weber vermutlich erst nach Juni 1820 korrigiert bzw. ergänzt, da in der Berliner Kopie keine nachträgliche Korrektur erfolgte. In Übereinstimmung mit den Kopien Wien und Hamburg vom Hg. übernommen.
265	Die im Handexemplar falsche Apostrophsetzung: „bewäh'r" wurde vom Hg. korrigiert.
268	in den Kopien Berlin und Gotha sowie Kinds Ausgaben (1–5) „auf dich **verseßen**"
270	in Kinds Ausgaben (1–5) statt „aus eigner Verzweiflung": „aus Verzweiflung"
271	in Kinds Ausgaben (1–5) fehlt „als trät das Waßer hinein."
276–277	in der Hamburger Kopie statt „Bei Agathe's Leben! ich komme! SAMMIEL, der": „Bei Agathe's Leben! SAMMIEL, der"
281–282	in Kinds Ausgaben (1–5) „ich erwarte dich! Glock **zwölf!** MAX."
283	im Handexemplar, in Kinds Autograph, in den Kopien Berlin, Gotha, Wien und Hamburg wiederum „**eilf Uhr**"; vgl. Anm. zu Szene I/5, Z. 227; in der Hamburger Kopie nachträglich von fremder Hand korrigiert

I. Aufzug, 6. Auftritt

3	in Kinds Ausgaben (1–5) statt „indeßen fast ganz dunkel": „indessen ganz **finster**"
4	in der Kopie Wien „No: 5. Aria." von Weber ergänzt
8	in den Kopien Berlin und Gotha „mit Dunkel **umschwingt!**"
11	in den Kopien Wien und Hamburg nach Z. 11 vom Kopisten ergänzt: „Ende des ersten Akts."

II. Aufzug, 1. Auftritt

2–5	in Kinds Ausgaben (1–5) statt „Schmaler Vorsaal mit zwei Seiteneingängen, nur eine Coulisse tief.": „Vorsaal mit zwei Seiteneingängen **im Forsthause**." und statt „bezeichnen, daß das Forsthaus ehedem ein fürstliches Waldschloß war. In der Mitte eine mit Vorhängen bedeckte Thür, die": „bezeichnen ein **ehemaliges** fürstliches Waldschloß. In der Mitte ein mit Vorhängen bedeckter **Ausgang, der**"
6–7	in Kinds Ausgaben (4–5) „worauf **neben einem Blumentopfe mit weißen Rosen** ein Lämpchen"

Varianten, Lesarten und Anmerkungen

7	im Handexemplar: „weises Kleid"; vom Hg. korrigiert
9	in Kinds Ausgaben (1–5) „auf einer **Leiter**"
11	in der Kopie Wien Musikangabe erst nach Z. 14 („<u>No: 6. Duetto.</u>")
16–17	im Erstdruck „Ich will **dich's** lehren! **Spukerei**"
17	im Partiturautograph „Spukereyn"
18	in der Kopie Hamburg statt „In": „Ich", das korrigiert wurde
33, 35	im Partiturautograph „O, gewiß" und „**Gewiß, gewiß**, das war recht schlecht."
36	im Handexemplar „steigt herab." von Weber ergänzt; in die Kopie Wien und Hamburg regulär übernommen; auch im Partiturautograph enthalten; im Handexemplar danach Ergänzung vom 2. Kopisten „ u: setzt die Leiter weg."
36	in Kinds Ausgaben (1–5) „Steigt **herunter** und setzt die Leiter weg."
49–51	im Handexemplar wurden die Zeilen von Weber geändert, vorher stand an dieser Stelle: „ANNCHEN. Das bezwingen Lust und Scherz! AGATHE. Immer bebt ein liebend Herz!"; in Kinds Autograph wurde die alte Passage mit neuem Text überklebt, in der Kopie Berlin vom Berliner Kopisten nachträglich korrigiert
49–50	in Kinds Ausgaben (1–5) statt „Schmerz? Stets um dich Geliebter zagen": „Schmerz? ANNCHEN. Die bezwingen Lust und Scherz! AGATHE. Stets um **den Geliebten** zagen"
53	im Handexemplar ursprünglich an dieser Stelle „steigt herunter und besieht sich das Bild", vermutlich von Weber gekürzt; in Kinds Autograph sowie den Kopien Berlin und Gotha nicht gekürzt; in den Kopien Wien und Hamburg sowie Kinds Ausgaben (1–5) Kürzung übernommen
72	in der Kopie Wien „<u>No: 7. Arietta.</u>"
78	im Erstdruck „Nach verschämter **Mädchen**-Art"; im Partiturautograph „Nach verschämter **Mädchen** Art"
78	in Kinds Ausgaben (1–3) „**Tief verschämt**, nach Mädchen-Art;"
78	in Kinds Ausgaben (4–5) „Nach **der Klosternonnen** Art,"
80	im Partiturautograph und im Erstdruck „das **Herrchen** nicht"
84	in Kinds Ausgaben (1–3) „Wird man **auch** ein wenig roth."
84	in Kinds Ausgaben (4–5) „Wird man **auch wie Scharlach** roth."
91	im Partiturautograph und im Erstdruck „**Gelt**, das ist ein"; in der Kopie Berlin in dieser Form vom Berliner Kopisten korrigiert
94	im Handexemplar ursprünglich: „die während des Liedchens angefangen hat, das Kleid mit Bande zu besetzen, fällt mit ein: Und der Pursch nicht minder schön!", so noch in die Kopie Wien übernommen; von Weber im Handexemplar und in der Kopie Wien korrigiert zu: „die während des Liedchens sich erheitert hat."; von Weber im Handexemplar erneut korrigiert wie im edierten Text; so auch in die Kopie Hamburg übernommen

99–100	in Kinds Ausgaben (1–3) „m e i n Brautstand", in (4–5) „mein Brautstand"
101	in Kinds Ausgaben (1–5) statt „von dem ehrwürdigen Eremiten": „von dem Eremiten"
106	in Kinds Ausgaben (1–3) statt „von seinen Rosen": „geweihete Rosen"; in (4): „d i e s e g e w e i h e t e n Rosen"; in (5): „diese geweihten Rosen"
109–116	in Kinds Ausgaben (1–5) statt „Ja! Diese umblühen das Cruzifix [...] konnte mich tödten.": „Er warnte mich vor einer unbekannten, großen Gefahr, welche ihm ein Gesicht offenbart habe. Nun ist seine Warnung ja in Erfüllung gegangen. Das herabstürzende Bild konnte mich tödten!"
111	in den Kopien Berlin und Gotha „dies alle als"
118–119	im Handexemplar nach „hinterdrein nehmen!" Ergänzung vom 2. Kopisten am rechten Rand der Seite „Mein Vater war einst ein tapferer Degen und sehr unzufrieden, daß ichs nicht auch werden konnte. Er meinte, man müßte die Furcht nur verspotten, dann fliehe sie, und das wahre Sprichlein, sich fest zu machen, sey: Hundsfott, wehre dich!"; vom Hg. ignoriert
118–119	in Kinds Ausgaben (1–5) statt „Vorbedeutungen hinterdrein nehmen!": „Vorbedeutungen nehmen!"; danach „Mein Vater war einst ein tapferer Degen und sehr unzufrieden, daß ichs nicht auch werden konnte. Er meinte, man müsse die Furcht nur verspotten, dann fliehe sie, und das wahre Sprüchlein, sich fest zu machen, bestehe in den Worten: Hundsfott [in (2–4) Holunke, in (5) Halunke], wehre dich!"
121	in Kinds Ausgaben (1–5) „Die Rosen sind wunderthätig; ich"
125	im Handexemplar „auch" von fremder Hand gestrichen; vom Hg. ignoriert; fehlt in den Kopien Berlin und Gotha und in Kinds Ausgaben (1–5)
127	in Kinds Ausgaben (4–5) statt „Thue das, liebes Annchen!": „Thue das, Annchen!"
131–132	im Handexemplar von fremder Hand gestrichen: „Es ist ja ohnedieß ein recht einsamer Vorabend –"; vom Hg. ignoriert
132	im Handexemplar ursprünglich „Abend", vom 1. Kopisten zu „Vorabend" korrigiert; vom Hg. übernommen

II. Aufzug, 2. Auftritt

2	im Handexemplar „No. 8. Aria" ursprünglich Nr. 9, von Weber korrigiert zu 8
2	in der Kopie Wien Musikangabe erst vor Z. 5 („No: 8. Aria."); vor Z. 55 erneut „Aria."
5	in der Kopie Hamburg Kopistenfehler „Nie nahte mir der Schlummer,"
9	in Kinds Ausgaben (4–5) „Ob wohl der Mond auf seine Pfade lacht?"

Varianten, Lesarten und Anmerkungen

9	im Handexemplar ursprünglich Kopistenfehler „auf seinen Pfad wohl **läuft**", der von Weber korrigiert wurde; vom Hg. in Übereinstimmung mit den anderen Quellen übernommen
10	in Kinds Ausgaben (1–5) „Sie öffnet **den Ausgang zum Altan und man sieht** in eine sternenhelle **Landschaft** hinaus."
10	in Kinds Autograph sowie den Kopien Berlin und Gotha „sternenhelle **Landschaft**"
12	in Kinds Ausgaben (1–5) „die Hände."
18	in Kinds Ausgaben (1–5) „hinausschauend."
24	im Partiturautograph „**Dunkler** Wolken"
30	in Kinds Ausgaben (1–5) „Sende **deine** Engel-Schaaren! (in 5: Engelschaaren) – wieder hinausschauend."
33	in Kinds Ausgaben (1–5) „**bange** lauscht,"
36	in Kinds Ausgaben (1–5) „**bange** Stille"
39	im Partiturautograph „**täuscht mich nicht** mein Ohr?"
44, 48	im Partiturautograph „weh'n" / „seh'n"
50	in Kinds Ausgaben (1–5) statt „Des Monds mich nicht,": „Des M o n d e s nicht,"
55	im Partiturautograph und im Erstdruck „All' meine Pulse"

II. Aufzug, 3. Auftritt

2	in den Kopien Berlin und Gotha „**Gleich** darauf"
2	in Kinds Ausgaben (1–5) „**Gleich nach ihm** ANNCHEN **in Nachtkleidern.**"
6	in Kinds Ausgaben (1–5) statt „O meine Agathe!": „Meine Agathe!"
8	im Handexemplar nach „erblickt." nochmalige Personenangabe „MAX"; ebenso in Kinds Autograph, den Kopien Berlin, Wien und Hamburg, nicht in der Kopie Gotha; vom Hg. getilgt, da nicht notwendig
9–10	in der Kopie Hamburg „Leider **kann** ich"
12	in Kinds Ausgaben (1–5) „Es **sind** Gewitter"
14–15	im Handexemplar ist die Szenenanweisung an dieser Stelle nicht durch Unterstreichung gekennzeichnet.
14	in Kinds Ausgaben (1–5) statt „Ich muß! – Ja! – wirft": „Ich muß! – Wirft"
15	in Kinds Ausgaben (1–5) nach „ausgelöscht wird.": „Die Gegend, in die man aus dem Altan hinaussieht, zeigt sich schon in dunkler Beleuchtung."
18	in Kinds Ausgaben (1–5) „Lämpchen wieder an. **Zu** MAX. Wir"
64	im Handexemplar erst „wakre", vom 1. Kopisten zu „wakere" verbessert
70	im Handexemplar „Seltsam! wunderbar seltsam!" gestrichen; vom Hg. ignoriert

70	in Kinds Ausgaben (1–5) fehlt „Seltsam! wunderbar seltsam!"
72	im Handexemplar Fehler vom 1. Kopisten: „Durmuhr"; vom Hg. in Übereinstimmung mit den anderen Quellen korrigiert
72–73	in Kinds Ausgaben (1–5) „hatte **kaum** ausgeschlagen"
74–76	in den Kopien Berlin und Gotha sowie Kinds Ausgaben (1–5) statt „MAX, v.[or] s.[ich] Seltsam! Schrecklich!": „MAX. Seltsam! vor sich."
89–90	im Handexemplar „Noch konnt' ich nicht recht zur Freude kommen" von fremder Hand gestrichen; vom Hg. ignoriert; fehlt in Kinds Ausgaben (1–5)
91–92	in Kinds Ausgaben (1–5) „furchtbares – **ein** Täubchen in ihren Fängen – hu! ANNCHEN."
93	in Kinds Autograph „seh'n **sich** recht"
97–98	in Kinds Ausgaben (1–5) „**würdest** du mir, ich dir entrissen, o gewiß, der Gram **tödete** mich!"
104	in Kinds Ausgaben (1–5) „**e i n** Mal"
115	im Handexemplar bei der Ergänzung von Weber „No: 9. Terzett." ursprünglich Nr. 10, von Weber korrigiert zu 9
123	in Kinds Ausgaben (1–5) „im **Hirn** des Waidmanns"
125	in Kinds Autograph, den Kopien Berlin und Gotha, dem Erstdruck sowie Kinds Ausgaben (1–5) „der, **wer** Gott"; in der Kopie Berlin nachträglich korrigiert
135–137	im Partiturautograph, der Kopie Berlin (hier vom Berliner Kopisten nachgetragen), dem Erstdruck und Kinds Ausgaben (1–5) Textergänzung im Terzett „ANNCHEN. Ihr ist so bang! o bleibe! O eile, eile nicht so schnell!"; vom Hg. übernommen
140	in Kinds Ausgaben (1–5) „noch **birgt** sich"
141	in Kinds Ausgaben (1–5) „ihr Schimmer **dämmerhell**;"
147	im Partiturautograph „**So** kann dich"
153	im Partiturautograph, den Kopien Berlin, Gotha und Hamburg sowie Kinds Ausgaben (1–5) „**Leb** wohl!"; im Erstdruck „Leb' wohl!"
162	im Partiturautograph „Nie Ruh"
171	im Partiturautograph „Agathens Wort"
176	im Handexemplar bei der Ergänzung von Weber „No. 10. Finale." ursprünglich Nr. 11, von Weber korrigiert zu 10
176	in der Kopie Wien keine Angabe zur musikalischen Nummer, dafür aber in Szene II/6 vor Z. 107 ergänzt: „Melodram"

II. Aufzug, 4. Auftritt

9	in Kinds Ausgaben (1–5) fehlt „Fledermäuse schwirren umher."
15–28	im Handexemplar hat Weber im ganzen Abschnitt Änderungen vorgenommen; ursprüngliche Fassung s.u.

Varianten, Lesarten und Anmerkungen

15–28	in Kinds Autograph sowie den Kopien Berlin und Gotha ist die ursprüngliche Fassung der Szene II/4 enthalten; in der Kopie Berlin nachträglich vom Berliner Kopisten korrigiert: „Ein Rabe. Milch des Mondes fiel auf's Kraut. WALDVÖGEL SCHREIEN: Uhui! ZWEITER RABE. Spinnweb' ist mit Blut bethaut. WALDVÖGEL wie oben. DRITTER RABE. Eh' noch wieder Abend graut – WALDVÖGEL wie oben."
15–29	in Kinds Ausgaben (1–5) „STIMMEN unsichtbarer Geister von verschiedenen Seiten." (dadurch entfallen die Zeilen 17, 19, 21, 22, 24, 25, 29)
32	im Handexemplar ließ Weber diese Zeile trotz Korrektur der gesamten Szene unverändert. In der Berliner Kopie wurde sie nachträglich gestrichen, ebenso in Kinds Ausgaben (1–5)

II. Aufzug, 5. Auftritt

6–7	in Kinds Ausgaben (1–5) statt „mit dem aufgespießten Todtenkopfe, dreht sich dreimal herum, und ruft:": „mit dem Todtenkopfe und ruft:"
11–12	in Kinds Ausgaben (1–5) statt „Unterird'sches Getös. SAMMIEL tritt aus oder erscheint in einem Felsen.": „Unterirdisches Getös. Ein Felsen spaltet sich. SAMIEL wird in dem Spalt sichtbar."
12	im Handexemplar „oder erscheint in" von Weber ergänzt; in der Kopie Wien ebenso
15–52	im Handexemplar wurde die ursprüngliche Textpassage (siehe im Anhang des Edierten Textes „Ursprüngliche Fassung der Szene II/5") von Weber mittels Überklebung („Meine Frist ist schier abgelaufen […] „nach seiner Braut.") und Streichung (früherer Text „SAMMIEL. Was fruchtet's […] auf drei Jahr?") geändert; ursprüngliche Fassung ebenfalls enthalten in Kinds Autograph sowie den Kopien Berlin und Gotha; in der Kopie Berlin nachträglich mittels Überklebung geändert
33	in der Kopie Berlin (sowohl in der ursprünglichen Fassung als auch in der korrigierten Fassung mittels Überklebung) und im Erstdruck „Was begehrt er?"
42–44	in Kinds Ausgaben (4–5) „den Vater – SAMIEL. Hast du sie zur Sünde verleitet? CASPAR. Umsonst! – Der Lockung widersteht Ihr und des Clausners brünstiges Gebet – SAMIEL. So hab' ich"
45–46	in Kinds Ausgaben (1–5) „CASPAR, bange."
56	in Kinds Ausgaben (1–5) „ist verschwunden und"

II. Aufzug, 6. Auftritt

4	in Kinds Ausgaben (1–5) „ERSCHEINUNGEN, die jedoch sämmtlich den Zauberkreis nicht berühren. Zuletzt SAMIEL."
6	im Handexemplar „sich umsieht und" gestrichen; in der Kopie Hamburg nicht mehr enthalten; vom Hg. ignoriert
14	in Kinds Ausgaben (1–5) „nach der Schlucht herunter."
15	in den Kopien Berlin und Gotha, dem Erstdruck sowie Kinds Ausgaben (1–5) „Ha – furchtbar gähnt"
16	im Partiturautograph „welch ein Graun"
25	in den Kopien Berlin, Gotha, Wien und Hamburg, dem Partiturautograph, dem Erstdruck sowie Kinds Ausgaben (1–5) „Rothgraue, narb'ge Zweige"
47	im Handexemplar ursprünglich an dieser Stelle: „Du klimmst"; vermutlich von Weber gestrichen; in Übereinstimmung mit den Kopien Berlin und Gotha, dem Erstdruck und dem Partiturautograph Streichung übernommen
51	in Kinds Autograph, den Kopien Berlin und Gotha sowie Kinds Ausgaben (1–3) „die Hände erhebt"
51	in Kinds Ausgaben (4–5) „eine eingeschleierte Gestalt, welche die Hände faltet und zuletzt ein wenig erhebt."
55	in der Kopie Wien Z. 55 fälschlich nicht übernommen
61	in Kinds Ausgabe (4) „Die Leichen=Gestalt"; in (5): „Leichengestalt"
61	in Kinds Ausgaben (4–5) „erblickt nun AGATHE'S"
63–64	in den Kopien Berlin und Gotha sowie Kinds Ausgaben (1–3) „herunter zu stürzen"
63–64	in Kinds Ausgaben (4–5) statt „herabzustürzen.": „zu stürzen."
68–69	in den Kopien Berlin und Gotha sowie Kinds Ausgaben (1–5) „fängt an sich zu"
77	ursprünglicher Text im Handexemplar „wirft ihm die Jagdflasche zu, die Max weglegt.", ebenso in Kinds Autograph, den Kopien Berlin, Gotha und Wien, dem Partiturautograph sowie Kinds Ausgaben (1–5); im Handexemplar sowie in der Kopie Wien von Weber korrigiert (in der Kopie Wien abweichend: „reicht ihm die Jagdflasche zu, die Max verweigert")
78	in Kinds Ausgaben (1–5) statt „Zuerst trink einmal!": „Zuerst trink'!"
82–85	in der Kopie Gotha und Kinds Ausgaben (1–5) fehlt „CASPAR. Nicht? So bleib [...] zu thun, Hexenmeister?"; in der Kopie Berlin nachträglich ergänzt
87	in Kinds Ausgaben (1–5) „Fasse Muth! Tritt in den Kreis! Er ist eine eherne Mauer gegen Geistergewalt vom Firmamente bis zum untersten Abgrund. – Was du auch hören"

89	im Handexemplar nach „uns zu helfen," ursprünglich „und wär' er auch nackend"; vermutlich von Weber gestrichen, da im Partiturautograph sowie in den Kopien Wien und Hamburg nicht mehr enthalten; vom Hg. Streichung übernommen
89	in Kinds Ausgaben (1–5) „zu helfen, wär' es auch ein schwarzer Reuter (in 5: Reiter) auf schwarzem funkensprühenden Roß, was kümmert's dich?"
89	in Kinds Ausgaben (1–5) statt „Kömmt was Andres,":„Kömmt Andres,"
91	in Kinds Ausgaben (1–5) „MAX [in (3–5) danach Komma] tritt ein."
99	in den Kopien Berlin und Gotha sowie Kinds Ausgaben (1–5) „einen schmalen Strich"
99–100	in Kinds Ausgaben (1–5) statt „Merk' auf, was ich hineinwerfen werde, damit": „Merk' auf, damit"
101	in der Kopie Hamburg „Jagdgredienzien"
103	im Handexemplar nach „das findet sich. –" „halb heimlich. Trift man etwa auch auf eine Hostienschachtel zu stehlen, oder des was, desto beßer!"; vermutlich von Weber gestrichen; in ähnlicher Form auch in Kinds Autograph und den Kopien Berlin und Gotha enthalten; im Partiturautograph sowie den Kopien Wien und Hamburg nicht mehr enthalten; vom Hg. Streichung übernommen
103	in Kinds Ausgaben (4–5) „das findet sich – manchmal ein Kelchlein, ein Hostienschächtlein in den Kauf! – Etwas Quecksilber!"
115	in den Kopien Berlin und Gotha „und zu zischen"
120	in Kinds Ausgaben (1–5) „um den Kreis"
120	im Handexemplar „Schlangen umkriechen ihn." von Weber ergänzt; ebenso in der Kopie Wien; fehlt in Kinds Autograph, den Kopien Berlin und Gotha sowie Kinds Ausgaben (1–5); in der Kopie Hamburg regulär im Text
122	in Kinds Autograph, den Kopien Berlin und Gotha sowie Kinds Ausgaben (1–5) „jagt schnaubend vorüber"; in der Kopie Wien vom Kopisten aus „raschelnd" in „schnaubend" korrigiert
122	in Kinds Ausgaben (1–5) statt „CASPAR scheint zu stutzen": „CASPAR stutzt"
123	in Kinds Ausgabe (4) statt „Echo wie oben.": „Echo: Drr – "; (mit Anmerkung Nr. 10 von Friedrich Kind „Der Gedanke, daß des Teufels=Echo die heilige Zahl Drei nicht vollkommen aussprechen kann, gehört dem genialen Schauspieler Devrient in Berlin an, der einst diese Stimme übernahm.")
123	in Kinds Ausgabe (5) „Echo wiederholt."
123	in den Kopien Berlin und Gotha sowie Kinds Ausgaben (1–5) statt „beugt und bricht": „braußt, bricht"
125	im Partiturautograph „Pferdegetrampel"
126–127	in Kinds Ausgaben (1–5) „ihre eigentliche Gestalt"

130	in Kinds Ausgaben (1–4) „vorüber. Wehe! Das wilde Heer! Furchtbarer Gesang:"
130	in Kinds Ausgabe (5) „vorüber. CASPAR. Wehe! Das wilde Heer! Furchtbarer Gesang:"
136–137	in Kinds Ausgaben (1–5) statt „Plötzliche Stille. CASPAR: Wehe! Das wilde Heer! – Sechs! Wehe! Echo: Sechs!": „Caspar: Sechs! Wehe! – Echo: Sechs!"
143–144	in Kinds Ausgaben (1–5) „Sieben! – Sammiel! Echo: Sieben! – Sammiel! CASPAR wird"
146	in Kinds Ausgaben (1–5) „hin- und hergeschleudert, **springt aus dem Kreise,** faßt"
147–148	im Handexemplar ursprünglich „In demselben Augenblicke scheint **das Unwetter beruhigt und** der verdorrte Baum ist verschwunden"; ebenso in Kinds Autograph sowie den Kopien Berlin und Gotha; von Weber im Handexemplar und in der Kopie Wien korrigiert, vom Hg. in Übereinstimmung mit der Kopie Hamburg übernommen
147–148	in Kinds Ausgaben (1–5) „In demselben Augenblicke **fängt das Ungewitter an, sich zu beruhigen, an der** Stelle **des verdorrten Baums** steht der schwarze Jäger, nach MAXENS"
153–154	in Kinds Ausgaben (1–5) „MAX schlägt ein Kreuz und stürzt"
154	in Kinds Ausgaben (1–5) „Eins. **Plötzliche Stille. – Samiel ist verschwunden.** CASPAR liegt"
154	im Handexemplar nach „Eins!" ursprünglich „Sammiel und der Heerd ist verschwunden, aber der Todtenschädel, mit dem Hirschfänger wieder sichtbar"; in Kinds Autograph sowie den Kopien Berlin und Gotha gestrichen; im Handexemplar und in der Kopie Wien von Weber korrigiert; so vom Hg. in Übereinstimmung mit der Kopie Hamburg übernommen

III. Aufzug, 1. Auftritt

1	im Handexemplar bei der Ergänzung „*No. 11. Entre Act.*" ursprünglich Nr. 12, von Weber verbessert zu 11
9–10	im Handexemplar ursprünglich „war **dort** ein Mordlärm"; von Weber korrigiert, in der Kopie Wien ebenso; vom Hg. in Übereinstimmung mit der Kopie Hamburg übernommen
9–10	in den Kopien Berlin und Gotha sowie Kinds Ausgaben (1–5) statt „war doch ein Mordlärm": „war ein Mordlärm"
12–13	in Kinds Ausgaben (1–5) „in der **Waldschlucht soll ganz und gar der böse Feind gehaust haben.**"
12	in den Kopien Berlin und Gotha „in der Waldschlucht"; in der Kopie Berlin Korrektur von fremder Hand zu „Wolfsschlucht"
12	in der Kopie Hamburg „in der **Wolfsschlucht**"
12	in Kinds Autograph „mag **und** ganz und gar"
15	im Handexemplar vom Kopisten korrigiert aus: „Dort giebt's Windbrüche ist" in: „Das ist"; in der Kopie Wien „Ist ein für allemal"
18	in Kinds Ausgaben (1–5) „wie Rohrstäbe, **Riesentannen** strecken"

Varianten, Lesarten und Anmerkungen

20	in Kinds Ausgaben (1–5) statt „Wer weiß, wer dort wieder einmal sein Wesen getrieben hat!": „Ja, ja, man weiß schon, wer dort sein Wesen treibt."
34–35	in Kinds Ausgaben (1–5) „Er hat drei Schüsse"
43	in Kinds Ausgaben (1–2) statt „– so glückliche Kugeln?": „von den Glücks=Kugeln?"; in (3–5) „von den Glücks=Kugeln!"
46	in Kinds Ausgaben (1–5) statt „Bist du des Geiers, Camerad?": „Das wär' mir!"
49	in Kinds Ausgaben (1–5) „nur noch e i n e !"
50	im Handexemplar ursprünglich „habe ich schon gethan"; im Handexemplar und in der Kopie Wien von Weber korrigiert; so übernommen in die Kopie Hamburg und Kinds Ausgaben (1–5)
54	im Handexemplar statt „Zwei Elstern habe ich damit geschoßen.": „Nach den Elstern habe 2 davon verschoßen."; Korrektur vom 2. Kopisten; vom Hg. ignoriert; in Kinds Ausgaben (1–5) „Da sieh, nach den Elstern hab' ich Zweie verschossen."
59	in Kinds Ausgaben (1–5) statt „die ganze fürstliche": „die fürstliche"
61	in Kinds Ausgaben (1–5) statt „So gieb mir die dritte!": „So hast du noch Eine; gieb mir sie!"
61	im Handexemplar Korrektur vom 2. Kopisten von „die dritte!" zu „deine dritte!"; vom Hg. ignoriert
66	in Kinds Ausgaben (1–5) statt „Gieb mir die dritte von den deinigen!": „Gieb mir deine Dritte!"
66	im Handexemplar „von den deinigen!" vermutlich vom 2. Kopisten gestrichen; vom Hg. ignoriert
74	in der Kopie Hamburg fehlt „ab."
82–84	in Kinds Ausgaben (1–5) „die sechste Kugel verbraucht. Er ladt. (in 4–5: lädt) Die siebente, die Teufelskugel, hebt er mir schon zum Probeschusse auf! Hahaha! Das Exempel ist richtig. Wohl bekomm's der schönen Braut! – dort läuft ein Füchslein; dem die sechste in den Pelz! Legt im Abgehen an; man hört alsbald außerhalb den Schuß fallen."
82	im Handexemplar „verschossen!" vom 2. Kopisten zu „verbraucht" verbessert; vom Hg. ignoriert
83	im Handexemplar nach „auf" Ergänzung vom 2. Kopisten „Das Exempel ist richtig. Hahaha! Wohl bekomms der schönen Braut! – Dort läuft ein Füchslein, dem die sechste in den Pelz!"; vom Hg. ignoriert

III. Aufzug, 2. Auftritt

3	im Handexemplar „Straus weiser Roßen"; vom Hg. korrigiert
3–4	in Kinds Ausgaben (1–2) fehlt „Gegenüber ein Spiegel."
3–4	in Kinds Ausgabe (3) statt „ein Strauß weißer Rosen. Gegenüber ein Spiegel.": „ein Strauß weißer Rosen, von dem durchs Fenster hereinfallenden Sonnenstrahl beleuchtet."

	III. Aufzug
3–4	in Kinds Ausgaben (4–5) statt „in einem Blumentopfe ein Strauß weißer Rosen. Gegenüber ein Spiegel.": „der Blumentopf mit dem weißen Rosenstrauße von dem, durchs Fenster hereinfallenden Sonnenstrahl beleuchtet."
5	bei der Ergänzung von Weber „*No. 12. Cavatina.*" ursprünglich Nr. 13, von Weber zu 12 verbessert
5	in der Kopie Wien Angabe der Musiknummer erst vor Z. 9
7–8	in Kinds Ausgaben (1–5) „kniet vor dem Altar, **steht auf** und wendet"
9	im Handexemplar an dieser Stelle inhaltlicher Fehler „Und ob die Wolke **sich** verhülle"; ebenso in Kinds Autograph, in den Kopien Berlin und Gotha, dem Partiturautograph, dem Erstdruck; in der Kopie Wien von Weber korrigiert, in der Kopie Hamburg von fremder Hand verbessert; in Kinds Ausgaben (1–5) richtiggestellt
13, 19	in Kinds Ausgaben (1–5) statt „ewig rein und klar": „rein und ewig klar",
15	im Partiturautograph „der **Vater**"
20	im Handexemplar „Nimmt aller seiner Kinder wahr!" von Weber zu „nimmt meiner auch mit Liebe wahr" verbessert (ebenso im Partiturautograph); von ihm selbst rückgängig gemacht; ursprüngliche Szenenanweisung nach der zweiten Strophe „sich gegen den Spiegel wendend." von Weber gestrichen;
20	im Handexemplar gab es ursprünglich eine dritte Strophe der Cavatine; ebenso in Kinds Autograph, in den Kopien Berlin und Gotha; im Handexemplar von Weber und in der Kopie Berlin vom Berliner Kopisten gestrichen; im Partiturautograph, im Erstdruck und in den Kopien Wien und Hamburg nicht mehr enthalten: „Nicht eitles Prangen soll mich schmücken, Nicht goldne Ketten und Geschmeid. Zu <u>ihm</u> will ich in Demuth blicken, Und wär' dieß auch – mein Leichenkleid! <u>Sein</u> Auge, ewig rein und klar, Nimmt <u>meiner</u> auch mit Liebe wahr!"

III. Aufzug, 3. Auftritt

2	in Kinds Ausgabe (1) statt „gleichfalls ländlich geschmückt.": „gleichfalls geschmückt."
2	in Kinds Ausgaben (2–5) „geschmückt, **doch nicht mit Blumen und Zweigen.**"
5–6	in den Kopien Berlin und Gotha sowie Kinds Ausgaben (1–5) „Brauthränen und Frühregen, sagt das Sprichwort [in Kinds Ausgaben (1–5) Sprüchwort], währen nicht lange."
18	in der Kopie Berlin Korrektur von fremder Hand zu „Mir träumte"
18	in Kinds Ausgaben (1–5) „**Mir** träumte"
18	in der Kopie Hamburg Korrektur von fremder Hand zu „Ich träumte"

Varianten, Lesarten und Anmerkungen

20	im Handexemplar „weise Taube"; vom Hg. korrigiert
22	in Kinds Ausgaben (1–5) „im Blute"
24	in Kinds Autograph, dem Handexemplar und den Kopien Wien und Hamburg „klatzscht"; vom Hg. korrigiert in Übereinstimmung mit den Kopien Berlin und Gotha sowie Kinds Ausgaben (1–5)
30	in Kinds Ausgaben (1–5) „an dem weißen Braut-Kleide"
33	in den Kopien Berlin und Gotha sowie Kinds Ausgaben (1–5) „Hute, es schauert dir überhaupt"
34	in Kinds Ausgabe (4) „Vogel! Küßt sie auf die Stirn. Bin"; in (5) „Vogel! Küßt sie auf die Stirne. Bin"
37	in den Kopien Berlin und Gotha sowie Kinds Ausgaben (1–5) „Deine Liebe zu mir macht"
37–86	im Handexemplar Z. 37 mit Bleistift gestrichen, danach mit Bleistift Zeichen für Einschub, der aber fehlt; Edition der Zeilen 38–86 nach der Kopie Wien, in der Kopie Hamburg bis auf Abweichungen in Orthographie und Interpunktion identisch, dort aber ohne Angabe der musikalischen Nummer und Z. 37 nachträglich gestrichen; Arientext Z. 45–86 im Erstdruck ohne Anschlußtext
37	in Kinds Ausgaben (4–5) statt „Deine Liebe für mich macht dich dazu, liebes, fröhliches Kind!": „Deine Liebe zu mir macht dich dazu!"
38–86	in Kinds Ausgaben (4–5) fehlt der Text von Annchens Romanze und Arie einschl. Anschlußtext
41	in Kinds Ausgaben (1–3) „Das ist ein Elend!" fehlt
41	in Kinds Ausgaben (1–3) „nichts ein, sie zu zerstreuen"
42	in Kinds Ausgaben (1–3) „Freilich, Alles kann man"
76–77	in Kinds Ausgaben (1–3) „Sie bestricke Und erquicke,"
77–78	im Partiturautograph „und beglücke und bestrikke"
87	im Handexemplar „Nun muß ich aber auch geschwind den Kranz holen." mit Bleistift gestrichen
87–88	in Kinds Ausgaben (1–3) „Die alte Elsbeth hat ihn eben aus der Stadt mitgebracht."
89	in Kinds Ausgaben (1–3) statt „unten stehen.": „unten."

III. Aufzug, 4. Auftritt

2	im Handexemplar ursprünglich „VIER BRAUTJUNGFERN"; von Weber korrigiert
2	in Kinds Ausgaben (2–5) „BRAUTJUNGFERN, in ländlicher Feiertracht, doch gleichfalls ohne Kränze und Blumen."; in Kinds Ausgaben (4–5) anschließend „Blumen – wohl aber geschmückte Flachsrocken und Spindeln tragend, oder Fichten- und Tannennadeln streuend, oder etwas dergleichen." ergänzt
3	im Handexemplar ursprünglich von Weber ergänzt: „No: 14 Chor", geändert zu Nr. 13, nochmals geändert zu: „No: 14 Volkslied."

8, 16, 24, 32	im Handexemplar ursprünglich „Erste, Zweite, Dritte, Vierte Brautjungfer."; von Weber korrigiert zu „Eine Brautjungfer."
13, 21, 29, 37	im Handexemplar ursprünglich „Alle vier"; von Weber korrigiert zu „Alle"
27	im Handexemplar ursprünglich „Das Hemdlein ist"; in Kinds Autograph, im Partiturautograph und im Vorabdruck des Volksliedes ebenfalls; von Weber korrigiert
27	in Kinds Ausgaben (1–5) „Die Schleier sind wie Spinnweb"
26	im Erstdruck sowie in den Kopien Berlin und Wien „Das Tüchlein ist"; in der Kopie Berlin nachträglich von fremder Hand verbessert
35	im Partiturautograph „Und weil er die Herzliebste nahm"

III. Aufzug, 5. Auftritt

5	in Kinds Ausgaben (1–5) statt „fällt noch mit": „fällt mit"
5	in den Kopien Berlin und Gotha sowie Kinds Ausgaben (1–4) „in der Höhe"
10	im Handexemplar „gespuckt."; ebenso in den Kopien Wien und Hamburg; vom Hg. korrigiert
15–16	in den Kopien Berlin und Gotha, dem Partiturautograph sowie Kinds Ausgaben (1–5) „Es ist diese Nacht zum zweiten Male"
24	in Kinds Ausgaben (1–5) statt „alle Pfosten zittern und krachen,": „alle Pfosten krachen,"
42	im Handexemplar „selbst erschrocken." von fremder Hand korrigiert zu „selbst sehr erschrocken"; vom Hg. ignoriert
42	in Kinds Ausgaben (1–5) „sehr erschrocken"
43	im Handexemplar „Ein Todtenkranz?" von Weber ergänzt; ebenso in der Kopie Wien; Ergänzung vermutlich nach Mai 1820, da nicht im Partiturautograph enthalten; im Handexemplar nachträgliche Korrektur von fremder Hand zu „Eine Todtenkrone!"; vom Hg. ignoriert
43	in Kinds Ausgaben (1–5) „Eine Todtenkrone! – Himmel, das ist – "
43–44	im Handexemplar „Nein, das ist" sowie „Das" von fremder Hand gestrichen, dafür nach der Szenenanweisung „Himmel, das ist – nein, das" ergänzt; vom Hg. ignoriert
44–45	in Kinds Ausgaben (1–5) „halbblinde Frau oder"
51	in der Kopie Berlin „ein Werk von oben."
52	in den Kopien Berlin und Gotha sowie Kinds Ausgaben (1–5) statt „windet mir daraus": „windet daraus"
54	im Handexemplar „weise Rosen"; vom Hg. korrigiert
54	in Kinds Ausgabe (5) nach „tragen." ergänzt: „– Vor sich mit einem Blick gen Himmel. Vor allen diese!"

Varianten, Lesarten und Anmerkungen

58–59	im Handexemplar ursprünglich: „Sie verschlingen sich von selbst! Ein herrlicher Einfall! Sie stehen dir allerliebst!"; ebenso in Kinds Autograph sowie den Kopien Berlin u. Gotha; im Handexemplar von Weber mittels Zählung korrigiert; in der Wiener Kopie vom Kopisten in ursprünglicher Form, aber mit Korrekturanweisung übernommen; Korrektur von Weber vor Mai 1820, da im Partiturautograph ebenso
59	in den Kopien Berlin und Gotha sowie Kinds Ausgaben (1–5) „laßt uns **auch** gehen."
61	im Handexemplar „im Abgehen." von Weber ergänzt; Ergänzung vor Mai 1820, da im Partiturautograph ebenso

III. Aufzug, 6. Auftritt

5	im Handexemplar selbst korrigierter Fehler vom 1. Kopisten: „und ~~Arbeits~~Treibleute"
5	in Kinds Ausgaben (1–5) „hinter ihnen Hirsche"
11	im Handexemplar von Weber „No. 15" zu „No. 14" korrigiert; später mit Bleistift wieder rückkorrigiert
12	in Kinds Ausgaben „CHOR DER JÄGER."
13, 23	in der Kopie Wien Strophen gezählt 1.) bzw. 2.)
13	in den Kopien Berlin und Gotha, dem Erstdruck und Kinds Ausgaben (1–5) „Was **gleicht** wohl auf Erden"
22	in Kinds Ausgaben (1–5) „Anstoßen der Gläser und lautes Gejubel." erst nach der 2. Strophe plaziert
23–31	im Handexemplar 2. Strophe des Jägerschors von Weber ergänzt; in Kinds Autograph und der Kopie Gotha nicht enthalten; in der Kopie Berlin nachträgliche Ergänzung vom Berliner Kopisten
33	in Kinds Ausgaben (1–5) statt „Genug nun der": „Genug der"
39	in Kinds Ausgaben (1–5) „würdig zu seyn."
48–49	in Kinds Ausgaben (1–5) statt „habe mich nach ihr erkundigt und so viel zu ihrem Lobe": „habe soviel zu ihrem Lobe"
52	in Kinds Ausgaben (1–5) „dem Beispiel **Eurer erlauchten Ahnen** wart"
64	in Kinds Ausgaben (1–5) statt „der geliebten Braut könnte ihn": „der Braut **könne** ihn"
73–74	in Kinds Ausgaben (1–5) fehlt „Auch bewährt sich die Wißenschaft des Jägers wohl am sichersten im Forste –"
76–77	im Handexemplar bei „ob wir beyde am Hochzeittage einen rechtschaffnen Schuß gethan hätten!" von fremder Hand korrigiert zu: „Alter! obs uns beiden am Hochzeittage beßer gegangen wär?"; so auch in Kinds Ausgaben (1–5); vom Hg. ignoriert
77	in Kinds Ausgaben (1–5) „**alte Gebräuche** muß man ehren."
101–102	in Kinds Ausgaben (1–5) fehlt „(ein neunzigjähriger Greis, doch mit feurigem Blick und dem ganzen Aeußern eines Patriarchen und Propheten) ein wenig"

III. Aufzug

102	im Handexemplar 1. Kopist verwechselte die Reihenfolge von „Patriarchen und Propheten", verbesserte sich jedoch vermutlich selbst
105	im Handexemplar von Weber ergänzte „*No*. 16" zu Nr. 15 verbessert und später mit Bleistift wieder rückkorrigiert
108	in den Kopien Berlin und Gotha, dem Erstdruck sowie Kinds Ausgaben (1–5) statt „die eigne Braut!": „die Braut!"
116	im Handexemplar fehlt das Komma; vom Hg. in Übereinstimmung mit Kinds Autograph, den Kopien Berlin und Gotha korrigiert; im Partiturautograph „–"
132	in Kinds Ausgaben (1–5) statt „MEHRERE.": „EINIGE."
146	im Partiturautograph „Ich **athme** noch"
153	in Kinds Ausgaben (2–4) „**Mein** Max."; in (1 und 5) „**Mein Max!**"
153, 155	im Partiturautograph Textergänzungen „o Max ich lebe noch!" sowie „Agathe du lebest noch!"
175	in Kinds Autograph und der Kopie Hamburg „in die **Wolfsschlucht!**"
175	in den Kopien Berlin und Gotha, dem Erstdruck sowie Kinds Ausgaben (1–5) „in die **Wolfesschlucht!**"
183	in Kinds Ausgaben (1–5) „**voll** Verzweiflung,"
200	im Partiturautograph „O reißt ihn nicht"
204	in den Kopien Berlin und Gotha, dem Erstdruck sowie Kinds Ausgaben (1–5) „war immer **brav** und gut!"
208	in Kinds Ausgaben (1–5) „ist **so fromm, so rein –**"
224–233	im Handexemplar von Weber zehn Zeilen des Eremitentextes gestrichen; in der Kopie Wien ebenso, gestrichene Passage nicht in der Kopie Hamburg enthalten; im Partiturautograph jedoch nicht gestrichen; aufgrund der Bühnentradierung vom Hg. ignoriert und wieder aufgenommen
224–227	in Kinds Ausgaben (1–5) die ersten vier Zeilen des von Weber gestrichenen Eremitentextes nicht enthalten
228–233	in Kinds Ausgaben (1–2) Z. 228–233 in eckige Klammern gesetzt und mit Fußnote versehen „Das Eingeschlossene bleibt bei der Aufführung weg."
228	in Kinds Ausgaben (1–5) „**War's** recht"
231	in Kinds Ausgaben (1–5) „Womit **Verzweiflung sie** umflicht,"
234	im Handexemplar von Weber (aus der vorangehenden Streichung resultierend, s. Anm. zu Z. 224–233), „Drum" zu „So" verbessert; in der Kopie Wien ebenso; in der Kopie Hamburg von Vornherein so im Text; vom Hg. nicht übernommen, da die Streichung ignoriert wurde
234	in Kinds Ausgaben (1–3) „**Es finde nie**"
235	in den Kopien Berlin und Gotha sowie Kinds Ausgaben (1–5) statt „mit einem finstern Blick": „mit finsterm Blick"
237	in Kinds Ausgaben (1–5) „Doch **früher reines** (in 5: **reinen**) **Herzens** war,"

239

Varianten, Lesarten und Anmerkungen

245	in den Kopien Berlin und Gotha, dem Erstdruck sowie Kinds Ausgaben (1–5) „Heil unserm **Herrn!**"
245	im Handexemplar ursprünglich „Er **widerstehet** nicht", in Kinds Autograph, den Kopien Berlin und Gotha, dem Erstdruck sowie Kinds Ausgaben (1–5) ebenso; vermutlich Korrektur von Weber vor Mai 1820, da im Partiturautograph Änderung enthalten
249	im Partiturautograph statt „euer Eheband": „euer Band"
268	im Partiturautograph „zum **Brauta**ltar."
271ff.	Textverlust in der Kopie Wien
276	im Handexemplar ursprünglich „des Ewigen trau'n"; vermutlich Kopistenfehler, Korrektur von Weber vor August 1819, da in der Kopie Berlin korrekt
279	in Kinds Ausgaben (1–5) fehlt „ENDE."; dafür kurzer Strich

Eröffnende Eremitenszenen (Anhang)
Editionsquelle: Kinds Ausgabe (1)

2. Auftritt

9	in Kinds Ausgabe (4) „Du **bleibst**"
24	in Kinds Ausgabe (5) fehlt „Ihr seyd ungewöhnlich heiter."
36–37	in Kinds Ausgabe (5) „auch nur **zu** trüben. Dennoch"
53	in Kinds Ausgabe (5) fehlt „Nicht wahr, Ihr erfüllt diesen Wunsch?"
80, 102	im Vorabdruck (Penolope) „Wie Unschuld weiß und rein!"
81–83	in Kinds Ausgabe (5) „AGATHE, devot. Von des Erlösers Grabe –! Sie soll mir heilig seyn!"
95	im Vorabdruck (Penolope) „Daß Heilung"
105	in Kinds Ausgabe (5) „Soll sie mir **heilig** sein!"

Ursprüngliche Fassung der Szene II/5 (Anhang)
Editionsquelle: Kinds Autograph

Sinntragende Abweichungen zwischen dem Kindschen Autograph und den übrigen Quellen, die die Urfassung der Szene enthalten (Handexemplar sowie Kopien Berlin und Gotha), bestehen nicht. Die folgenden Angaben betreffen nur Korrekturen, die Friedrich Kind an dieser Stelle in seinem Manuskript vornahm.

14	ursprünglich „Was **ist** sein Begehr?"
21	ursprünglich „dein Reich vermehre"

Anhang

14	ursprünglich „Was ist sein Begehr?"
41–42	ursprünglich „zu verleiten; aber – "
47	ursprünglich „alt, u. liebt sie über alles – wer weiß"
47–48	ursprünglich „ob nicht auch er in Versuchung fällt!"
52	ursprünglich „Er würde allein die Schrecken"
53–54	zuerst „ehe der Zauber vollendet wär"; danach „Zauber" gestrichen und unvollständig korrigiert zu „Besch[wörung]"
54	ursprünglich „fiel er als dein Opfer, allein"
55	ursprünglich „das mich verwarf, muß sterben"
58	ursprünglich „morgen ist deine Frist aus!"

Ausschnitt aus Webers Entwurf seiner Bemerkungen
zur szenischen Umsetzung des *Freischütz*,
D-B, Weberiana Cl. II A. g, Nr. 2

Webers Bemerkungen zur szenischen Umsetzung des Freischütz

Webers Niederschrift der nachfolgend wiedergegebenen Bemerkungen bezüglich szenischer Effekte bzw. Requisiten, die bis auf den ersten Absatz ausschließlich die Umsetzung des II. Finales der Oper betreffen, wird allgemein fälschlich mit der Dresdner Einstudierung (EA 26. Januar 1822) in Verbindung gebracht[1]. Eine erste falsche Spur in dieser Hinsicht legte Friedrich Wilhelm Jähns, der das ihm gehörige Autograph des Weber-Textes[2] im Katalog seiner Weberiana-Sammlung folgendermaßen annotierte: „Wahrscheinlich amtlich für die dresdener Hofbühne geschrieben"[3]. Eine dermaßen ausführliche Darlegung für den Dresdner Regisseur Friedrich Hellwig war allerdings nicht nötig, denn Hellwig hatte sich persönlich mit der Berliner Inszenierung vertraut machen können. Webers Tagebuch gibt Hinweise zu dessen Berlin-Aufenthalt vom 9. bis 18. Juni 1821: Am ersten Tag besuchte Hellwig gemeinsam mit Weber den Bühnenbildner Carl Gropius; am 18. Juni, unmittelbar nach der Uraufführung, reiste er nach Dresden zurück. Probenbesuche Hellwigs in Berlin sind zu vermuten, allerdings nicht dokumentiert.

Das Tagebuch ermöglicht auch die richtige Einordnung des Schriftstücks; am 14. Januar 1822 vermerkte Weber darin: „Notizen Szenische zum Freyschützen nach München." Der Versand ist vier Tage später nachgewiesen: „an Stich nebst Notizen […] geschrieben." Die Bemerkungen sind demnach für den Bayerischen Hoftheater-Intendanten Joseph Stich bestimmt, dürften also bei der Münchener Erstaufführung (15. April 1822) berücksichtigt worden sein.

---

[1] So u. a. bei Schnoor, S. 205f., sowie noch im Katalog Opernschaffen 2001, S. 125. Vgl. auch E. Douglas Bomberger, „Special Effects in the First Production of *Der Freischütz*", in: *Weberiana* 5 (1996), S. 28-34 sowie ders., „The Neues Schauspielhaus in Berlin and the Premiere of Carl Maria von Weber's *Der Freischütz*", in: *Opera in Context. Essays on Historical Staging from the Late Renaissance to the Time of Puccini*, hg. von Mark A. Radice, Portland, Oregon 1998, S. 147-169 (Anm. S. 341-345).

[2] D-B, Weberiana Cl. II A. g, Nr. 2.

[3] Katalog-Manuskript D-B, Mus. ms. theor. Kat. 840, S. 12.

Erstaunlicherweise fand Webers Text keine Aufnahme in die Ausgaben seiner Schriften; erstmals vollständig abgedruckt wurde er von Schünemann (S. 64f.).

Einige Bemerkungen die Szenischen Anordnungen des Freyschützen betreffend.

<u>Der Adler</u> im 1ᵗ Akt. wurde im Berliner Museum ausgestopft[4], und so bereitet daß man ihm die Flügel abnehmen und wieder ansezzen kann.
er hängt an einer doppelten, zusammen gedrillten Schnur. nach dem Schuße läßt man das eine Theil derselben los, er <u>dreht</u> sich dann in der Luft und stürzt endlich wenn die Schnur zu Ende, herab.
<u>Finale des 2. Aktes</u>. von den 2 Gewittern kann nur eines angebracht werden, da das ganze Theater so erbaut ist, daß der Mond selbst wenig Raum mehr im Hintergrunde behält.
<u>Der Todtenkopf</u> ist cachirt.
<u>Die Eule</u> von Holz sizt fest, und bewegt Kopf und Flügel, die Augen transparent.
<u>Samiel</u> erschien in Berlin <u>im Felsen</u>. Kasper macht seinen Kreis etwas seitwärts, um den größern Theil des Theaters für die Erscheinungen frey zu halten. an der Kouliße steht dann ein Felsenstük das auf Marly[5] gemahlt ist. hinter diesem ist eine Vorrichtung daß es von hinten schnell erleuchtet werden kann. so lange es <u>dunkel</u> ist steht Samiel ungesehen dahinter, so wie es aber beleuchtet wird, bewährt der Marly/: oder grobe braune Gaçe:/seine Durchsichtigkeit. hier hatte man den Samiel mit einem langen Scharlachmantel bekleidet, auch einen ~~feurigen~~ [transparenten] rothen Todtenkopf, darauf seinen Hut, gegeben, um ihn in diesem Augenblik als Höllenfürst in seinen Schreknißen zu zeigen.

[4] Vgl. auch Gottfried Mauersberger, „Der Adler der Wolfsschlucht. Eine Randnotiz zum 200. Geburtstag von Carl Maria von Weber", in: *Der Falke* (ornithologische Monatsschrift), Jg. 33 (1986), S. 363.

[5] Marly, benannt nach der französischen Stadt Marly-le Roi bei Versailles, ist ein gazeförmiges Gewebe aus Baumwollgarn oder -zwirn.

Webers Bemerkungen zur szenischen Umsetzung

Der Todtenkopf mit dem Hirschfänger geht mit der Versenkung hinab, und mit eben dieser komt der kleine Heerd mit glimenden Kohlen pp herauf.

Reisig wird nicht aufgelegt, weil es zu viel Geruch[6] macht. hingegen liegt etwas Pulver von bengalischem Feuer, oder sonstig grünlich brennendes dabei, wovon Kasper unbemerkt vom Zuschauer zuweilen etwas in die Kohlen wirft.

Die Felsenspitze auf der Max erscheint wurde wegen des Gesangs auch ganz vorn, aber sehr hoch angebracht. um aber die Dekoration nicht zu dekken hatte sie folgende Form ⌐⌐ und Max kletterte hinten herunter.

Die Erscheinung der Mutter, und Agathens von Kindern dargestellt waren im Hintergrunde auch in den Felsen angebracht, eben so hinter Marly, und nur durch die neben ihnen befindlichen schnell auf sie gerichteten Lampen, sichtbar und unsichtbar nach Erforderniß.

da das Hüpfen der Waldvögel leicht lächerlich wird. ließ man nach Eins, auch Schlangen, und Kröten am Boden sich bewegen, und Fledermäuse an Drähten vorbeyschwirren.

Der Eber kann ein halb cachirter sein. er läuft in einen Kanal hinter Kasper über das Theater. ⌐/: so wie überhaupt alle Erscheinungen nicht zu weit vorn sein dürfen:/⌐ Er braucht nicht beweglich zu sein, weil er zu schnell vorüber geht als daß man dieß bemerken könnte.

Die feurigen Räder, sind leichte ⌐Räder von⌐ Reifen an einer Stellage; die in dem Kanal übers Theater läuft: 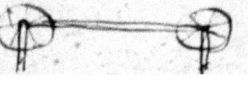 an diesen Rädern die sich natürlich an einer Axe drehn, sind kleine Raketen befestiget. sobald diese angezündet sind drehen sie von selbst die Räder mit Schnelligkeit.

Die wilde Jagd. sind Figuren von Jägern, Hunden, Hirschen, als Skelette, oder den Hals umgedreht pp auf Leinwand gemahlt, weiß und grau, und dann ausgeschnitten wieder auf Marly geklebt und so in langen Streifen und Zügen unter den Soffitten über das Theater gezogen. da man den Marly nicht sieht, so schweben alle Gestalten frey in der Luft.

Am Schluße müssen alle Regen, Einschlage und Donner Maschinen in Bewegung sein. Die Irrlichter, in Spiritus getränkte

---

[6] „Geruch" überschrieben aus: „Rauch"

Schwämchen an Drähten und die Flammen aus der Erde müßen haufig sein. in den hinteren Koulißen hatte man wirklich Tannenbäume herausstürzen laßen die dann krachten und praßelten.

<u>Samiel</u> steht hinter dem verdorrten Baume und hält seinen Arm so hinter deßen Ast, daß⁷ Max ihn schon gefaßt hält wenn der Baum verschwindet.

---

⁷ „daß" korrigiert aus: „das"

Volksbräuche und Aberglauben im »Freischütz«

In den *Freischütz*-Inszenierungen der vergangenen Jahre hat sich vorrangig ein psychologischer Deutungsansatz durchgesetzt, und zweifellos bildet die Versagensangst des Max ein bedeutendes Movens der Opernhandlung[1]. Um Max' Blockade vor dem Probeschuß – allzu gern sexuell konnotiert – kreisen zahlreiche Regie-Auslegungen. Übersehen wird gerne ein anderer Konflikt, den Kind in kräftigen Farben ausgestaltet hat: der zwischen Glauben und Aberglauben, Gottvertrauen und Faszination für geheimnisvolle Naturkräfte, Eremit/Agathe auf der einen und Samiel/Caspar auf der anderen Seite – gerade dieser Antagonismus war es schließlich, der dem *Freischütz* enorme Probleme mit der österreichischen Zensur bescherte, so daß die Oper (immerhin bis zur Neueinstudierung 1829) in Wien nur in stark bearbeiteter Form (ohne Samiel, Eremit und Freikugeln) aufgeführt werden konnte. Zwischen beiden Polen muß Max eine Entscheidung treffen, beide Seiten ringen um den Unentschlossenen. Viele Symbole, die Kind (bzw. schon die Apelsche Vorlage) gerade aus der Sphäre des Volksglaubens aufgreift, sind uns heute noch geläufig bzw. aus sich selbst heraus verständlich, etwa die weiße Rose als Zeichen der Unschuld, die magische Kraft bestimmter Zahlen (z. B. 7, 9 und 3), die Caspar im Kugelsegen verwendet, oder die zahllosen Unglücksboten, die Agathe und Max heimsuchen (Alptraum vor dem Hochzeitstag, Erscheinungen der toten Mutter sowie Agathes als Selbstmörderin in der Wolfsschlucht, Wettererscheinungen wie Gewitter und Sturm). Andere Phänomene sind uns nur noch durch die *Freischütz*-Oper selbst geläufig, etwa die Bedeutung von Freikugeln. Doch für etliche Details, die zu Kinds und Webers Zeiten noch allgemein verständlich waren, fehlt uns heute der Zugang.

---

1   Eine musikalisch oberflächliche, sehr einseitige und nicht durchgängig nachvollziehbare psychoanalytische Interpretation bietet Bernd Oberhoff, *Carl Maria von Weber. Der Freischütz. Ein psychoanalytischer Opernführer*, Gießen 2005. Vgl. außerdem Pierre Babin, „Man schießt nicht ungestraft", in: *Carl Maria von Weber. Friedrich Kind. Der Freischütz. Libretto, musikalische und literarische Analyse. Einführung, Kommentare, Diskographie, Aufführungstabellen, Bibliographie, Zeittafeln*, München 1989, S. 158–161.

Wer weiß noch um das enge Beziehungsgeflecht von Braut- und Totenschmuck, von Kind durch das Verwechseln von Braut- und Totenkrone wirkungsvoll ausgestaltet? Wer kennt noch die angeblich Unheil abwehrende Kraft, die in jenen Kräutern stecken soll, die von den Brautjungfern neben der Myrte in den Brautkranz gebunden werden? Die Ursprünge der wilden Jagd (als Sturm-Phänomen, verbunden mit altgermanischen Wurzeln im Wotan-Mythos) sind den meisten Opernbesuchern sicher ebenso wenig vertraut wie die zahlreichen Rückgriffe Kinds auf Jagdzauber-Geschichten (etwa das Setzen eines Weidmanns)[2]. Die nachfolgende Zusammenstellung soll einen ersten Einstieg in diese Interpretations-Ebene des Librettos ermöglichen[3]; zurückgegriffen wurde bei den Erklärungen ausnahmslos auf das *Handwörterbuch zur deutschen Volkskunde*, Abt. I: *Handwörterbuch des deutschen Aberglaubens* (Berlin und Leipzig, 10 Bd., 1927–1942), das, unabhängig von seiner Entstehungszeit, noch immer ein Standardwerk zur Thematik des Volks- und Aberglaubens ist.

Blindschleiche (Bd. 1, 1927, Sp. 1398): Der Kopf der B., in eine Jagdflinte geladen, verleiht Treffsicherheit.

Brautkranz (Bd. 1, 1927, Sp. 1530 und Bd. 4, 1931/32, Sp. 153): Von allen den Kleidungsstücken und Gegenständen, die, von der Braut am Hochzeitstage getragen, ihre abergläubische Bedeutung außer durch die Trägerin durch den festlichen Tag gewinnen, [...] spielt der Brautkranz eine besondere Rolle. Er muß mit Fröhlichkeit gebunden werden, wenn die Ehe gedeihen soll, er muß frisch ins Haar kommen [...].
Der unvermählt Gestorbenen gibt man im Gedanken an eine himmlische Hochzeit den Brautkranz mit ins Grab.

---

2 Zum Einfluß diesbezüglicher älterer Quellen auf Kind und Apel vgl. das Kapitel zur Stoffgeschichte S. 103–111 sowie die dort nachgewiesene Literatur.

3 Hingewiesen sei in diesem Zusammenhang auf zwei ältere Beiträge, die sich ausschließlich dieser Thematik widmen: Alois John, „Volkstümliches im »Freischütz«. Ein Beitrag zum Jäger-Aberglauben", in: *Zeitschrift für österreichische Volkskunde*, Jg. 11, H. 5–6 (Dezember 1905), S. 165–179; Ernst Moritz Kronfeld, *Der Krieg im Aberglauben und Volksglauben. Kulturhistorische Beiträge*, München 1915 (speziell Kap. IV „Festmachen und Freikugeln", S. 81–119).

Elster (Bd. 2, 1929/30, Sp. 800): Die E. ist Hexentier; daher kann der Jäger sie nicht ohne besondere Vorbereitungen schießen.

Eule (Bd. 2, 1929/30, Sp. 1073f.): Das auffallende Erscheinen der E. und namentlich ihr Schrei kündet Tod an. [...] der Vogel heißt [zuweilen] Totenvogel o. ä. [...] Nach altem und weit verbreitetem Glauben ist die E. ein dämonisches Tier. Waldgeister und andere Dämonen stecken in ihr. [...] E.n fliegen mit dem wilden Heer.

Finsternis / Mondfinsternis (Bd. 2, 1929/30, Sp. 1514f., 1521): Das Entsetzen über das Nachlassen der Kräfte bei dem durch eine Finsternis getroffenen Gestirn schlägt sich zunächst in der Anschauung nieder, daß sofort auf Erden feindliche Mächte überhandnehmen. Böse Geister machen sich breit, die mit List arbeiten [...].

Da durch F.e böse Geister entfesselt werden, ist es verständlich, wenn sie vor allem im Zauber eine große Rolle spielen.

Freikugel / Freischütze (Bd. 3, 1930/31, Sp. 2ff.): Unter Freikugeln versteht man Flintenkugeln, die infolge eines ihnen anhaftenden Zaubers ihr Ziel unfehlbar treffen. Wer sich ihrer bedient, gilt als Freischütze. [...] Der Ausdruck „Freischuß" als Bezeichnung für einen Schuß mit Zauberkugeln läßt sich bereits fürs Jahr 1586 in Rostocker Gerichtsakten nachweisen [...]; dagegen hat sich die Bezeichnung „Freischütze" in dem angegebenen abergläubischen Sinne erst im Verlaufe des vergangenen [19.] Jahrhunderts durchgesetzt: man verstand unter diesem Ausdruck früher einen freiwilligen Schützen oder einen Wildschützen und bezeichnete den Besitzer von Freikugeln als „Treffschützen". [...]

Gießt man Kugeln zu gewisser bedeutsamer Stunde, so erhalten sie die Eigenschaft von Freikugeln. Hierzu rechnet man vor allem die Johannisnacht, den Abdonstag (30. Juli), den Andreasabend und die Christnacht [...]. Bei mehreren, namentlich in der älteren Literatur verbreiteten Rezepten wird [...] verlangt, der Guß solle stattfinden, wenn der Mond drei Tage lang im Schützen stehe. Beim Gießen soll man den Totenschädel eines Verbrechers oder einer Wöchnerin verwenden und das Blei durch die Augenhöhlen in den Model fließen lassen. Das Blei hat von alten Kirchhofskreuzen oder der Scheibeneinfassung gestohlener Kirchenfenster zu stammen. [...]

Den Jäger, der am Kreuzweg die Kugeln gießt, schreckt allerhand Höllentrug und Teufelsgesindel.

Geisterstunde (Bd. 3, 1930/31, S. 555): Auf der religiösen Voraussetzung, daß die Gottheit in der Nacht wirkt, ja an die Nacht gebunden ist, beruht der Glaube an die Geisterstunde. Diese ist gewöhnlich identisch mit der Stunde von Mitternacht bis 1 Uhr [...], ausnahmsweise auch die Stunde von 11 bis 12 Uhr [...].

Herabfallendes Bild (Bd. 1, 19327, Sp. 1296): Auf dem Glauben an die engen Beziehungen der Person zu ihrem Bild beruht der Glaube, daß das Herabfallen des Bildes eines Kranken dessen Tod anzeigt oder allgemein Unglück bedeutet.

Jungfernkranz (Bd. 4, 1931/32, Sp. 846f.): Das im Mittelalter [...] wachsende Interesse für weibliche Unberührtheit [...] gibt neben anderen Kennzeichnungen der Jungfräulichkeit [...] auch dem Jungfern- oder Brautkranz seine (sexuelle) Bedeutung [...]. Mit bestimmtem Kraut geflochten und zum Feste getragen oder vors Kammerfenster gehängt, schützen Jungfernkränze bedohte Unschuld vor dem Versucher [...].

Kreis (Bd. 5, 1932/33, Sp. 468–470): Der Schutzk.[reis] bildet bei der Beschwörung das wichtigste Schutzmittel des Beschwörers; besonders der Teufel wird in einem solchen K. beschworen, doch auch andere mehr oder minder bösartige Geister. [...] auch zum eigenen Schutze zieht man beim Nahen der Wilden Jagd einen K. um sich. [...] Bei Beschwörungen ist die K.linie die Grenze zwischen Tod und Leben. Verlassen des K.es bedeutet Tod und Verderben; ja wer bloß die Hand oder nur einen Finger aus dem K. streckt, wird sofort von den Dämonen herausgerissen und ist verloren.

Kreuzweg (Bd. 5, 1932/33, Sp. 516, 519, 521): Unter den Orten, an denen nach dem Volksglauben das Übernatürliche am mächtigsten wirkt und die daher zu allerhand schützendem oder aber bösem Zauber geeignet sind, stehen die K.e in besonderem Ansehen. Zu ihnen gehören nicht nur die Stellen, wo sich zwei oder mehrere Wege kreuzen (Wegkreuzungen), sondern auch die Weggabelungen (Wegscheiden). Der Zauber waltet hier stets oder nur zeitweilig und unter bestimmten Bedingungen. [...]
   Am K.e, dem Aufenthaltsort der Seelen, ziehen um Mitternacht [...] das Wütende (Wuotes-) Heer oder die Wilde Jagd [...] vorüber. In ihnen hat sich die Erinnerung an den Totenführer Wodan und seine Geisterschar bis auf den heutigen Tag erhalten. [...]

Will man auf dem K.e die Geister beschwören, so muß man bestimmte Anstalten treffen. [...] Im steirischen Sausal zieht der Teufelsbeschwörer mit der Hand einen Kreis um sich herum, er muß sich aber hüten, aus diesem Kreise zu treten, wozu ihn der Teufel durch allerlei Schreckmittel zu bringen sucht, sonst ist er verloren.

Lavendel (Bd. 5, 1932/33, Sp. 950): Wie andere stark aromatisch riechende Lippenblütler [...] gilt der L. als Apotropaeum. [...] Das L.kraut ist von Gott besonders gesegnet.

Luchs (Bd. 5, 1932/33, Sp. 1440f.): Er hat so scharfe Augen, daß er durch Wände sieht. Seine Zunge hat die Form einer Natternzunge. [...] Einmal wird er als Jagdtier des wilden Jägers erwähnt.

Myrte (Bd. 6, 1934/35, Sp. 714–716): Als Brautpflanze ist die M. erst im 16. Jh. nachzuweisen; eine Tochter Jakob Fuggers soll 1583 die erste gewesen sein, die statt des damals üblichen Rosmarinkränzchens einen M.nkranz trug. [...] Schneidet man von einer M. etwas ab zum Brautkranze, so bindet man einen weißen Faden an, jedoch einen schwarzen, wenn zum Totenkranze.

Thymian (Quendel) (Bd. 7, 1935/36, Sp. 418): Als stark aromatisch riechendes Kraut hat der Q. apotropäische Eigenschaften. [...] Die Braut muß den Q. im Mieder oder in den Schuhen tragen. Im Kreis Oststernberg [...] legt die Braut vor der Trauung „Thymian" [...] in die Schuhe und spricht:
>Ik tret, ik tret up Thymian,
>Kieck du mir keene andre an [...].

Wenn jemand vom Teufel verfolgt wird, soll er laufen, bis er einen „Karwendelstock" (= Q.) findet, und soll sich auf diesen setzen. Der Teufel hat dann keine Macht über ihn.

Totenkrone (Bd. 8, 1936/37, Sp. 1078): Bis in die neuere Zeit erhielten nur die Kinder und ledig Verstorbenen Sargschmuck, darunter häufig die sogen. Totenkronen. Diese sind Gebilde aus Grün und Blumen oder aus Draht mit Perlen, Flittergold und anderem Zierat versehen. Sie werden (oder wurden) auf den Sarg gestellt, selten dem Toten aufgesetzt, dann in der Kirche oder zu Hause aufbewahrt. [...] Oft erhielten [sie] nur verstorbene Kinder. Manchmal nur diese und Jungfrauen; sie wird darum Jungfernkranz oder Brautkrone genannt und als ein Zeichen der Unschuld oder der Jungfräulichkeit ausgelegt.

Taube (Bd. 8, 1936/37, Sp. 696f.): Ungemein verbreitet ist die Vorstellung, daß die Seele eines unschuldig hingerichteten Menschen in Gestalt einer weißen Taube zum Himmel flattere. [...] Der Geist des Verstorbenen zeigt sich den Lebenden sehr oft als weiße Taube. Damit hängt der Glaube zusammen, daß Sterbende weiße Tauben sehen, welche kommen, um sie abzuholen.

Vogelschießen (Bd. 8, 1936/37, Sp. 1682): Ein Brauch, der entweder im Mai, zu Pfingsten oder zur Erntezeit stattfindet, war das Vogelschießen [...]. Man schoß oder hieb nach einem Vogel, der auf einer Stange oder sonstwie angebracht war, dabei gewann einer den Preis bzw. den Vogel, und es folgte später öfters ein Festessen.

Weidmannsetzen (Bd. 4, 1931/32, Sp. 582): [Der Jagdzauber] richtet sich besonders gegen die Waffe, aber auch gegen den J[äge]r und die Hunde und wird gern von Wilddieben und auch Zwergen geübt. [s. a. Wilderer]

Wiedehopf (Bd. 9, 1938, Sp. 566): Im Zauber wird der W.[iedehopf] vielfach verwendet; denn er ist ein dämonischer Vogel [...]. Kopf, Auge, Herz oder Zunge des W.s bringen Glück im allgemeinen [...]. Junge W.e und deren Hirn, ferner das Blut, das Herz oder die Galle des W.s finden im Schußtreffzauber Verwendung.

Wilde Jagd (Bd. 9, 1938, Sp. 632f.; Bd. 9-Nachtrag, 1941, Sp. 929): Lebendig geblieben ist von den aus der germanischen Mythologie genannten W.[ind]vorstellungen besonders all das, was mit dem wilden Jäger und der wilden Jagd Zusammenhang hat. Dieser Vorstellungskreis wurde [...] genährt von fortwährenden Naturvorgängen. Daher die mannigfachsten und buntesten Variationen der gleichen Grundvorstellung, die vollständig kaum aufzuzählen sind. Sie sind nicht alle auf Wotan zurückzuführen [...]. Aber allen Formen liegt, mag auch Name und Gestalt des Führers der wilden Jagd wo immer ihren Ursprung haben, die gleiche Grundanschauung zugrunde. [...] Auch manche geschichtlichen Personen wurden von der Phantasie des Volkes umgedeutet zu Sturmdämonen in der Gestalt des wilden Jägers [...].

Häufig entrückt die wilde Jagd Menschen, die ihr in den Weg kommen. [...] Die wilde Jagd bringt Krankheit, Verunstaltung des Körpers, sogar den Tod.

Wilderer (Bd. 9-Nachtrag, 1941, Sp. 981): Die abergläubischen Anschauungen über den W. ergeben sich [...] aus seiner ihm zugeschriebenen Zauberkunst [...] zum Nachteil der Jäger: daß sie bei der Jagd kein Wild antreffen; die Jäger schreiben eine ergebnislose Jagd dem Zauberbann des W.s zu.

Wildschwein (Bd. 9, 1938, Sp. 621): Die wilde-Jagd-Sagen, in welchen Dämonen- und Seelensagen zusammenfließen, kennen naturgemäß aus dem ihnen gegebenen Milieu her schon, W.-Erscheinungen in besonderem Maße. W.e erscheinen unter den Gestalten der wilden Jagd. Der w.[ilde] J.[äger] jau[ch]zt wie ein W. Er jagt W.e, die dem Zuge voranlaufen [...].

Wolf (Bd. 9, 1938, Sp. 720, 746, 791): Der W. ist das Geschöpf eines bösen Dämons [...]. Der W. ist eine der Gestalten der wilden Jagd, umspringt ihren Zug; W.e stellen des Nachtjägers Beute dar [...].

Orte und Fluren [...] werden nach dem W. genannt, wobei sagenhafte Erklärungen nicht selten sind.

Register erwähnter Personen und Werke

Abt, Franz 150
Ambros, August Wilhelm 107
Amherst, J. H. (London 1824) 176
André, Johann 128
Apel, Johann August 103, 104, 105, 106, 107, 110, 114, 119, 121, 122, 126, 136, 156, 210, 248
  Gespensterbuch (inkl. Freischütz-Novelle) 103, 104, 105, 110, 114, 119, 121, 122, 125, 126, 128, 136, 156, 247
Axmann, Johann 120
Baermann, Heinrich 155
Bardua, Caroline 136
Basse, Gottfried 112
Bassenge, Heinrich Wilhelm 156
Becht, W. (Schauspieldirektor Straßburg) 172
Beer, Heinrich 163
Beschort, Jonas Friedrich 160, 161, 167, 194
Beyer, Minna 177
Biedenfeldt, Ferdinand Leopold Karl Freiherr von 195
Bierey, Gottlob Benedikt 198
Bishop, Henry Rowley 176
Blume, Heinrich 91, 161, 166
Böhm, Amadeus Wenzel 127
Böttiger, Karl August 113, 153
Bollinger, Friedrich Wilhelm 151
Bornträger, Gebrüder (Buchhandlung Königsberg) 200
Brandt, Caroline s. *Weber, Caroline von*
Bratsch, Joseph 176
Bretzner, Christoph Friedrich 128
Brühl, Karl Graf von 115, 119, 150, 151, 152, 153, 154, 155, 156, 158, 160, 161, 162, 164, 165, 187, 188, 192, 195, 202, 209, 210, 211
Brühl, Hans Moritz Graf von und Christina Margaretha Gräfin von 152
Buchhorn, Ludwig 151
Burmeister, Friedrich 172, 175

Calau, Friedrich A. 157
Carl, Karl (eigtl. Karl Andreas von Bernbrunn) 112
  Der Freischütze, oder Staberl in der Löwengrube 111, 112
Carl, Herzog von Mecklenburg 158, 164
  Die Rosenfee 158, 164
Caspar, Franz Xaver von 108, 109, 126, 128
Castil-Blaze, François Henry Joseph Blaze 176, 177
Clam, Josephine Gräfin von 198
Conradi, Adolf 176
Darnstedt, Johann Adolph 152
Darley, H. W. (Philadelphia 1825) 177
Derossi, Joseph 172
Devrient, Philipp Eduard 158, 232
Döring, Georg 111
Dusch, Alexander von 103
Emil Leopold August, Herzog von Sachsen-Gotha und Altenburg 189, 190, 191
Eunicke, Johanna 158, 161, 162, 163, 167, 169, 211
Eunicke, Therese 161
Fleischmann, Friedrich 113
Forst, Johann Hubert Anton 157
Fouqué, Friedrich de la Motte 135, 136
Frenzel, Johann Gottfried Abraham 124
Friedrich, Prinz von Sachsen 155, 195
Friedrich August I., König von Sachsen 155, 158, 164
Friedrich Wilhelm IV., König von Preußen 191
Frisch, Albert 92, 94, 95
Gänsbacher, Johann 141
Genelli, Hans Christian 154
Gerlach, Karl 177
Gerle, Wolfgang Adolph 107, 119

Register erwähnter Personen und Werke

Gern, Johann Georg 161, 166
Geyer, Ludwig 113
Gleich, Joseph Alois 110
Göschen, Georg Joachim (Verlag Leipzig) 117, 118, 119, 133, 135, 207, 208, 209, 215
Goethe, Johann Wolfgang von 158, 164
Iphigenie auf Tauris 158, 164
Prolog zu Eröffnung des Berliner Theaters am 26. Mai 1821 164
Graben zum Stein, Otto von 105
Unterredungen von dem Reiche der Geister, [...] 105, 106, 107
Graeße, Johann Georg Theodor 126
Grillparzer, Franz 112
Der Wilde Jäger, Romantische Oper. (Wolfsschlucht-Dramolett) 112
Gropius, Carl 92, 93, 94, 95, 96, 97, 98, 164, 165, 243
Grünbaum, Johann Christoph und Therese 182
Gustav Adolf, Gustav II. König von Schweden 129

Hansen, F. (Schauspieldirektor Luxemburg) 177
Hasselberg, Felix 121
Hawes, William 176
Heckert, Johann Gottlieb 176
Hell, Theodor (eigtl. Karl Gottfried Theodor Winkler) 117, 201
Hellwig, Friedrich 169, 243
Henschel, Gebrüder (Berlin) 91
Herzog, Joseph 175
Hillebrand, Joseph 161

Jähns, Friedrich Wilhelm 142, 149, 150, 180, 181, 182, 183, 184, 185, 186, 191, 193, 213, 243
Jügel, Friedrich 132
Jury, Wilhelm 14

Kaffka, Johann Christoph 128
Kind, Friederike 179, 185
Kind, Johann Friedrich
Lenardos Schwaermereyen (incl. Die Geisterinsel) 130, 131
Kleinheinz, Franz Xaver 111

Klingemann, Ernst August Friedrich 158, 195
Kloß, W. (Schauspieldirektor Trier) 175
Klühne (Schauspieldirektor Bayreuth) 172
Kniep, Wilhelm 175
Komorzynski, Egon von 128
Krambs, Anton 177
Krampe, Johann Christian 176
Kruse, Georg Richard 7
Laun, Friedrich (eigtl. Friedrich August Schulze) 103, 104, 105, 128, 156
Gespensterbuch s. unter Apel, Johann August
Lewald, August 111
Lindeberg, Anders 175
Livius, Barham 176, 177
Logan, W. McGregor (London 1824) 176

Mayerhofer, Gottfried 109, 126
Meyer, Friedrich Wilhelm 123, 178
Meyerbeer, Giacomo 163
Meynert, Hermann 107
Mosel, Ignaz von 196, 198

Naumann, Robert 107
Neuner, Carl Borromäus 108, 126, 128
Der Freyschütze 108, 126, 128
Nitzschke, Friedrich 172

Oehlenschläger, Adam 171

Pály, Elek 172, 177
Pichler, August 175
Planché, James Robinson 176, 177

Ramberg, Johann Heinrich 13, 14, 120, 123, 124, 127, 178, 212
Rebenstein, Lebrecht Gottlieb 160, 167
Reinwald, Henriette 158
Retzsch, Moritz 106
Riecke, Dr. Med. C. F. 131
Riedel (Kopist) 195
Riesch, Josef Graf von 111
Der Freischütz 111
Ringelhardt, Friedrich Sebald 172, 175

255

Register erwähnter Personen und Werke

Ritter, Peter von 198
Rosenau, Ferdinand 110
  Der Freyschütze, romantisch-komische Volkssage mit Gesang 110
Roser, Franz de Paula 110
  Der Freyschütze, Schauspiel mit Gesang in drey Aufzügen 110
Schenck, Gertrud 186
Schenk, Karl Wilhelm 104
Scherle, Arthur 137
Schimmel (Schauspielgesellschaft Görlitz) 175
Schinkel, Karl Friedrich 154, 159, 164
Schiller, Friedrich 128, 129
  Wallensteins Lager 128, 129
Schmidl, Anton Friedrich 113
Schmidt, Friedrich August 157
Schmidt, Friedrich Ludwig 149, 199, 200
Schnorr von Carolsfeld, Hans Veit Friedrich 104
Schoeller, Johann Christian 111
Schröder-Devrient, Wilhelmine 173
Schrötter, Bernhard von 173
Schünemann, Georg 98, 161, 193, 194, 209, 244
Schulze, Friedrich August s. Laun, Friedrich
Schweitzer, Anton 128
Schwerdgeburth, Carl August 13, 212
Seidler, Caroline 91, 158, 161, 166, 169
Soane, George 176
Spohr, Louis 111
Spontini, Gasparo 155, 164
  Olympia 163, 164, 165, 169
Stěpánek, Jan Nepomuk 171
Stich, Joseph 200, 243
Stümer, Johann Daniel Heinrich 161, 167
Stürmer, Johann Heinrich 99, 100, 101, 165
Tilly, Johann Tserclaes 129
Ulbrich (Schauspielgesellschaft Nordhausen) 175
Wagner, Richard 113
Walther, Sophie 172
Wauer, Karl 161, 166
Weber, Carl Maria von
  Die drei Pintos 145
Weber, Caroline von (geb. Brandt) 110, 114, 115, 117, 118, 134, 135, 140, 150, 163, 179, 180, 182, 184, 191
Weber, Edmund von 200
Weber, Max Maria von 110, 117, 118, 164, 165
Weise, Friedrich 91
Wiedemann, August 161
Wittmann, Carl Friedrich 7
Wurst, W. L. 111
Wustmann, Gustav 107
Zentner, Wilhelm 7
Zotov, Rafail Mikhailovich 176, 177